JN103576

ホストタウン・アーカイブ

スポーツまちづくりとメガイベントの記録

●編著

笹生心太

松橋崇史

●著

高岡敦史

束原文郎

西村貴之

岩月基洋

関根正敏

ホストタウン・アーカイブ
スポーツまちづくりとメガイベントの記録

目次

第 **5** 章
スポーツ合宿と
ホストタウン

束原文郎／松橋崇史

1 「合宿の聖地」づくりで培ってきた
ネットワークとノウハウを生かす …… 90
── 北海道士別市
束原文郎

2 陸上競技の聖地化を加速する
ホストタウン事業のレガシー …… 103
── 鹿児島県大崎町
松橋崇史

第8章
多文化共生とホストタウン
── ブラジルと共に綴る
多文化共生都市の新たな一ページ
：静岡県浜松市
関根正敏

カバー写真──平塚市・小松市・三沢市提供

装丁・本文デザイン──山田信也［ヤマダデザイン室］

凡例

1、2020年オリンピック・パラリンピック東京大会を本書では基本的に東京2020大会と
略記する。内閣官房東京オリンピック競技大会・東京パラリンピック競技大会推進本
部事務局を、同様に内閣官房オリパラ事務局と略記する。また、オリンピック・パラ
リンピックを適宜オリパラと略記する。
2、組織名や大会名、法律・条例名などは基本的には「　」でくくっていない。
3、個人名は、役職名や肩書を除いて、基本的には敬称を省いた。

はじめに
——ホストタウン・イニシアティヴの概要と本書のねらい

笹生心太

ホストタウン・イニシアティヴとは何か

　本書は、スポーツを通じたまちづくりに関心をもつ社会科学研究者たちの集まりであるスポーツまちづくり研究会メンバーが、2020年オリンピック・パラリンピック東京大会（東京2020大会）に向けて推進されたホストタウン・イニシアティヴ（Host Town Initiative）[1]について分析・検証するものである。

　ホストタウン・イニシアティヴとは、日本国内の各自治体と、それらの自治体があらかじめ契約を結んだ任意の国・地域（以下、相手国と略記）の選手や関係者が、東京2020大会前後に人的・経済的・文化的な相互交流をおこなう取り組みである。スポーツ立国の推進、グローバル化の推進、地域活性化、観光振興などを期待して、内閣官房東京オリンピック競技大会・東京パラリンピック競技大会推進本部事務局（内閣官房オリパラ事務局）がこの計画を推進した。そして、各自治体の交流事業にかかる経費の2分の1が特別交付税措置された。

　2015年11月から募集が開始されたこのホストタウン・イニシアティヴには、最終的に北は北海道、南は沖縄県宮古島までの533自治体が参加し、総登録件数は462、相手国数は185にまで膨れ上がった。このように同計画は、全国の実に約30％の自治体が一斉に国際交流をおこなうという、日本の国際交流史に類を見ない画期的な取り組みになる予定であった。周知のように、新型コロナウイルス感染症の影響によって多くの交流事業が形を変えたり、断念されたりした。だが、交流が実際にはおこなわれなかったケースが多いとはいえ、全国の500以上の自治体が国際交流をしようとしたそのモ

チベーションの高さや準備の過程だけをみても、十分に画期的な計画だったといえるだろう。

　なお、東京2020大会前後の報道でしばしば混同されていたが、ホストタウン・イニシアティヴは、大会直前にアスリートたちがコンディションを調整する取り組みである直前合宿(2)とは異なる。直前合宿も同時に実施するホストタウン自治体も多くあったが、受け入れ施設が不足しているなどの理由で直前合宿なしの交流事業のみとするホストタウン自治体も多くあった。また逆に、ホストタウンにならないまま直前合宿を受け入れたケースもあった。例えば本番直前に突然相手国から合宿受け入れの打診を受けた自治体などである。

　また、ホストタウン・イニシアティヴは基本的に相手国選手・関係者と地元住民の国際交流を目的とするものだが、こうした交流を超えてより大きな目的をもたせる計画も作られた。それが、共生社会ホストタウンと復興ありがとうホストタウンである。

　共生社会ホストタウンとは、パラアスリートと地元住民の幅広い交流を通じて、パラリンピックへの機運醸成と同時に共生社会実現への意識変容をおこない、さらにユニバーサルデザインのまちづくりを推進するというものである。この計画には最終的に104の市区町が参加することになった。加えて、これらの自治体のなかでも特に先進的な取り組みをおこなっていると認められた15の自治体は先導的共生社会ホストタウンに認定され、より多様な支援措置を受けることができた。

　一方、復興ありがとうホストタウンとは、東日本大震災で被害が大きかった岩手県・宮城県・福島県の被災3県の各自治体を対象として、通常のホストタウン交流に加え、震災時に各国・地域から寄せられた支援に応えて復興したまちの様子や感謝の気持ちを発信することが求められる計画だった。こちらには最終的に33の市町村が登録することになった。

　以上のようにホストタウン・イニシアティヴは、国際交流を旨とした取り組みである。しかし、実際の取り組みを眺めてみると、各自治体が、単なる国際交流にとどまらず、産業の振興やスポーツ施設の有効活用など、地元のまちづくりの一環としてホストタウン事業を展開している様子が看取された。2019年に『スポーツまちづくりの教科書』(松橋崇史／高岡敦史編著、青弓社)を編むなど、これまで日本中のスポーツまちづくりの様子を分析してきたスポーツまちづくり研究会は、こうした観点からホストタウン事業に着

目した。そして、各自治体がどのようにしてホストタウン事業を地元のまちづくりに生かそうとしてきたのかを分析・検証していく。

ホストタウン・イニシアティヴとは何のための計画なのか

　以上、ホストタウン・イニシアティヴのごく簡単な概要を述べてきた。それでは次に、同計画にははたしてどのような意味があったのかをみていきたい。

　まず大前提として確認しておきたいのは、この計画は世界に類を見ない日本独自の取り組みだということである。のちに述べるように、ホストタウン・イニシアティヴは1998年のオリンピック・パラリンピック（オリパラ）長野大会の際に長野市内の小・中学校でおこなわれた一校一国運動と、2002年のサッカー日韓ワールドカップの際に全国でおこなわれた各国代表チームの直前合宿を掛け合わせたような取り組みである。後者の直前合宿は多くのスポーツ・メガイベントの開催国で一般的にみられるが、そこに国際交流という意味合いをもたせ、地域住民の国際理解を促進しようとする試みは他に類を見ない。

　また、そもそも東京2020大会の開催まで日本ではあまり広く知られていなかったように思われるが、オリパラ競技大会とはただ単に4年に1度世界一の選手・チームを決める大会ではない。国際オリンピック委員会は、競技大会を1つのハイライトとしながら、オリンピック・ムーブメントと呼ばれる諸活動を推進する組織である。オリンピック・ムーブメントとは「人間の尊厳の保持に重きを置く平和な社会の推進を目指すために、人類の調和のとれた発展にスポーツを役立てること」を目的とし、例えばこれまでの競技大会でもオリンピック休戦決議などのさまざまな取り組みがおこなわれてきた。そして東京2020大会では、2019年12月に国連総会で採択されたオリンピック休戦決議のなかでこのホストタウン・イニシアティヴにも言及がなされるなど、平和な社会の推進のための重要な計画と位置づけられていた。この意味でホストタウン・イニシアティヴとは、オリパラの本来の理念に非常に忠実なものだったといえる。

　このように、ホストタウン・イニシアティヴはオリパラの理念を体現するものだったが、日本国内に向けては、東京2020大会を東京に限定されたものではなく、日本社会全体のものとして意味づけるための計画でもあった。

つまり、東京2020大会はあくまで東京という一都市（と一部の他自治体）で開催されるものであり、そのほかの地域に住む人々にとっては「他人事」にすぎない。このため、大会本番を迎えるにあたり、大会を日本全国の人々が祝福し、「自分たちの大会」として実感しやすくするための仕組みの1つとして、ホストタウン・イニシアティヴが創設されたのである。⁽³⁾

　以上のような国際交流を通じた平和な社会の推進と、東京2020大会を日本全国の人々に「自分たちの大会」として実感させるという2つの意義に加え、ホストタウン・イニシアティヴにはもう1つ、各自治体のまちづくりを推進させるという意義がある。この点を確認するために、このホストタウン・イニシアティヴのモデルになった2つの計画について振り返ってみたい。

　ホストタウン・イニシアティヴの源流の1つは、1998年オリパラ長野大会で実施された一校一国運動である。⁽⁴⁾この取り組みは、大会参加各国・地域に対して、長野市内の小・中学校が1校につき1つの国・地域を応援するというものである。また、児童・生徒たちはただ大会本番で相手国を応援するだけでなく、事前学習として相手国の言葉や文化を学ぶなど、国際理解を深めるための教育としての役割も負っていた。こうした取り組みは世界的に高く評価され、その後のオリパラ開催各都市でも類似の取り組みがおこなわれている。さらに長野県では、長野大会から10年後の2008年の時点でも約半数の学校がこうした活動を継続し、⁽⁵⁾さらに10年後の18年の時点でも市立79小・中学校のうち年間10校程度が児童・生徒の派遣事業を続けていた。⁽⁶⁾

　そしてホストタウン・イニシアティヴの源流の2つ目は、2002年のサッカーワールドカップの直前合宿である。当時、最も話題になったのは大分県中津江村（現・日田市）とカメルーン代表チームの交流だったが、そのほかにも全国の計26の地域で各国代表チームの直前合宿がおこなわれ、各国代表と地元住民とが交流した。この取り組みについて注目すべき点は、それが各自治体のまちづくりと結び付けられたことであり、これは前述の一校一国運動とは異なる点であった。具体的には、各自治体の既存のまちづくり政策の延長に直前合宿を位置づけたケース、直前合宿開催を契機に生まれる市民や民間の活力を生かして新たなサッカークラブを創設したケース、そして直前合宿を地元のスポーツ組織の成長の機会にしたケースなどがある。⁽⁷⁾

　以上のように、本書が取り扱うホストタウン・イニシアティヴとは、過去に日本でおこなわれた2つのスポーツ・メガイベントでの取り組みをその源

流とし、日本中の自治体が相手国と国際交流をおこなうという、世界に類を見ない取り組みである。そして本書で詳しくみていくように、実際、同計画に参加した多くの自治体は単に国際交流を経験するにとどまらず、例えばさまざまな地場産業の振興を目指したり、あるいはこれを契機に古いつながりをもつ相手国との絆を深めようとするなど、さまざまな形でホストタウン事業を地元のまちづくりに活用してきた。

新型コロナウイルス感染症の影響

　2020年1月ごろから世界中に広まった新型コロナウイルス感染症は、ホストタウン事業にも、そして東京2020大会そのものにも大きな影響を与えた。周知のように東京2020大会は1年間延期され、さらに大会が実施された21年の夏の時点でも人々の直接の触れ合いは厳しく制限されることになった。筆者がインタビュー調査をおこなった内閣官房オリパラ事務局職員の言葉を借りれば、「新型コロナウイルス感染症を挟んで世界がまったく変わった」のである。

　ほとんどのホストタウン自治体は当初、相手国選手・関係者と直接交流することを計画していたが、新型コロナウイルス感染症拡大前に交流を実現できていたケースと、競技を終えた選手たちがホストタウンを訪れて事後交流をしたケース以外では、それはほとんど実現できなかった[8]。このことのマイナスの影響は非常に強かったが、一方で多くの自治体が交流のあり方を再考せざるをえなくなり、それが結果的に新たな交流の形態を生んだこともまた事実だった。すなわち新型コロナウイルス感染症は、いわば各自治体のホストタウン事業に対する「本気度」をあぶり出し、各自治体に対して強制的に新たな交流の形態を創意工夫させることにもつながったのである。

　こうした新たな交流の形態としては、例えばオンラインビデオツールを通じて相手国とつながる取り組みがある。新型コロナウイルス感染症は、日本国内だけでなく世界中でオンラインビデオツールを浸透させた。その結果、オンラインを通じて相手国の小・中学生やアスリートなどとつながるという取り組みのハードルが大幅に下がった。こうしたオンライン交流は、確かに直接対面に比べて感動は少ないだろうが、一方で繰り返し交流することが可能だという点は明らかな強みである。実際、オンライン交流のほうがやりやすいと述べる自治体も多くあった。

もう1つの新たな交流の形態として、ホストタウン・イニシアティヴの本来の趣旨からややそれるが、日本国内の自治体間での横連携が深まるというケースもある。例えば台湾のホストタウンになった兵庫県明石市、三重県熊野市、鹿児島県龍郷町、岩手県大槌町、岩手県野田村、福島県南相馬市、福島県北塩原村、愛媛県といった各自治体がオンラインでつながり、複数箇所から同時に台湾のパラバドミントン選手の試合を応援するという試みがおこなわれた。自治体間の横連携自体は新型コロナウイルス感染症がなくともおこなわれていたが、こうしてオンラインを通じて同時に応援することで自治体間の交流を深めるという取り組みは、新型コロナウイルス感染症がなければ実現しなかっただろう。また、そうした横連携に関する話し合いの際にも、オンラインビデオツールが大いに役立った。

　このように、新型コロナウイルス感染症という予測不可能な事態に対して各自治体はレジリエンスを発揮し、創意工夫をもって新しい交流の形態を生み出した。こうした取り組みは、必ずしもスポーツの枠内に限定されない、これからの国際交流の新しいありようを模索するものだったといえる。

本書の2つのねらい

　本書の主題は「ホストタウン・アーカイブ」である。ねらいの一つは、全国の自治体が国際交流をおこなった（あるいはおこなおうとした）現実をアーカイブすることにある。本来、こうしたアーカイブの作業は、東京2020大会の大会組織委員会や内閣官房オリパラ事務局などの仕事かもしれない。だが、これらは時限的な組織であるために、こうしたアーカイブ作業に重点を置くことはできなかったようである。例えば内閣官房オリパラ事務局は、東京2020大会に向けてホストタウン専用のウェブサイト「世界はもっとひとつになれる Light up HOST TOWN Project」を作成したが、パラリンピック東京2020大会終了からたった約4カ月後の2021年12月をもって突如閉鎖されてしまった。筆者らは、こうした貴重な記録がのちに簡単に検証できなくなることを強く危惧している。こうした観点から、第1章「ホストタウン・イニシアティヴの全体像」（松橋崇史）と巻末資料「全ホストタウンリスト」は、本書の主題である「ホストタウン・アーカイブ」に力点を置き、どの自治体がどのような取り組みをしたかについての資料を保存・提示することを主な目的とする。

　巻末資料には、ホストタウンに登録した全自治体による取り組みの概要を一覧表として提示した。そして第1章では、こうした一覧表からは読み取れない具体的な取り組みの状況について、全自治体を対象にしたアンケート調査の結果をまとめた。

　以上の「ホストタウン・アーカイブ」の作業は、いわば「過去」に目を向けたものである。一方、本書にはそうした過去を踏まえながらも、「未来」に目を向けたもう1つのねらいがある。2025年に東京で開催される世界陸上選手権大会や大阪で開催される万国博覧会、翌26年に愛知で開催されるアジア競技大会・アジアパラ競技大会など、これからも日本にはさまざまなメガイベントがやってくる。そしてその際、東京2020大会のホストタウン・イニシアティヴのような取り組みがおこなわれるはずだ。例えば18年に設立されたホストタウン・アピール実行委員会という組織は、すでに解散してしまった東京2020大会組織委員会や内閣官房オリパラ事務局に代わり、23年のラグビーワールドカップ・フランス大会、24年のオリパラパリ大会、25年の大阪万国博覧会などに向けて、東京2020大会のホストタウン・イニシアティヴで生まれた絆を継続するためにさまざまな活動をおこなっている。

　このように、今後もさまざまなメガイベントの際、各自治体で国際交流を意図した事業がおこなわれるはずだ。だがこのときに困るのが、当該自治体やその関係者である。これまで経験したことがない国際交流をどのようにおこない、どのように地元の住民を巻き込んでいくべきなのか。各自治体関係者たちは、こうした点について頭を悩ませることになるだろう。第2章「ホストタウン事業とスポーツまちづくり」（高岡敦史）以降は、こうした各自治体関係者を主要な読み手として想定している。前述のように、ホストタウンのなかには、ただ国際交流をおこなうだけでなく、それを地元のまちづくりに接続しようとした自治体が多くあった。第2章以降ではこうした事例に着目し、スポーツまちづくり研究会のこれまでの知見を生かしながら分析を加える。

　また、第2章以降の分析は自治体関係者だけでなく、スポーツまちづくりに関心をもつ大学生や大学院生なども読者として想定している。スポーツまちづくり研究会メンバーが各大学で開講しているゼミナールには、スポーツを地元のまちづくりに生かすというテーマで卒業論文を執筆したいという学生が毎年大勢やってくる。こうした学生たちにとっては、本書で取り上げた

各事例はホストタウン事業という個別具体的な枠組みのなかの事例としてだけでなく、より一般的な意味でのスポーツまちづくり研究についての大きなヒントにもなるだろう。

注

- （1） 本書では、内閣官房オリパラ事務局が中心になって全国にホストタウンを広げた取り組み・計画全体を「ホストタウン・イニシアティヴ」、このホストタウン・イニシアティヴに参加した各自治体を「ホストタウン」、そしてホストタウンでおこなわれる相手国との具体的な交流の取り組みを「ホストタウン事業」と呼び分ける。
- （2） 以下、東京2020大会の新型コロナウイルス感染症による延期決定以前に実施した合宿を事前合宿、大会直前の2021年6月以降に実施した合宿を直前合宿と表記して呼び分ける。
- （3） 関根正敏／小林勉／布目靖則／野口京子／岸卓巨／小山さなえ／今村貴幸「「日本全体」の祭典としての東京2020オリンピック・パラリンピック競技大会——ホストタウン構想を通じた地方都市の活性化策のアウトラインについて」「中央大学保健体育研究所紀要」第34号、中央大学保健体育研究所、2016年
- （4） さらにこの取り組みの源流にあるのが、1994年にアジア競技大会がおこなわれた広島市で実施された一館一国運動である。この運動の内容とその後については、以下の文献を参照のこと。和田崇「1994年広島アジア競技大会の無形遺産——一館一国運動の25年」「E-journal GEO」第15巻第2号、日本地理学会、2020年
- （5） 髙木啓「「遺産」としての「一校一国運動」——長野市立徳間小学校の取り組みを中心に」、石坂友司／松林秀樹編著『〈オリンピックの遺産〉の社会学——長野オリンピックとその後の十年』所収、青弓社、2013年
- （6） 「長野に息づくレガシー 五輪20年「一校一国」今も交流」「読売新聞」2018年2月7日付（長野版）
- （7） 松橋崇史「メガスポーツイベントと地域活性化——ホストタウン自治体の試みと課題」「都市問題」2020年1月号、後藤・安田記念東京都市研究所
- （8） そのような状況でも、群馬県前橋市では南スーダン陸上競技選手団が新型コロナウイルス感染症拡大以前から実に約1年9カ月間にわたって合宿を続けて地元住民との交流をおこなった。この事例は、ふるさと納税によって滞在費をまかなった点でも注目された。その詳細は、以下の文献に詳しい。前橋市『南スーダン陸上競技選手団 前橋キャンプ物語——母国の平和のために走った1年9カ月』上毛新聞社、2021年

第1章

ホストタウン・イニシアティヴの全体像

松橋崇史

内閣官房オリパラ事務局が主導したホストタウン・イニシアティヴによって、533の自治体がホストタウンに登録した。過去に類を見ない規模で、非開催地がスポーツ・メガイベントに関わることになったのである（ホストタウンには競技開催地も含まれている）。ホストタウンへの登録は2016年1月の第1次登録に始まり、21年7月の第32次登録まで続いた。

ホストタウンごとに、ホストタウンに登録した動機やホストタウン事業への取り組み方には違いが生まれた。熱心に取り組むホストタウンがある一方で、東京2020大会直前の合宿の受け入れを決めたものの、その後、目立った活動に取り組まないホストタウンもあった。

熱心に取り組むホストタウンは、東京2020大会に向けて、市民が（日本代表と同等かそれ以上に）応援する対象を独自に作って「盛り上がり」を生み出したり、関連するホストタウン事業を推進したりする機会を、自治体の政策推進や課題解決に生かそうとした。内閣官房オリパラ事務局は、関連省庁の諸政策を動員しながら、ホストタウンの取り組みを支援していく。

本章では、はじめに、ホストタウン・イニシアティヴのモデルや参考になった国内外の過去の取り組みを参照し、次に、内閣官房オリパラ事務局がホストタウン・イニシアティヴを通じて推進を試みた関連政策を紹介する。そして、内閣官房オリパラ事務局から提供を受けたデータと、全ホストタウンを対象に実施したアンケート調査の結果を用いながらホストタウンにおけるホストタウン事業の全体像を明らかにする。本章の内容は、第4章「スポーツ振興とホストタウン」（西村貴之／高岡敦史）以降で展開する個々のホストタウンのケーススタディを鳥瞰する役割がある。ケーススタディを読む前に、あるいは読み進めながら参考にしてほしい。

1 ホストタウン・イニシアティヴに先行した取り組み

ホストタウン・イニシアティヴのように、スポーツ・メガイベントに参加する国を相手にさまざまな活動をおこなう取り組みの系譜は、1994年に広島市で開催されたアジア競技大会の一館一国運動にさかのぼることができる。一館一国運動は、広島市内の63の公民館ごとに大会への参加国のなか

から対象国を定め、対象国の学習・理解、大会参加選手との交流をおこなった取り組みである。そのねらいは、市民の大会への関心とホスピタリティの向上、国際理解・国際交流の推進であり、一定の成果を収めた。[1]「はじめに──ホストタウン・イニシアティヴの概要と本書のねらい」（笹生心太）でふれたように、一館一国運動に着想を得て進められた取り組みが98年の長野冬季オリパラに併せて推進された一校一国運動だった。[2]一校一国運動は、国際オリンピック委員会のプログラムとして引き継がれ、東京2020大会では、東京都教育委員会が東京オリパラ教育の一環として取り組んだ「世界ともだちプロジェクト」[3]が継承プログラムに該当する。[4]

　2002年にはサッカーワールドカップの日韓大会が開催された。出場する32チーム中24チームが、日本国内に合宿地をおいて直前合宿と大会期間中の調整をおこなうことになった。激しい「誘致合戦」の結果、国内の26地域が合宿地になった。このなかに、合宿受け入れを契機にスポーツツーリズムの推進やトップクラブの育成を進めた新潟県十日町市（スポーツコミッションの創設）、長野県松本市（Jクラブである松本山雅FC創設）、岡山県美作市（女子サッカークラブである岡山湯郷belle創設）、大分県の旧中津江村（カメルーン代表が利用した鯛生スポーツセンターの稼働率の向上）が含まれた。[5]

　2012年のロンドン・オリパラでは大会組織委員会が直前合宿候補地リスト（約600施設を掲載）を作成し、参加国のオリンピック委員会に直接補助金を支給するなど、組織委員会が直前合宿の推奨・斡旋をおこなった。その結果、直前合宿の受け入れは自治体の認知度向上や域内ビジネスの活性化に対して一定の効果を上げた。その一方で、日本での02年ワールドカップ開催時と同様、自治体間の誘致競争の過熱も指摘され、調整機能の重要性が指摘された。[6]

　表1は、本節で紹介した国内の取り組みとホストタウン・イニシアティヴを一覧にして比較したものである。ホストタウン・イニシアティヴの特徴は、（東京都教育委員会主催の世界ともだちプロジェクトと並んで）その準備期間が長いこと、多くの地方自治体が関わっていること、そして、政府（内閣官房オリパラ事務局）が活動の制度的枠組みを提供したことにある。

表1　ホストタウン・イニシアティヴに影響を与えた取り組みなど（筆者作成）

企画名	大会名	大会開催年	活動開始年	推進主体	
一館一国運動	広島アジア競技大会	1994年	1992年	広島市教育委員会	
一校一国運動	長野オリンピック・パラリンピック冬季競技大会	1998年	1996年	長野市教育委員会	
ワールドカップに伴う合宿の誘致・開催	2002FIFAワールドカップ	2002年	2001年	なし	
世界ともだちプロジェクト	東京オリンピック・パラリンピック競技大会	2021年	2016年	東京都教育委員会	
ホストタウン・イニシアティヴ	東京オリンピック・パラリンピック競技大会	2021年	2016年	内閣官房オリパラ事務局	

2 政策形成の過程

　政策面でのホストタウン・イニシアティヴの特徴は、関係府省庁の関連政策がホストタウンにおけるホストタウン事業を誘導していたことにある。関係府省庁は、ホストタウン事業を通して関連政策の浸透を試みたのである（もちろん、実際に誘導が成功したかどうかは政策や自治体によって異なる）。内閣官房オリパラ事務局は、関連政策を動員することで東京2020大会の開催地にだけ注目や恩恵が集まるのではなく、全国の志ある自治体が参加国との交流を通じて、さまざまな成果を得られるようにしていった。

　政府は2014年8月にホストタウン構想（当時は、ホストシティ・タウン構想と呼んでいた）を発表し、参加国のホスト役になる自治体を募集・支援することを表明した。

　2014年にはホストタウン関係府省庁連絡会議（連絡会議）が設置された[7]。

活動主体	主な活動内容	主な目的
広島市内の63公民館	参加国の学習・理解、交流	市民の大会への関心とホスピタリティの向上、国際理解・国際交流の推進
長野市内の全小・中学校、特別支援学校75校	参加国の学習・理解、交流	市民の大会への関心とホスピタリティの向上、国際理解・国際交流の推進
合宿を誘致できた26地域	合宿の誘致ならびに参加国の学習・理解、交流	それぞれの自治体によって異なるが、合宿の誘致・実施自体が目的化し、そのことを通じた地域活性化事業の推進まで考えて誘致した自治体は一握りだった。
都内全公立学校・園（2,400校）	1つの学校が5つの参加国・地域を学習	世界の多くの国や地域のさまざまな人種や言語、文化、歴史、スポーツなどを学ぶことを通して世界の多様性を知り、さまざまな価値観を尊重することの重要性を理解する。
ホストタウンに登録した自治体（462件、533自治体）	大会参加者と大会参加国・地域の方々との大会前／大会後の交流	全国の地方公共団体と大会参加国・地域との相互交流を図るとともに、地域の活性化などを推進すること。個々のホストタウン自治体での目的はそれぞれの自治体が設定。

　そこには、内閣官房、内閣府に加えて、警察庁、復興庁、総務省、外務省、スポーツ庁、文化庁、厚生労働省、農林水産省、経済産業省、国土交通省、観光庁、環境省が名を連ねた。

　2015年9月に開催された第2回連絡会議では「ホストタウンの推進に資する関係府省庁の取り組みについて」が議題になり、関係府省庁から関連する取り組みが提示される。表2は、18年11月の第6回連絡会議に提出されたホストタウンの推進に資する関係府省庁の取り組みメニュー一覧である。参加国との交流事業にかかる費用の半額を特別交付税で措置することなどの財政支援策もこのタイミングで発表される。16年1月にはホストタウンの第1次登録がおこなわれ25都道府県・44件が決定した。その後、定期的に登録を受け付け、最終登録を終えた時点で、登録件数462件、相手国・地域（相手国）は185になった。

　内閣官房オリパラ事務局がホストタウン事業として推奨してきた取り組みには大きく、①大会前後の大会参加者との交流、②大会参加国の人たちとの交流、③日本人オリンピアン・パラリンピアンとの交流がある。

表2 ホストタウンの推進に資する関係府省庁の取り組みについて（2018年11月）

省庁名	事業名	分野（※1）
内閣官房	オリパラ基本方針推進調査	①、②、③、④
復興庁	「復興ポータルサイト」	④
総務省	グローバルコミュニケーション計画の推進──多言語音声翻訳技術の研究開発及び社会実証	①、②、③、④
総務省	ローカル10,000プロジェクト	⑤
総務省	2020年オリンピック・パラリンピック競技大会及びラグビーワールドカップ2019を通じた地域活性化に関する調査研究事業	⑤
総務省など	JETプログラム（語学指導等を行う外国青年招致事業）	①、②、③、⑤国際交流
外務省	地方創生支援　飯倉公館活用対外発信事業	⑤（県産品，地場産品，伝統文化，観光客・企業・投資誘致等のPR）
外務省	地方の魅力発信プロジェクト	
外務省	地域の魅力発信セミナー	
文部科学省	地域学校協働活動推進事業	①、②、③
スポーツ庁	オリンピック・パラリンピック・ムーブメント全国展開事業	①
スポーツ庁	スポーツによる地域活性化推進事業（スポーツによるまちづくり・地域活性化活動支援事業）	①、②、③、④
文化庁	2020年以降へのレガシー創出に特に資する文化プログラムの実施	③
厚生労働省	「心のバリアフリー」推進事業	①、②
厚生労働省	工賃向上計画支援等事業のうち、農福連携による障害者の就農促進プロジェクト	②
農林水産省	農山漁村振興交付金のうち、農泊推進対策	②
経済産業省	観光予報プラットフォーム	⑤地域資源に関する情報発信
国土交通省	公共交通施設や建築物等のバリアフリー化の推進	⑤
国土交通省	心のバリアフリーの推進	②
国土交通省	面的なバリアフリー化の推進	②
観光庁	戦略的な訪日プロモーション	①、⑤地域活性化
観光庁	広域周遊観光促進のための観光地域支援事業	①、⑤地域活性化
環境省	熱中症対策推進事業（東京オリンピック・パラリンピックに向けた熱中症に関する普及啓発事業及び熱中症予防対策ガイダンス策定事業）	①

※1　分野の番号はそれぞれ次のとおり。省庁担当者の複数回答。①教育・文化、②共生・パラリンピック、③スポーツ、④復興、⑤その他

（出典：「ホストタウンの推進に資する関係府省庁の取組について」「首相官邸」（https://www.kantei.go.jp/jp/singi/tokyo2020_suishin_honbu/hostcity_townkousou/dai6/pdf/siryou2.pdf）[2022年6月15日アクセス] をもとに筆者作成）

　当初は、相手国との交流のなかでも、直前合宿の誘致が強く意識されていたが、2017年12月の連絡会議で、「復興ありがとうホストタウン」と「共生社会ホストタウン」の計画が提示され、同時に、直前合宿の誘致を前提としない事後交流型ホストタウンも提示され推奨されるようになった。[10]

　共生社会ホストタウン計画は、パラリンピアンの受け入れを契機に、各地での共生社会の実現に向けた取り組みを加速しようというものである。共生社会ホストタウンにはホストタウン登録をしている自治体が追加で登録する。2019年5月には"先導的共生社会ホストタウン"を定め、ユニバーサルデザインのまちづくりと心のバリアフリーの取り組みが特に先導的・先進的と認められる自治体を内閣官房オリパラ事務局が認定し、関係省庁（国土交通省、法務省、文部科学省、観光庁）・関係団体（経済界協議会、日本財団パラリンピックサポートセンター）の取り組みを活用して重点的に支援することにした。[11]

　復興ありがとうホストタウン計画は、被災3県（岩手県・宮城県・福島県）の自治体を対象に、震災時に支援してくれた海外の国・地域との交流を推進するものである。内閣官房オリパラ事務局が「国・県が連携しホストタウン登録前の自治体を登録に向けて全面的にバックアップ[12]」と明記するように、自治体側に登録に向けた活動を委ね、内閣官房オリパラ事務局がその認証をおこなっていたホストタウンや共生社会ホストタウンとは登録プロセスと推進体制が異なる。その特徴は、①ホストタウンと異なり、登録前に対象になる相手国との契約締結などをおこなう必要がないこと、②内閣官房オリパラ事務局が相手国との交流に向けた調整をサポートすること、③定期的にまとめて登録をおこなったホストタウンと異なり随時受け付けをおこなったことである[13]、と説明できる。政府側の支援体制には内閣官房オリパラ事務局のほかに復興庁も組み込まれ、「被災時等に支援してくれた方々」も交流対象とし、「復興プロセスの発信」が強く推奨されている。最終的（2021年8月時点）に33件の登録があった。このように復興ありがとうホストタウン計画は、それまでのホストタウンやその後に設けられた共生社会ホストタウン計画とは目的や事業の進め方などが異なる。本書では第3章「復興ありがとうホストタウン」（笹生心太／岩月基洋）で、復興ありがとうホストタウン計画について詳細に説明する。

3 登録数の推移

　ホストタウンの登録は2016年1月から始まり、共生社会ホストタウンと復興ありがとうホストタウンは17年12月から登録が始まった。ホストタウンは第1次登録から第32次登録まであり、共生社会ホストタウンは第1次登録から第21次登録、復興ありがとうホストタウンは随時登録だった。16年から21年までの登録数の推移を、ホストタウン、共生社会ホストタウン、復興ありがとうホストタウンに分けて図示すると図1のようになる。図1の棒グラフ（目盛りは左側）は、登録数を半年ごとにまとめてその総数を示している。折れ線グラフ（目盛りは右側）は、ホストタウンの3つのパターン

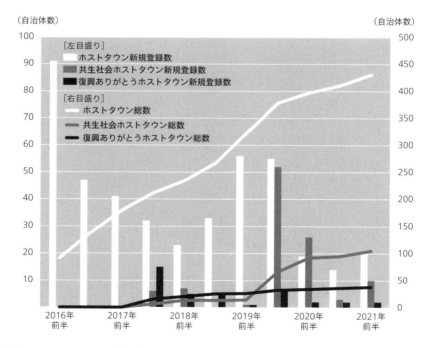

図1　ホストタウンの登録数
（出典：「ホストタウンの推進について」「首相官邸」〔https://www.kantei.go.jp/jp/singi/tokyo2020_suishin_honbu/hosttown_suisin/index.html〕〔2022年6月20日アクセス〕をもとに筆者作成）

の総数を示している。共生社会ホストタウンの総数は、ホストタウンの総数にも含まれている。復興ありがとうホストタウンの総数の大部分は、ホストタウンの総数には含まれていない（ホストタウンと復興ありがとうホストタウンを兼ねる自治体もなかにはあった）。ホストタウンの新規登録数は16年をピークに一度低下するが、19年に再度高まる。これは、東京2020大会を直前に控えて、予選などを通過して大会の参加を決めた選手・チームが合宿先の確保に動いたことと、内閣官房オリパラ事務局がホストタウンの登録条件として事後交流型を推奨するなどして、自治体側の負担の軽減をアピールした成果だろう。

4 ホストタウン・イニシアティヴの実態

　それでは、ホストタウン・イニシアティヴの実態を把握していこう。本章では、3つのデータを用いる。1つ目と2つ目が、全ホストタウンを対象に実施したアンケート調査である。1つ目は2020年2月に実施し、回収率は65.6%だった。2つ目は2021年10月に実施し、回収率は75.4%だった。3つ目のデータが内閣官房オリパラ事務局から提供を受けて東京2020大会直前合宿の実施状況である。

ホストタウン事業の推進体制

　はじめに、各ホストタウンが、ホストタウン事業をどのような体制で推進したのか把握する。2020年2月に実施したアンケート調査によると以下の特徴が把握できる。
　①ホストタウン事業を所管した部局は、従来からスポーツ行政を担ってきた部局とは限らず、企画や政策、国際交流などを所管する部局の場合も多くあった。[14]
　②回答したホストタウン自治体の46.4%はホストタウン事業に複数の部局で対応していた。7.8%は10以上の部局で対応した。
　③民間事業者との連携も活発におこなわれた。回答したホストタウン自治

体の35.6％が官民による推進委員会を設置し、42.6％が民間事業者との連携をおこなっていた。7.7％が10以上の民間事業者と連携して事業を推進した。

ホストタウン事業の実施状況

　次に、各ホストタウンが展開したホストタウン事業の詳細を把握する。なお、ホストタウン事業の内容は多岐にわたった。筆者らは、内閣官房オリパラ事務局の助言を受けながら13の事業メニューを設定し把握した。また、ホストタウン事業の実施状況は、ホストタウンが市区町村であるのか都道府県であるのかによって違いが生まれ、さらにホストタウンのパターンによって違いが生まれることが想定できる。以降では、ホストタウン、共生社会ホストタウン、復興ありがとうホストタウン、都道府県の4つに区分して分析を進める。

　図2は2021年10月に実施したアンケート調査で把握したホストタウン事業の実施状況を4つの区分ごとに示している。

　共生社会ホストタウンと復興ありがとうホストタウンに特徴がみられる。

　共生社会ホストタウンは、相手国選手との交流を実施している割合が高い。特に、相手国選手とのオンラインでの交流事業は高い割合で実施している。また、共生社会ホストタウンとして取り組むことが推奨される「パラリンピックスポーツの体験や普及事業」「ユニバーサルデザインのまちづくりや心のバリアフリーの推進事業」の実施割合は突出して高い。

　復興ありがとうホストタウンは、合宿の誘致と受け入れに取り組んでいる割合が特に低く、登録当初から、合宿の誘致と受け入れを前提にしていないことの影響が色濃く出ている。一方で、「相手国の選手以外の人達とのオンラインでの交流事業」に取り組んでいる割合が高い。これは、復興ありがとうホストタウンが「被災時等に支援してくれた方々」との交流を主要な取り組みとしているためであり、新型コロナウイルス感染症が蔓延するなかでもオンライン交流が続けられたことを示している。相手国の文化の学習や相手国への地域文化の発信に積極的であることも特徴的である。

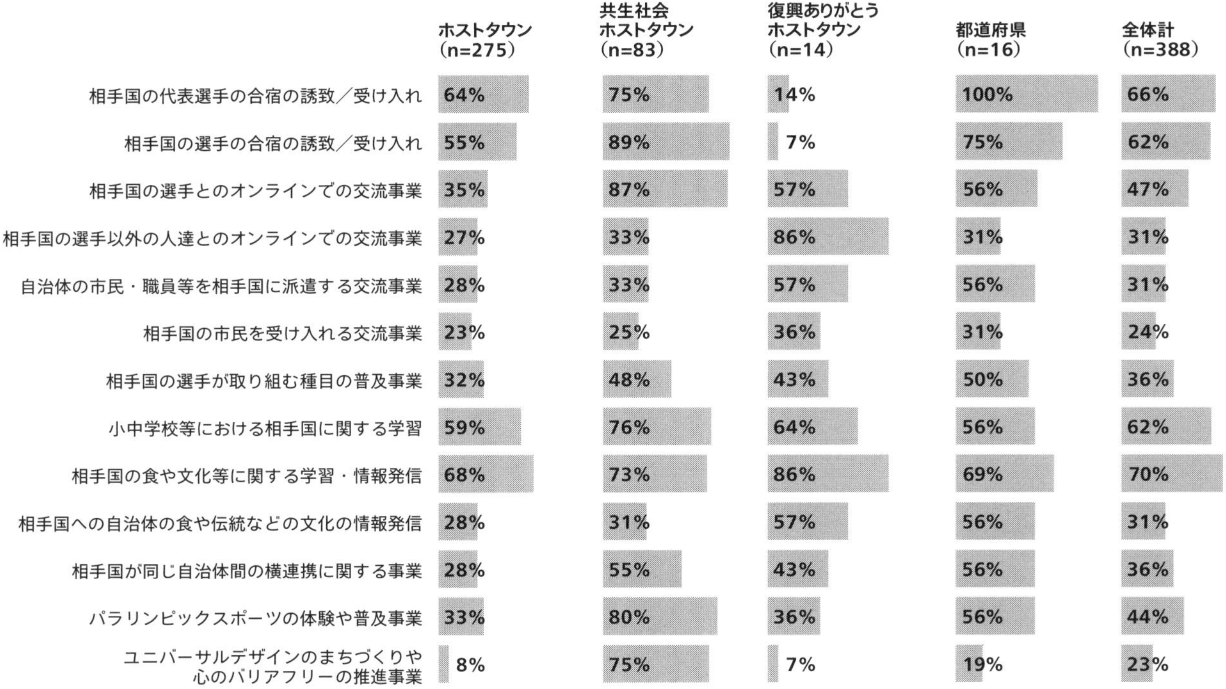

図2　ホストタウン事業として取り組んできた活動
（出典：2021年10月調査をもとに筆者作成）

活動	ホストタウン (n=275)	共生社会ホストタウン (n=83)	復興ありがとうホストタウン (n=14)	都道府県 (n=16)	全体計 (n=388)
相手国の代表選手の合宿の誘致／受け入れ	64%	75%	14%	100%	66%
相手国の選手の合宿の誘致／受け入れ	55%	89%	7%	75%	62%
相手国の選手とのオンラインでの交流事業	35%	87%	57%	56%	47%
相手国の選手以外の人達とのオンラインでの交流事業	27%	33%	86%	31%	31%
自治体の市民・職員等を相手国に派遣する交流事業	28%	33%	57%	56%	31%
相手国の市民を受け入れる交流事業	23%	25%	36%	31%	24%
相手国の選手が取り組む種目に関する普及事業	32%	48%	43%	50%	36%
小中学校等における相手国に関する学習	59%	76%	64%	56%	62%
相手国の文化等に関する学習・情報発信	68%	73%	86%	69%	70%
相手国の食や伝統などの文化の情報発信	28%	31%	57%	56%	31%
相手国への自治体間の連携に関する事業	28%	55%	43%	56%	36%
相手国が同じ自治体間の横連携に関する事業	33%	80%	36%	56%	44%
パラリンピックスポーツの体験や普及事業 ユニバーサルデザインのまちづくりや心のバリアフリーの推進事業	8%	75%	7%	19%	23%

29

事前合宿と直前合宿の実施状況

　図2で、66%の自治体が相手国の代表選手の合宿の誘致や受け入れをおこなってきたことを確認した。合宿の実施状況を詳細に把握するためには、新型コロナウイルス感染症が蔓延する前に実施した「事前合宿」と東京2020大会の直前に実施した「直前合宿」とを峻別する必要がある。

　ホストタウン事業は、登録時期が早い場合、2016年から活動が始まっている。東京2020大会の直前合宿に限らず、17年や18年から事前合宿を受け入れているホストタウンがあった。

　図3は、事前合宿を受け入れたホストタウン自治体が事前合宿の受け入れを何回おこなったかを示している。なお、事前合宿は、相手国ごと、さらに、種目ごとに実施するために、複数の相手国を抱える場合や特定の国の多種目の事前合宿を受け入れている場合、回数が増加する傾向にある。

　ホストタウン、共生社会ホストタウンでは事前合宿を受け入れている場合、受け入れ回数は2回以上が多く、なかには5回以上受け入れている自治

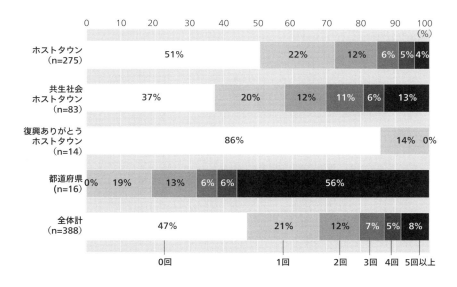

図3　2020年月までの相手国の選手・チームの事前合宿実施状況
（出典：2021年10月調査をもとに筆者作成）

体もあった。本書で扱うケーススタディにも、2020年2月以前に複数回の事前合宿を受け入れた事例が多く登場する。

　都道府県の事前合宿受け入れ回数が多い理由は、都道府県は域内の市区町村と連名でホストタウン登録しているケースが多く、管轄していた事前合宿の数が多かったためである。復興ありがとうホストタウンでは事前合宿がほとんどおこなわれていない。

　次に、東京2020大会の直前合宿の受け入れ状況について確認しよう。新型コロナウイルス感染症の蔓延は東京2020大会の延期につながり、参加予定だった選手・チームとホストタウン事業にも多大な影響を及ぼした。海外からの渡航が制限され、日常生活では対面活動が制約され、計画されていた多くの事業が実施できない状況になった。2020年4月以降、オンラインビデオツールが急速に普及し始めた。ホストタウンでは、関係を築いてきた選手・チームとの新たな交流手段が必要になり、SNSを用いた交流、ビデオメッセージなどを交換することによる交流、オンライン会議システムを用いた交流などが模索された。それらがどのように展開されたのかは図2から読み取れる。共生社会ホストタウンでは相手国の選手・チームとのオンライン交流が活発におこなわれ、復興ありがとうホストタウンでは相手国の選手以外の人々とのオンライン交流が活発におこなわれる傾向にあった。

　計画されていた東京2020大会の直前合宿は、新型コロナウイルス感染症蔓延の第4波と第5波に重なったせいで断念するホストタウンが多くみられた。断念した具体的な理由は、ホストタウンが受け入れるための体制を整えられないためであったり、相手国側から中止の申し入れがあったためだったりした。ホストタウンは内閣官房オリパラ事務局が示したガイドラインに従い、バブル方式で相手国の選手・チームを迎える必要があった。そのためのマニュアルを作成し、実際に直前合宿を受け入れる場合、それに沿って対応する必要があった。地元の保健所や医療機関との調整も必要になった。医療資源や公共施設が限られる地域では、同じタイミングで進み始めたワクチン接種を優先せざるをえない状況も生まれた。

　そうした多くの制約を抱えながら、最終的にホストタウンと共生社会ホストタウンに登録した市区町村の42.9%が直前合宿を受け入れた（表3）。表3は、内閣官房オリパラ事務局から提供を受けた、直前合宿の受け入れ状況を都道府県ごとに示している。直前合宿受け入れ率は、直前合宿受け入れ数をホストタウン数で除した割合である。[15]

表3　都道府県ごとの直前合宿の受け入れ状況

		ホストタウン数	直前合宿受け入れ数	直前合宿受け入れ率			ホストタウン数	直前合宿受け入れ数	直前合宿受け入れ率
北海道・東北	北海道	20	5	25.0%	近畿	滋賀県	5	2	40.0%
	青森県	5	0	0.0%		京都府	5	3	60.0%
	岩手県	8	5	62.5%		大阪府	11	1	9.1%
	宮城県	7	4	57.1%		兵庫県	11	6	54.5%
	秋田県	9	0	0.0%		奈良県	6	1	16.7%
	山形県	14	5	35.7%		和歌山県	3	0	0.0%
	福島県	9	4	44.4%		小計	41	13	31.7%
	小計	72	23	31.9%	中国	鳥取県	1	0	0.0%
関東	茨城県	18	10	55.6%		島根県	5	1	20.0%
	栃木県	8	4	50.0%		岡山県	8	6	75.0%
	群馬県	12	3	25.0%		広島県	14	5	35.7%
	埼玉県	21	8	38.1%		山口県	8	4	50.0%
	千葉県	21	11	52.4%		小計	36	16	44.4%
	東京都	30	14	46.7%	四国	徳島県	3	3	100.0%
	神奈川県	14	13	92.9%		香川県	7	2	28.6%
	小計	124	63	50.8%		愛媛県	8	1	12.5%
甲信越・北陸	新潟県	13	6	46.2%		高知県	7	3	42.9%
	富山県	2	1	50.0%		小計	25	9	36.0%
	石川県	5	5	100.0%	九州・沖縄	福岡県	14	9	64.3%
	福井県	5	1	20.0%		佐賀県	3	2	66.7%
	山梨県	15	10	66.7%		長崎県	5	5	100.0%
	長野県	15	4	26.7%		熊本県	4	2	50.0%
	小計	55	27	49.1%		大分県	4	1	25.0%
中部	岐阜県	10	4	40.0%		宮崎県	8	1	12.5%
	静岡県	19	13	68.4%		鹿児島県	13	2	15.4%
	愛知県	10	2	20.0%		沖縄県	8	0	0.0%
	三重県	6	4	66.7%		小計	59	22	37.3%
	小計	45	23	51.1%					
						Total	457	196	42.9%

（出典：内閣官房オリパラ事務局提供データから筆者作成）

　直前合宿受け入れ率は都道府県ごとにばらつきはあるものの開催地に近い関東、甲信越・北陸、中部で50％前後と高い傾向にある。四国や九州の直前合宿受け入れ率は40％を下回るが、そのなかでも、徳島県や長崎県のように県内のホストタウンすべてで直前合宿を受け入れているようなところもあった。

　なお、この42.9％を解釈するためには注意が必要である。まず、そもそも直前合宿の受け入れを計画していないホストタウンが多くあったため、直前合宿を計画していて実際に受け入れたホストタウンはより高い割合を示す。次に、直前合宿を受け入れたホストタウンでも、予定していた直前合宿すべてを受け入れたわけではない場合もあった（例えば、3カ国の直前合宿の受け入れを予定していたが、実際には1カ国しか受け入れられなかったなど）。複数の相手国を対象にホストタウン事業をおこなっていたホストタウンについては、それぞれ詳細に確認する必要がある。

5 ホストタウン事業の実態

　ホストタウン事業は、新型コロナウイルス感染症の蔓延の影響で大幅な制約を受け、想定されていた盛り上がりを迎えることはなかった。多くの地域で予定されていたように、直前合宿を受け入れて選手たちと交流し、東京2020大会本番で相手国の選手・チームを試合会場で直接応援する、ないしは地元のパブリックビューイングなどで応援できていれば、より多くの人々の記憶に残るホストタウン事業になった可能性が高い。

　ホストタウンはホストタウン事業の成果をどのように捉えているだろうか。図4は、2021年10月調査の結果を示している。ここからは、多くの制約を受けながらも一定の成果を挙げたと考えているホストタウンが多くあることが見て取れる。調査では、それぞれの項目について成果が挙がったと思うかを質問し、図4では、「とてもそう思う」「そう思う」の2つを選択した割合を示している。

　全体的に割合が高い項目は「知名度をあげること」（73％）、「海外との交流や観光を促すこと」（67％）、「市民に一体感を生み出すこと」（65％）、「市

民や行政職員、民間事業者等の国際感覚を磨くこと」(75%)、「市民が地域の文化を誇りに思えるようになること」(65%)、「スポーツの多様性を学び、共生社会への理解を高めること」(70%)である。

特徴があった共生社会ホストタウンと復興ありがとうホストタウンについてみておこう。共生社会ホストタウンでは、共生社会に関連する成果でもある「スポーツの多様性を学び、共生社会への理解を高めること」(93%)、「ユニバーサルデザインのまちづくりや心のバリアフリーの重要性を理解すること」(92%)が突出して高い。共生社会の実現に向けた活動に取り組んでいるホストタウンが多かったことを反映した結果だろう。復興ありがとうホストタウンでは、「市民や行政職員、民間事業者等の国際感覚を磨くこと」(100%)が高い。その一方、スポーツ政策関連の「国内外からのスポーツツーリズムを活性化していくこと」(29%)、「相手国の選手が取り組んでいた種目が盛んになること」(29%)が低い。復興ありがとうホストタウンは、選手以外の市民をも対象にして交流事業を進めた。そうした取り組みの結果が、「国際感覚を磨くこと」に成果を挙げたと考えるに至っていると推測される。

最後に着目しておきたいのは、「新しい姉妹都市・交流都市になってもらうこと」が成果だと考えているホストタウンである。該当すると回答しているホストタウンの数は限定的ではあるが、全体の18%(72自治体)を占める。また、「既存の姉妹都市・交流都市との交流を活発にしていくこと」が成果だと考えているホストタウンが33%(130自治体)ある。両回答に一定の重複はあるが、この2つの回答を踏まえれば、東京2020大会以降も持続的な交流をもつホストタウンが半数程度あることになる。加えて、相手国の競技団体、競技連盟とのつながりを維持するホストタウンもあることが想定され、継続的な交流活動につながる可能性が示されている。

このデータは2021年10月段階のものである。第4章以降のケーススタディは、23年4月ごろまでの実態を反映したものになっている。東京2020大会から1年以上が経過して、ホストタウン事業がどのように進められ、どのような成果を生み出しているのかについては個別のケーススタディを参照してほしい。

	ホストタウン (n=275)	共生社会ホストタウン (n=83)	復興ありがとうホストタウン (n=14)	都道府県 (n=16)	全体計 (n=388)
自治体の知名度をあげること	72%	73%	71%	81%	73%
海外との交流や観光を促すこと	63%	72%	79%	88%	67%
国内外からのスポーツ・ツーリズムを活性化していくこと	49%	55%	29%	81%	51%
相手国との経済的な交流を活発にすること	29%	41%	36%	50%	33%
海外からの訪問者の受け入れノウハウを学ぶこと	48%	52%	36%	81%	50%
既存の姉妹都市・交流都市との交流を活発にしていくこと	31%	31%	50%	63%	33%
新しい姉妹都市・交流都市になってもらうこと	18%	24%	14%	6%	18%
海外の人々とオンラインで交流するノウハウを学ぶこと	48%	51%	50%	56%	49%
市民に一体感を生み出すこと	62%	73%	79%	69%	65%
市民や行政職員、民間事業者等の国際感覚を磨くこと	73%	76%	100%	88%	75%
市民が地域の文化を誇りに思えるようになること	61%	66%	86%	88%	65%
相手国に対する情報発信を通じて、情報発信の方法を学ぶこと	44%	45%	50%	56%	45%
相手国の選手が取り組んでいた種目が盛んになること	50%	60%	29%	69%	52%
個々の市民のスポーツ実施率が高まること	52%	69%	43%	56%	55%
スポーツの多様性を学び、共生社会への理解を高めること	62%	93%	71%	81%	70%
ユニバーサルデザインのまちづくりや心のバリアフリーの重要性を理解すること	34%	92%	50%	63%	48%

図4　ホストタウンの取り組みの成果と考えていること
（出典：2021年10月調査をもとに筆者作成）

35

6 大会直後の今後の取り組み見通し

　内閣官房オリパラ事務局は、ホストタウンに登録する自治体に、東京2020大会以降の活動の検討、レガシー形成の検討を推奨していた。実際、ホストタウンの多くは、東京2020大会以降の活動を計画しながら活動していたし、第4章以降のケーススタディが示すように、政策推進のドライバーとしてホストタウン事業を活用した自治体もあった。

　その一方で、内閣官房でも一定数のホストタウンでも、東京2020大会に向けた取り組みは時限的に扱われてきた。内閣官房オリパラ事務局は2021年度をもって解散したし、ホストタウン事業に対する財政措置も時限的なものだと見なされていた。結果的には、22年に入り、22年度中のホストタウン事業の継続事業に対して引き続き財政措置がおこなわれることが表明されたが、東京2020大会後（行政にとって次年度の活動計画を検討し、予算請求をおこなっていく時期）の段階では財政措置がおこなわれるのか不明瞭なままであり、ホストタウン事業を継承していこうという機運は高まらない側面があった。

　図5は、2021年10月の調査で把握した、各ホストタウンが大会後も引き続き取り組むことを予定している活動を示したものである。全体的に数字は低く、東京2020大会までと同様の活動を継続する予定のないホストタウンが大部分であることがわかる。

　カテゴリー別にみると、共生社会ホストタウンでは、ホストタウンカテゴリーよりも多くの項目で高い値を示している。特に、「パラリンピックスポーツの体験や普及事業」（57％）、「ユニバーサルデザインのまちづくりや心のバリアフリーの推進事業」（48％）は高い割合を示している。復興ありがとうホストタウンでは、「相手国の食や文化等に関する学習・情報発信」（36％）、「相手国に対する自治体の文化の情報発信」（29％）が高い割合を示している。興味深いことは、都道府県では「今後の世界大会等に合わせた相手国の代表選手の合宿」（28％）、「相手国の選手とのオンラインでの交流事業」（29％）、「市民・職員等を相手国に派遣する交流事業」（29％）などの人的な交流を推進しようとする傾向がみられることである。全体の30％程度であるため高い割合とはいえないが、調査に回答した5つ程度の都道府県が

36

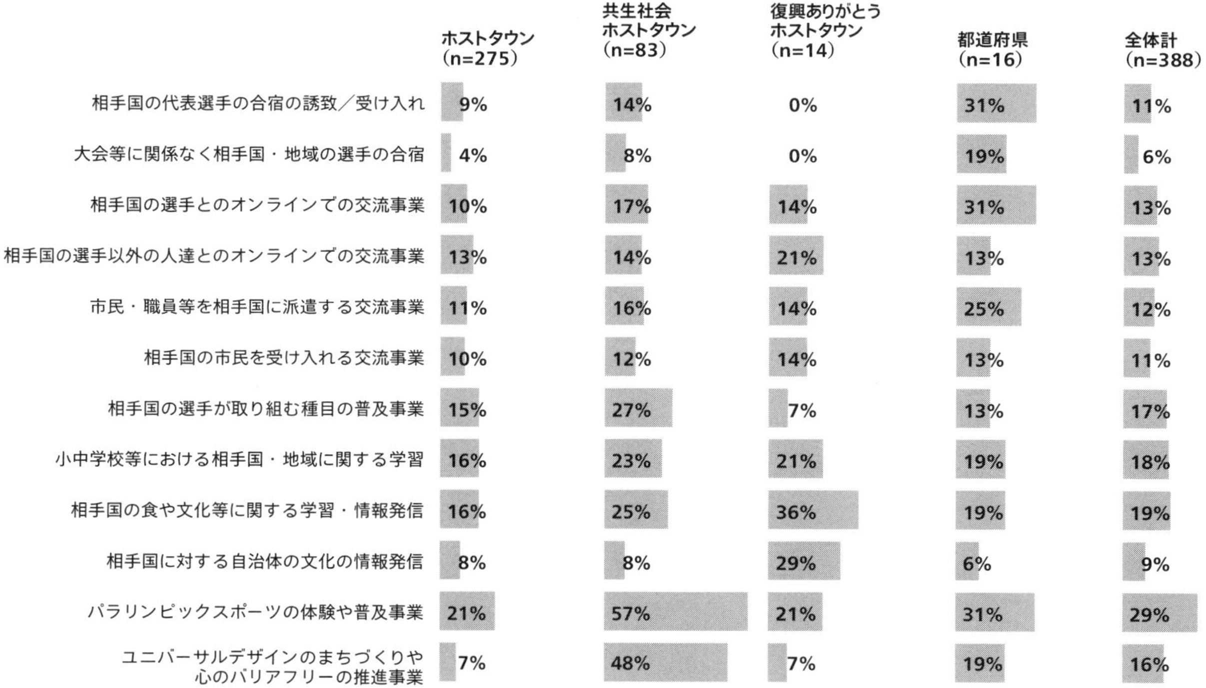

	ホストタウン (n=275)	共生社会ホストタウン (n=83)	復興ありがとうホストタウン (n=14)	都道府県 (n=16)	全体計 (n=388)
相手国の代表選手の合宿の誘致／受け入れ	9%	14%	0%	31%	11%
大会等に関係なく相手国・地域の選手の合宿	4%	8%	0%	19%	6%
相手国の選手とのオンラインでの交流事業	10%	17%	14%	31%	13%
相手国の選手以外の人達とのオンラインでの交流事業	13%	14%	21%	13%	13%
市民・職員等を相手国に派遣する交流事業	11%	16%	14%	25%	12%
相手国の市民を受け入れる交流事業	10%	12%	14%	13%	11%
相手国の選手が取り組む種目の普及事業	15%	27%	7%	13%	17%
小中学校等における相手国・地域に関する学習	16%	23%	21%	19%	18%
相手国の食や文化等に関する学習・情報発信	16%	25%	36%	19%	19%
相手国に対する自治体の文化の情報発信	8%	8%	29%	6%	9%
パラリンピックスポーツの体験や普及事業	21%	57%	21%	31%	29%
ユニバーサルデザインのまちづくりや心のバリアフリーの推進事業	7%	48%	7%	19%	16%

図5 引き続き取り組もうと考えていること
（出典：2021年10月調査をもとに筆者作成）

ホストタウン事業を継承していくつもりでいることがわかる。

　本章ではホストタウン・イニシアティヴの全体像を紹介してきた。

　確かに、それぞれのホストタウンのホストタウン事業は新型コロナウイルス感染症の影響を受け、東京2020大会直前に想定どおりの活動ができなかったという見方もできる。しかし一方で、2020年2月以前にも多くの活動が実施されたし、新型コロナウイルス感染症の蔓延下でも工夫を凝らした活動をおこなったホストタウンもあった。そうした取り組みの実態を個別に把握し、その影響や成果を把握していくことが必要だ。そうすることで、ホストタウン・イニシアティヴという全国レベルの新たな試みを、今後の類似する取り組みに生かすことができる。

　スポーツ・メガイベントの開催には賛否両論、さまざまな視線が投げかけられる。東京2020大会も、新型コロナウイルス感染症蔓延下での開催時までにとどまらず、2023年になっても、組織委員会関連のガバナンス問題が指摘され、いまなおその評価は定まっていない。しかし、ひとたび、いずれかの都市や種目協会が主導してスポーツ・メガイベントを開催することが決まれば、ホストタウン事業と同じ活動を国内の有志自治体が展開できる環境が整う。国内に限らず、東アジアでスポーツ・メガイベントが開催されるときにも類似の活動に取り組むことが可能だろう（第5章「スポーツ合宿とホストタウン」〔束原文郎／松橋崇史〕で取り上げる鹿児島県大崎町では取り組みが始まっている）。その際により有益な活動を展開するために、ホストタウンが展開したホストタウン事業を記録し、成果を高めるための方法論を整理し、継承していく必要がある。第2章「ホストタウン事業とスポーツまちづくり」（高岡敦史）では、スポーツまちづくりの観点から、ホストタウン事業を捉え、その意義や役割を整理する。

　第4章以降では、個別のホストタウンを取り上げるケーススタディに移行する。それらのケーススタディの理解を深めるためにも、それらのケースがホストタウン事業全体でどのような位置づけにあるのか本章のデータを参照し、理解することが重要になる。

注

（1）　和田崇「1994年広島アジア競技大会の無形遺産——一館一国運動の25年」

「E-journal GEO」第15巻第2号、日本地理学会、2020年

（2）長野市校長会／長野市教育センター国際化教育研究委員会編『世界の人とともに生きる──一校一国交流活動の記録 '98長野オリンピック・パラリンピック冬季競技大会』長野市教育委員会、1999年

（3）「世界ともだちプロジェクト」「東京都教育委員会」（https://www.kyoiku.metro.tokyo.lg.jp/school/content/files/poster/19.pdf）〔2022年6月15日アクセス〕

（4）佐野慎輔「少年の夢が実った一校一国運動」「笹川スポーツ財団」（https://www.ssf.or.jp/ssf_eyes/history/olympic_legacy/09.html）〔2022年6月15日アクセス〕

（5）松橋崇史「2002年FIFA日韓ワールドカップのキャンプ地における「ソフトレガシー」の形成過程──「ソフトレガシー」が形成された4自治体の事例分析」、地域活性学会編「地域活性研究」第8巻、地域活性学会、2017年

（6）湊慎一郎「2012年ロンドンオリンピック・パラリンピック競技大会における事前合宿誘致の取り組み」、自治体国際化協会編「自治体国際化フォーラム」2014年10月号、自治体国際化協会

（7）「2020年東京オリンピック・パラリンピック競技大会におけるホストタウン関係府省庁連絡会議の開催について」「首相官邸」（https://www.kantei.go.jp/jp/singi/tokyo2020_suishin_honbu/pdf/h300606konkyo.pdf）〔2022年6月15日アクセス〕

（8）「ホストシティ・タウン構想推進に資する関係府省庁の取組について」「首相官邸」（https://www.kantei.go.jp/jp/singi/tokyo2020_suishin_honbu/hostcity_townkousou/dai2/siryou2-1.pdf）〔2022年6月15日アクセス〕

（9）「ホストタウンの推進に資する関係府省庁の取組について」「首相官邸」（https://www.kantei.go.jp/jp/singi/tokyo2020_suishin_honbu/hostcity_townkousou/dai6/pdf/siryou2.pdf）〔2022年6月15日アクセス〕

（10）「事後交流型ホストタウンとは」「首相官邸」（https://www.kantei.go.jp/jp/singi/tokyo2020_suishin_honbu/hostcity_townkousou/dai4/siryou5-1.pdf）〔2022年6月20日アクセス〕

（11）「先導的共生社会ホストタウン重点支援制度要領」「首相官邸」（https://www.kantei.go.jp/jp/singi/tokyo2020_suishin_honbu/hosttown_suisin/pdf/sendouteki_kyoseisyakai_hosttown_yoryou.pdf）〔2022年6月15日アクセス〕

（12）「「復興ありがとうホストタウン」について」「首相官邸」（https://www.kantei.go.jp/jp/singi/tokyo2020_suishin_honbu/hosttown_suisin/pdf/arigato_hosttown.pdf）〔2022年6月15日アクセス〕

（13）笹生心太『「復興五輪」とはなんだったのか──被災地から問い直す』大修館書店、2022年

（14）詳細は巻末資料「全ホストタウンリスト」の担当部局を参照してほしい。

（15）この集計には、復興ありがとうホストタウンと都道府県が単独で直前合宿を受け入れたケースを含めていない。復興ありがとうホストタウンでは宮城県加美町、宮城県石巻市が直前合宿を受け入れている。復興ありがとうホストタウンを含めて集計すると岩手県、宮城県、福島県の直前合宿受け入れ率は大きく低下する。都道府県単独では千葉県がアメリカの直前合宿を受け入れた。また、複数の自治体が連携し

てホストタウン事業を推進した場合は、数を1つとしてカウントしている。例え
ば、リトアニアを相手国としてホストタウンとなった北海道のむかわ町、安平町、
厚真町は、3自治体で1つとカウントしている。

第2章

ホストタウン事業とスポーツまちづくり

高岡敦史

1 スポーツまちづくりの基本的な考え方

　各自治体におけるホストタウン事業は、スポーツ立国、グローバル化の推進、地域の活性化、観光振興などに資するものとして展開されてきた。まさに「スポーツまちづくり」の事業だ。まちづくりは、学術的に明確に定義されてはいないものの、数多くの地域で膨大な実践が蓄積されていて、それらを分析的に理解しようとする研究も多い。それらの知見を総合すれば、スポーツまちづくりとは、多様な主体が参画し、スポーツと地域の価値を共創する運動とおおまかに説明することができるだろう。

　本書を執筆したスポーツまちづくり研究会メンバーは、『スポーツまちづくりの教科書』（松橋崇史／高岡敦史編著、青弓社、2019年）で、全国の事例からスポーツまちづくりの成否を決める3つの条件を導き出している。スポーツインフラの育成・活用、社会的ネットワークの醸成、そして事業性の確保である。

　スポーツインフラとは、まちづくりに活用可能な地域内のスポーツ資源を意味する松橋崇史と高岡による造語である[(1)]。スポーツ施設やスポーツ団体、トップアスリートなどの資源は少なからずどの地域にもあるが、スポーツによる地域活性化や観光振興、経済振興などに活用できるかどうかで、それらがスポーツインフラになりうるかが決まる。そうしたスポーツ資源を集客材にしたり、まちづくりの起爆剤や収益源になったりするように再開発・創出するのがスポーツインフラの育成である。それらを有効活用できれば、まちづくりが進展する。

　社会的ネットワークとは、まちづくりに本来的に求められる多様なステイクホルダーの連携・協働と共創をもたらす基盤である。そして、スポーツまちづくりをともに考え進めていくための共創関係が成立するコミュニケーション・ネットワークのことである。スポーツまちづくりの取り組みの内容によって参画すべき主体は異なるが、競技団体などの公的なスポーツ関連団体や行政、地域スポーツ団体、スポーツ民間事業者、地域団体・住民などが考えられる。重要なことは、会議体を立ち上げることにとどまらず、そこで共創的な対話がなされることだ。

　事業性の確保とは、スポーツまちづくりの取り組みの持続可能性を担保す

る経済的収益性の確保のことである。これまで日本では、スポーツ振興が政策として展開されてきた経緯から、スポーツまちづくりにも公的資金が投入されることがしばしばある。スポーツ庁が2022年3月に策定した「第3期スポーツ基本計画[2]」でもスポーツによる地方創生、まちづくりが政策の一つの柱になっていて、スポーツ庁の「令和5年度 スポーツ庁概算要求[3]」でも4億7,800万円がコンテンツ創出や担い手育成などに投入するように企図されている。スポーツまちづくりが公共的・公益的な価値をもちうることは確かだが、公的資金に過度に依存し続ける取り組みは、予算がつかなくなった途端に破綻する可能性が高い。そこで重要になってくるのが、スポーツまちづくり事業の経済的収益性の確保だ。事業の継続性や規模拡大に必要な物的・人的資源の調達のためにも、新規事業への投資のためにも、財務的資源を使いきるのではなく、きちんと収益をあげていくことが求められる。

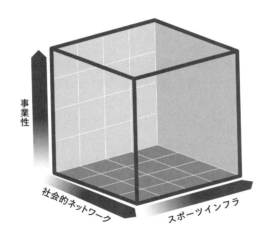

図1 スポーツまちづくりCUBE
（出典：松橋崇史／高岡敦史編著『スポーツまちづくりの教科書』青弓社、2019年、15ページ）

2 ホストタウン事業とスポーツまちづくり

ホストタウン事業にはさまざまなタイプがあることが私たちの調査で明ら

かになった。ここでは、それぞれのホストタウン事業のスポーツまちづくりの可能性を考えていきたい。

　まず、共生社会ホストタウンと復興ありがとうホストタウンは、内閣官房オリパラ事務局が新設した計画である。

　共生社会ホストタウンは、「障害のある選手を迎えることをきっかけに、ユニバーサルデザインの街づくり及び心のバリアフリーに向けた、自治体ならではの特色ある、総合的な取組を実施」するものとして展開された。共生社会の実現はすでに多くの自治体の政策課題になっていて、東京2020大会の一つの重要なレガシーになりうる取り組みとして企図された。

　共生社会とは、そこに生きる人が障害の有無、人種や国籍、文化、さまざまな生活状況などの違いを乗り越え、分け隔てなく、支える─支えられるという関係ではなくともに支え合って暮らしていくことができる社会である。その実現には、行政だけでなく、教育や福祉、スポーツ・文化、民間企業などあらゆる分野の団体・組織の主体的な取り組みや連携・協働が求められている。共生社会ホストタウンは、マルチ・ステイクホルダー体制で取り組む必要がある共生社会実現に向けた取り組みを基盤としている。その基盤に、パラスポーツの啓発・普及などの取り組みを連動させることで、共生社会実現に向けた社会的ネットワークが広がったり、パラスポーツイベントなどへの多様な団体・組織の参画・連携が期待できたりするものだった。そして、共生社会ホストタウン事業を通して、共生社会実現に向けた機運が新たにかきたてられたり高まったりすれば、その社会的インパクトこそ共生社会ホストタウン事業の成果であり、レガシーと呼べるものになるだろう。

　復興ありがとうホストタウンは、東日本大震災の被災3県（岩手県・宮城県・福島県）の自治体が、それまで支援してくれた海外の国・地域の人たちと地域住民との交流を通して、復興プロセスを発信するものであり、特に東京2020大会後の交流が重視された。東日本大震災からの復興に際しては、多くの国・地域からの支援があった。このことを踏まえ、東京2020大会をめぐる合宿誘致やスポーツイベント、国際交流などを通して、震災後の支援や復興にまつわる他国とのつながりを再認識したり、一層強固にしたりすることが期待された。また、いまだ道半ばの復興に向けた取り組みに、もう一度多くの人々の視線を集め直せる可能性もあった。東京2020大会には、被災地の復興という課題を国内的・国際的に共有しなおす（寝た子を起こす）きっかけになり、一定の社会的インパクトをもたらすことが期待されたので

ある。

　共生社会ホストタウンと復興ありがとうホストタウン以外の、各自治体が取り組んだホストタウン事業は、その目的や取り組み方が多様だった。それらをリストアップすると、次のようなタイプにカテゴライズできるだろう。下記では、それぞれのスポーツまちづくりの可能性を考えてみたい。

①地域スポーツ振興をねらったホストタウン事業
②合宿誘致を含むツーリズム推進をねらったホストタウン事業
③他国との経済的な交流をねらったホストタウン事業
④行政主導で推進されたホストタウン事業
⑤行政と民間が連携して推進されたホストタウン事業
⑥大学と連携して推進されたホストタウン事業
⑦他国と地域との強い結び付きに基づくホストタウン事業

地域スポーツ振興をねらったホストタウン事業

　各自治体によるホストタウン・イニシアティヴへの参画は、その多くが相手国や種目を検討するところから始まっている。姉妹都市協定を結んでいる都市がある自治体などは候補になる国を早いうちに見いだせただろうが、事前合宿にきてもらう競技種目を選ぶにはまた別の判断材料が必要になったはずだ。既存の、あるいは整備できそうなスポーツ施設があるかどうか、練習相手になりうる選手やチームがいるかどうか、などだ。

　こうして、「わが町ではどのような種目を受け入れるべきか?」、そして「どのような種目が受け入れられるか?」と考えなければならなかった自治体は、自然と、合宿を受け入れ可能にする自地域の強みといえるスポーツを見いだすことになっただろう。スポーツインフラ（合宿に活用可能なスポーツ施設やスポーツ団体・アスリート、歴史的に醸成されているスポーツ熱など）の確定や再発見だ。

　スポーツインフラが見いだせた地域は、合宿誘致を通してスポーツインフラを育てることに邁進できる。一方、スポーツインフラが十分ではない自治体のなかにも、小さなとっかかりを見つけ出し、ホストタウン事業を通して、その種目を軸にスポーツインフラを育てようとする地域があった。いずれにしても、ある特定のスポーツ種目の振興をねらってホストタウン事業を活用しようとする自治体は少なくなかった。

他国代表選手団の合宿誘致は、（新型コロナウイルス感染症の拡大に伴ってその多くが中止に追い込まれたものの）大会直前合宿に向けた受け入れ側の準備にとって重要だったが、誘致するためには少なくとも当該種目の競技団体やチーム、地元（ゆかりの）選手、支援してくれる団体や地元企業などの協力が不可欠だ。合宿を誘致するだけでも、振興しようとする種目をめぐる社会的ネットワークの醸成が進められたと考えられる。

合宿誘致を含むツーリズム推進をねらったホストタウン事業

　東京2020大会にまつわる海外チームの事前合宿を誘致するには、トレーニングのためのスポーツ施設や練習相手になりうる地元クラブやトップアスリートだけでなく、最寄りの空港や駅からの移動手段や宿泊施設、適切な飲食のための施設や店舗の確保と、関係する事業者との連携構築が求められる。その取り組みは、東京2020大会以後に国内外からスポーツ合宿を呼び込むための準備と重なるものであり、東京2020大会後にスポーツ合宿地として名乗りをあげることをねらってホストタウン事業を受けた自治体は少なくない。

　また、ホストタウン事業でのイベントなどをきっかけにして、自地域が特定のスポーツ種目の盛んな地域であることをPRして大会やイベントを誘致し、スポーツツーリストの集客につなげようとする取り組みも散見される。東京2020大会以後に大会やイベントを開催することを目指すなら、ホストタウン事業期間中に、スポーツ施設を整備したり、大会などを主催できる競技団体やスポーツ関連団体、イベント会社などの民間事業者との連携を成立させておく必要がある。

　地域スポーツ振興をねらったホストタウン事業と同様に、スポーツツーリズム推進に向けてスポーツインフラの育成・活用と社会的ネットワークの醸成に着手できれば、ホストタウン事業のレガシーは創出できるといえる。

他国との経済的な交流をねらったホストタウン事業

　一部の自治体は地元の産業界と連携して、ビジネス交流や企業同士のマッチングをねらってホストタウンの相手国を選定した。経済振興は自治体にとって重要な政策トピックであり、ホストタウン事業を通した他国との経済交

流の起動や活性化は、かなり戦略的・計画的にレガシー創出を企図した取り組みだといえるだろう。なぜなら、他国と経済的な交流をおこなうためには、他国に輸出可能な産品や技術、他国の企業と協業できるだけのビジネス展開力がある企業が必要であり、それと同時に、相手国に一定の市場を見込んだり、協業可能性がある企業群を見いだしたりすることが必要だからである。すなわち、自地域が保持する資源や相手国の資源を事前に育成したり把握したりすることが必要なのである。両者の経済団体間の連携関係も構築しておく必要があるかもしれないから、事前のしっかりした足場固めが求められるだろう。

　経済交流を始めようとすると、合宿誘致をめぐって相手国の東京2020大会に出場予定の代表選手団だけでなく、政治・経済界に影響力がある人物の招聘も必要になる。代表選手団の合宿はそうした人物の招聘を促すものになったはずである。そういう意味で、地元地域で盛んなスポーツとそのための施設や地元ゆかりのアスリートやクラブの存在は、経済交流のためのスポーツインフラになりえるものだっただろう。経済交流が実を結べば、ホストタウン事業の社会的インパクトは目に見えて大きなものになったはずだ。

行政主導で推進されたホストタウン事業

　すべてのホストタウン事業は都道府県・市区町村の行政によって主導されたものだ。

　ホストタウン事業を担当した部局は、従来担当していた政策と関連づけて事業をデザインしたはずである。例えば、スポーツ振興部局が担当すれば、東京2020大会や合宿誘致を契機にして地元で盛んなスポーツ種目の普及や競技力の向上をねらう取り組みを実施することが多くなるだろうし、観光振興部局が担当すれば、東京2020大会以後のスポーツ合宿誘致や観光誘客をねらうものになるだろう。もちろん、担当部局が抱える政策課題とホストタウン事業の取り組みのねらいは一対一対応ではないものの、時限的なホストタウン事業から何らかのレガシーを残そうとして、担当部局としての政策的な戦略（数年という短い期間であることを考えれば、戦術というべきかもしれない）を立ち上げたケースは少なくなかった。このような取り組みは、行政職員としてホストタウン事業を自分事にした結果と評価できるのではないだろうか。

行政と民間が連携して推進されたホストタウン事業

　行政主導で実施されたホストタウン事業だが、担当職員だけでできること
はそれほど多くないから、どのような取り組みにしても他団体との連携が必
要になる。取り組みに多くの団体や人々を巻き込んだり、確実にレガシーを
残そうとしたりすれば、その連携先は多様に広がるだろう。

　社会的ネットワークの醸成と活用はスポーツまちづくりの成否を左右する
条件の一つである。ホストタウン事業でも、行政担当職員が連携すべき団体
関係者と直接コミュニケーションできる関係を構築できたかどうかが、当該
事業の成果を左右したはずである。

　また、ホストタウン事業を実施する過程で醸成された社会的ネットワーク
は、同時に、ホストタウン事業の成果を分け合うコミュニティにもなりえ
る。この点からいえば、ホストタウン事業への多様な主体の巻き込みは、ホ
ストタウン事業の成果の最大化に直結する取り組みだったのである。

大学と連携して推進されたホストタウン事業

　スポーツに力を入れている大学は、良質なスポーツ・トレーニング環境を
有していて、代表選手団の合宿拠点として有望である。そうした大学を抱え
るいくつかの自治体は、大学と連携したホストタウン事業を展開した。

　大学は合宿拠点として機能するだけでなく、国際交流や異文化理解の学習
主体になる大学生や、そうしたプログラムをデザインしたり、実施したりで
きる教職員もいるので、自治体にとって大いに助けになっただろう。相手国
からの留学生がいればいよいよ心強かっただろうし、大学にとっても、自校
の宣伝やブランディングのいい機会になったはずである。

　自治体と大学との連携は、それまでの官学連携の取り組みがしっかりした
ものであればあるほどスムーズだっただろうし、もし官学連携の下地が十分
でなかったとしても、ホストタウン事業を契機に、まちづくりや調査研究な
どに関する連携が起動する可能性もあったと考えられる。

他国と地域との強い結び付きに基づくホストタウン事業

　一定数の地域は、移民・移住や出稼ぎがもたらした人の交流や歴史的な物語などで特定の他国と強い結び付きを維持している。そうした地域を抱える自治体が、強く結び付いてきた国をホストタウン相手国として選ぶことは必然的だっただろう。

　そのような地域では、当該国のコミュニティが根づいていたり、政治・経済的な交流も盛んだったりするから、ホストタウン事業を立ち上げる際に相手国の関係者とつながることも比較的容易だったはずだ。また、当該国の選手団を受け入れたり、その国の文化を紹介したりする取り組みも実施しやすかったのではないだろうか。

　ホストタウン事業の相手国選定には、ある程度の必然性や論理的な妥当性（例えば、姉妹都市協定を結んでいる都市があるとか、経済的な結び付きがある、歴史的なつながりがある、など）が求められる。地元地域の生活や歴史・文化にとって何の脈絡もない国を相手国に選定すると、市民・県民の理解を得ることも難しいし、その後のさまざまな取り組みも実施しづらくなってしまうからだ。

　以上のことを踏まえ、各ホストタウン事業をスポーツまちづくりであると捉え、想定しうるレガシーの創出やまちづくりに資する成果を生むための3条件（スポーツインフラの育成・活用、社会的ネットワークの醸成、事業性の確保）を論理的に検討すると、表1のようになる。また、3条件を動かすトリガーやブースターになると考えられる要因を例示した。これらの内容は、事例から抽出できた知見を一部含んでいるものの、あくまでも「こうした条件が整えば、成果が出ただろう」と論理的に考えられるものであり、実際には成立していないものもある。

3 ホストタウン事業がもたらした スポーツまちづくりの拡張

　ホストタウン事業は、（その成否についてはこのあとの章で論じるとおりさま

表1 スポーツまちづくりCUBEからみたホストタウン事業（筆者作成）

	共生社会	復興ありがとう	1) スポーツ振興	2) ツーリズム推進	
スポーツインフラ	パラスポーツ振興 パラスポイベント パラ利用可能な施設	被災地で盛んなスポーツ（盛んにしたいスポーツ）とトップクラブ 復興とスポーツの物語	地域で盛んなスポーツ（盛んにしたいスポーツ）とスポーツ施設 地元関係のアスリート	地域で盛んなスポーツ スポーツ施設 宿泊施設・事業者	
社会的ネットワーク	共生社会実現をめぐる地域内外の連携・協働	復興をめぐる地域内外の支援のつながり	競技団体、行政、アスリートなどの連携	競技団体、観光・宿泊事業者、行政、アスリートなどの連携	
事業性 ※社会的効果・政策効果	共生社会の実現という社会的インパクトと関連政策の推進	復興をめぐる課題解決 関連政策の推進（多領域に拡がるとインパクト大）	スポーツ振興政策の推進	シティプロモーション・観光振興政策の政策推進	
3軸を動かすトリガー／ブースター	共生社会実現に関わる政策推進	地域の復興のPR 事後交流	事前合宿 特定競技の普及や競技力向上	ツーリズム振興に関わる政策推進	

ざまだが）スポーツまちづくりにつながるものとして期待をかけうるものだったし、地域によっては一定の社会的インパクトももたらしたと考えていいだろう。

　その社会的インパクトは、各自治体がホストタウン事業に寄せた政策的なねらいによってさまざまだが、スポーツまちづくりにとってのインパクトとして着目したいのは、行政が主導的なアクターとして名乗りをあげた、という点である。これまで、スポーツ振興やまちづくりはそれぞれ政策的・行政的なトピックだったものの、複数の政策トピックにまたがるスポーツまちづくりを政策として大きく掲げる自治体は多くなかった。ところが、ホストタウン・イニシアティヴが国家的・行政的事業として展開されたことをきっかけに、東京2020大会の波及効果やレガシーを地方にも残すべし、という意思が強くはたらいた自治体では、行政自らが地元のスポーツインフラを掘り起こして活用しようと動きだした。その結果、事業推進に必要な関係団体と

	3）経済交流	4）行政主導	5）民間連携	6）大学連携	7）他国との絆
	地域で盛んなスポーツと地元関係のアスリート・クラブ	地域で盛んなスポーツ スポーツ施設 地元のアスリートやクラブ	地域で盛んなスポーツ スポーツ施設 地元のアスリートやクラブ	強豪運動部 スポーツ施設	絆がある国と共有しているスポーツ
	地域内と他国との経済団体・企業の連携	行政からの関係団体の巻き込み・連携	行政と民間事業者のつながり	競技団体、行政、大学、アスリートなどの連携	地域団体、行政、地域を構成している国際的な市民ネットワーク
	経済振興政策の推進	関連政策の推進（多領域に拡がるとインパクト大）	行政・民間の課題解決 関連政策の推進（多領域に拡がるとインパクト大）	大学経営課題の解決 関連政策の推進（多領域に拡がるとインパクト大）	多国籍の共生社会実現 移民・移住に関わる政策課題の解決
	事前合宿と連動した相手国要人の招聘、経済交流の推進	担当部局が抱える政策推進	政策推進 民間側の課題解決	事前合宿 大学の主体的関与（産）官学連携の推進	事前合宿 移民・移住者コミュニティ

　積極的につながったり、あるいは既存の社会的ネットワークをホストタウン事業に巻き込んだりした。また、時限的な事業だからこそ単なる一過性のイベントに終わらせないように、何とか社会的インパクトを生み出そうと苦心した。

　東京2020大会という国家的なスポーツ・メガイベントは各自治体の事業推進の正当性を保証した。それを受けて行政は、従前の地方創生の文脈にホストタウン事業を乗せ、自地域の固有性を打ち出そうとする「したたか」な姿勢を身につけていったのではないだろうか。以前からそうした姿勢を持ち合わせていた行政（担当職員）こそがホストタウン事業を「わが事」にできたのだ、という見方もできるかもしれない。しかし、スポーツまちづくりで行政が主導的な役割を演じたという点で、ホストタウン事業はスポーツまちづくりにおける行政のプレゼンスを高めたと評価できるだろう。

　一方、各地のホストタウン事業の調査・分析をした結果、ホストタウン事

業はスポーツまちづくりの理論を拡張したと考えている。ここでは、ホストタウン事業のもたらしたものを踏まえて、スポーツまちづくりを成功裏に導く3つの条件の捉え直しをしてみたい。

スポーツインフラの育成・活用とは、スポーツをまちづくりの資源にし、まちづくりを進めるために活用していくことである。スポーツ施設やスポーツ団体、スポーツアスリートやコーチといった目に見えるスポーツインフラは、建てればいいし、作ればいいし、育てればいい。そして、まちづくりに巻き込み、活用していけばいい。

しかし、ホストタウン事業は、それまで私たちが認識していた目に見えるスポーツインフラだけでなく、「目に見えないスポーツインフラ」があることを認識させてくれた。目に見えないスポーツインフラとは、当該地域の住民に広く共有されているスポーツの物語である。歴史や文脈といってもいい。ホストタウン事業は、各地で多様な目的をもってさまざまに展開された。スポーツ振興やスポーツ合宿誘致を目的としたホストタウン事業は、東京2020大会と親和的にみえるが、そのほかにも共生社会の実現や復興に関わる諸課題にあらためて社会の注目を集めること、経済交流や移民・移住に関わる課題を解決するといった、一見スポーツとは無縁そうなテーマを目的に設定した事業展開も多く確認できた。

そうした非スポーツ的な目的をもったホストタウン事業で、スポーツは、衆目を集めるためのメディアとして機能したり、関係者を招聘するための理由づけ（口実）として機能したり、あるいは国や国籍、障害の有無などを超える人と人の交流の場として機能した。つまり、スポーツがもつ正当性や美しさ、人類共通の文化であり多くの人々が共有しやすい点などが、スポーツをホストタウン事業のインフラたらしめたといえるかもしれない。

社会的ネットワークの醸成は、まちづくりに本来的に求められる多様なステイクホルダーの連携・協働と共創をもたらす基盤である。スポーツがもっている文化的な公共性（いわゆる美しさ）はマルチ・ステイクホルダー体制の構築を助けるが、ホストタウン事業は、スポーツがもつ公共性に加えて、オリパラという国際的・国家的な正当性と、ホストタウン事業に込められた政策的な期待という正当性に複層的に裏づけられていたのではないだろうか。

スポーツまちづくりは一見、美しい。多様な団体・組織がスポーツまちづくりをめぐって集うこともある程度はたやすい。しかし、実際に、お金と汗

を出して取り組もうとするといくつもの課題が顕在化することがある。そこで必要になるのが、スポーツまちづくり事業の正当性の確保だ。スポーツまちづくりを美しい話に終わらせず、「なぜ、そのようなことをするべきなのか、する必要があるのか」という理念や目的を強固に共有し、正当性を獲得していく必要がある。そして、正当性のエネルギーが大きければ大きいほど、自治体が全庁体制でホストタウン事業に取り組んだケースがそうだったように、スポーツまちづくりをスポーツ振興部局や地域振興部局だけの取り組みに終わらせず、行政の縦割りを超える可能性も見いだせるようになるはずだ。

　ここまで、事業性の確保とは、スポーツまちづくりの取り組みの持続可能性を担保する経済的収益性の確保であると捉えてきた。公的資金に依存したスポーツまちづくりは、首長の交代や政策転換によって予算が打ち切られる可能性があるため事業性が確保されにくいと考えてきた。しかし、「したたか」なホストタウン事業のケースから、私たちは事業性の意味を拡張するに至った。経済的収益性として、社会的インパクト評価を組み込むべきかもしれない、という拡張だ。

　ホストタウン事業は東京2020大会前後の一過的な公共事業であり、ほぼ公的資金だけで実施された。事業性の観点からは、ホストタウン事業そのものはスポーツまちづくりとして不十分と評価されるはずだった。しかし、ホストタウン事業から何らかのレガシーを導き出そうとしたたかに取り組んだ自治体がみられたように、当初から（公共事業だから当然だが）事業単体の収益性（目先の利益）ではなく、事業の政策的ねらいや関連するほかの政策領域まで視野に入れて、事業予算を大きく超える効果をねらった取り組みが実施された例を見いだすことができた。つまり、ホストタウン事業は「政策的な投資」として展開されたと考えられる。政策としてのスポーツまちづくりの事業性は、投資的効果も含めて評価すべきかもしれない。

　あとに続くケーススタディでは、ホストタウン事業が実際にどのように展開されたのか、そしてそれらが、スポーツまちづくりとしてどのような意味をもつものだったか、あるいはどのような意味をもつようになると期待されるか、といったことをフィールドワークや関係者へのインタビュー調査を通して説明する。

　東京2020大会については、開会前からその開催について賛否両論が巻き起こり、閉会後も、いまなおいくつかの疑惑が取り沙汰されている。ホスト

タウン事業もコロナ禍に伴う混乱が起きなかった地域はないだろう。しかし、それでも、ホストタウン事業はスポーツまちづくりのトリガー（きっかけ）にもなりえたし、ドライバー（動かす力）にもなりえたと考えている。実際にそうなったかどうかは、ホストタウン事業に関わった各地域の関係者の「したたかさ」によって左右されたのではないだろうか。私たちは、それらの姿から、（東京2020大会の非開催地域という意味での）地方の自立・自律の熱を感じた。後章を、ぜひそのような姿を想像しながら読んでもらいたい。

注

（1） 松橋崇史／高岡敦史編著『スポーツまちづくりの教科書』青弓社、2019年
（2） 「第3期スポーツ基本計画」「スポーツ庁」（https://www.mext.go.jp/sports/b_menu/sports/mcatetop01/list/1372413_00001.htm）［2023年6月19日アクセス］
（3） 「令和5年度 スポーツ庁概算要求」「スポーツ庁」（https://www.mext.go.jp/sports/a_menu/kaikei/detail/1420681_00004.htm）［2023年6月19日アクセス］
（4） 「共生社会ホストタウンについて」「首相官邸」（https://www.kantei.go.jp/jp/singi/tokyo2020_suishin_honbu/ud2020kkkaigi/dai3/siryou2.pdf）［2023年6月19日アクセス］

第 **3** 章

復興ありがとう
ホストタウン

笹生心太／岩月基洋

本章では、第4章「スポーツ振興とホストタウン」（西村貴之／高岡敦史）以下の各章のように特定の自治体の取り組みを詳細に取り上げるのではなく、復興ありがとうホストタウンに参加した各自治体の状況を包括的に取り上げる。それは、この計画がホストタウン・イニシアティヴ全体のなかでも独特な位置を占めているためである。

1 復興ありがとう ホストタウンとは

　復興ありがとうホストタウン（以下、ありがとう計画と略記）とは、既存のホストタウン・イニシアティヴの枠組みを改良し、2017年9月に募集開始された計画である。東京2020大会は東日本大震災を受けて「復興五輪」[1]という大義名分を掲げて大会招致に成功したものの、この時点で「五輪」と「復興」を結び付けるような事業は被災地でのサッカー競技と野球・ソフトボール競技の実施程度にとどまっており、その実現度合いは低調だった。そうした状況を危惧したのが、17年8月に東京オリンピック競技大会・東京パラリンピック競技大会担当大臣に就任した鈴木俊一だった。鈴木は岩手県選挙区出身であり、自身が担当大臣になったからには東京2020大会を真の意味で「復興五輪」とするとともに、これを機に震災時に寄せられた世界中からの支援に対する感謝の気持ちを発信したいという強い思いを有していた。こうした鈴木の強い思いに先導され、わずか1カ月でありがとう計画という枠組みが整備された。

　ありがとう計画が既存のホストタウン・イニシアティヴと異なる点は、まず岩手県・宮城県・福島県の被災3県の自治体だけが応募できる点である。そして、これらの自治体がおこなうホストタウンとしての活動を通じて、震災時に世界中から受けた支援への感謝の気持ちを発信することが計画の主眼とされている。またこの点に加え、内閣官房オリパラ事務局職員が相手国の関係者を紹介したり、相手国との契約締結や交流に向けた調整を積極的にサポートするなど、地元の復興事業に注力せざるをえない各自治体の事情を考慮した枠組みになった。

　だが、このように手厚いサポートを約束してもなお、やはり復興事業に注

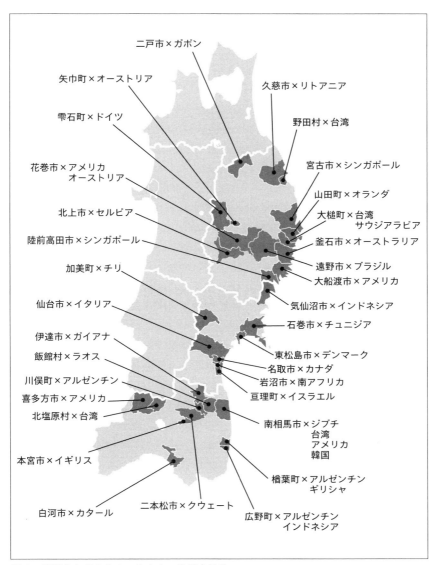

図1　復興ありがとうホストタウン登録自治体

（出典：「復興ありがとうホストタウン一覧」「首相官邸」〔https://www.kantei.go.jp/jp/singi/tokyo2020_suishin_honbu/hosttown_suisin/pdf/2021_0810_ichiran.pdf〕〔2023年6月19日アクセス〕をもとに筆者作成）

力せざるをえないためにホストタウン事業にまで手が回らない自治体も多くあった。特に高いハードルは相手国との契約締結に向けた問題だった。筆者らがおこなったありがとう計画参加自治体職員に対する調査でも、自治体が直面した困難が多く語られていた。具体的には、「日本国内の自治体対国・地域を代表する組織体」という組織のレベル差に伴う問題、語学の問題、約束事・契約を厳密に守るという風習がない相手国との交渉の問題などが多く挙げられた。また、そもそもホストタウン・イニシアティヴが日本独自の取り組みであって世界中に定着したものではないため、相手国に理解されにくいという問題も聞かれた。それでもなお、こうした問題をクリアして同計画に参加した自治体は最終的に33にのぼり、29の国・地域と交流することになった。

2 各自治体の参加の経緯

さて、それではありがとう計画に参加した各自治体は、どのような経緯で相手国を選定していったのだろうか。

まず、数として最も多かったのは、震災時の支援を契機として交流が始まった国・地域を相手国とするケースだった。このケースに該当するのは、岩手県ではアメリカを相手国とした大船渡市やシンガポールを相手国とした陸前高田市など、宮城県では南アフリカを相手国とした岩沼市やデンマークを相手国とした東松島市など、福島県ではジブチ、台湾、アメリカ、韓国を相手国とした南相馬市などである。例えば東松島市では、震災直後に当時の駐日デンマーク大使が同市を訪れ、多くの寄付金や子どもへのおもちゃなどを提供してくれた縁からデンマークとの交流が始まった。そしてありがとう計画に取り組むための事業費も、このときの寄付金を充てた基金から捻出している。こうしたケースはありがとう計画の趣旨に最も忠実に沿っているといえ、非常に多くの自治体がこうした動機から同計画に参加していったが、とりわけ海沿いで震災被害が甚大だった自治体がこのケースに多く当てはまる。

一方、震災以前からすでに相手国とのつながりの歴史を有していたケース

も多くみられた。このケースには2種類のパターンがある。第1は、アメリカとオーストリアを相手国とした岩手県花巻市、オランダを相手国とした岩手県山田町、リトアニアを相手国とした岩手県久慈市、アメリカを相手国とした福島県喜多方市などのように、震災前から行政レベルでのつながりを有していたパターンである。これらの自治体は、相手国内の自治体と国際姉妹都市や国際友好都市の提携を結んでいて、そうしたつながりから震災時に相手国から多額の支援を受け、それに対する感謝を示すべくありがとう計画に参加した。

　また、相手国と既存のつながりがあったケースの第2のパターンとして、行政レベルでの正式なつながりがなくとも、民間レベルで古くから交流がおこなわれていたというケースも数多くあった。このケースに該当するのは、町内の高校音楽部が定期的にオーストリアへの演奏旅行をしていた岩手県矢巾町、漁業の技能実習生として多くのインドネシア人が定住していた宮城県気仙沼市、チュニジアからの留学生が市内にホームステイした縁から交流が始まり、現在では市内にチュニジア通りやカルタゴ通りといった地名まである宮城県石巻市、村内の小学生を中心にラオスの中学校建設費用を寄付したことがある福島県飯舘村、そして2002年のサッカーワールドカップの際にイタリア代表チームの合宿地になるなど、サッカーを中心としてイタリアとさまざまな交流を重ねてきた宮城県仙台市などである。[2]

　最後に、こうした民間レベルで相手国と古いつながりを有していたケースの亜種のような例として、チリを相手国とした宮城県加美町のケースを挙げたい。1960年のチリ地震の際に津波で被災した宮城県南三陸町（当時の志津川町）は、その後チリとの交流を始めた。その南三陸町はありがとう計画に参加することができなかったものの、震災の際に被災した南三陸町の住民を多く受け入れた加美町が、かわりにホストタウンとしてチリを受け入れることになった。このケースは、チリ地震と東日本大震災という2つの災害を契機として、チリ、南三陸町、加美町という3者のつながりが生まれたケースといえる。

3 地域課題の解決に向けた活用

　以上のような経緯でありがとう計画に参加していった各自治体は、当然ながら各国・地域からの支援への感謝の気持ちを発信することを主眼としている。しかし、スポーツまちづくりの視点から見逃すことができないのは、こうした交流がただの感謝の気持ちの発信にとどまらず、各自治体が抱える地域課題を解決するためにも活用されていたことである。すなわち、相手国と交流を深めることが震災時に各地域が抱え込んだ課題を解決することにもつながり、それがひいてはまちづくりにつながろうとしていたのである。以下、特にほかの章でも取り扱うスポーツ振興、スポーツ合宿の振興、経済交流という観点から同計画に取り組んだ事例を、それぞれ簡単に概観していこう。

スポーツ振興

　ホストタウン事業を通じたスポーツ振興については第4章「スポーツ振興とホストタウン」（西村貴之／高岡敦史）で取り扱っているが、ありがとう計画参加自治体のなかにも、同じようにホストタウン交流を通じたスポーツ振興を目指している自治体がある。その典型例は、「ラグビーのまち」を掲げている岩手県釜石市である。

　釜石市には、以前から全国で名が知られた新日鉄釜石ラグビー部があり、現在は釜石シーウェイブスRFCとしてクラブ化されて地域で愛され、地域に根ざしてラグビーを通じたさまざまな取り組みをおこなっている。釜石市は2019年のラグビーワールドカップの会場でもあり、名実ともに「ラグビーのまち」である。

　釜石市とオーストラリアをつなぐ象徴的な役割を果たしたのは、スコット・ファーディー選手である。2011年3月の震災発生時に釜石シーウェイブスRFCに所属していたファーディー選手は帰国することなく釜石市に残り、チームメイトとともに物資運搬などのボランティア活動に取り組んだ。翌年に退団して帰国するも、15年のラグビーワールドカップではオーストラリア代表の中心選手としてチームを準優勝に導いた名選手である。18年3

月にファーディー選手が釜石市を再訪し、ラグビーワールドカップ2019を経てその後も交流が続いている。

また、震災後に三陸沿岸地域を訪れて多大な支援活動に取り組んだオーストラリア・ニュージーランド商工会議所も、オーストラリアと釜石市のつながりを支援してきた。震災当時にその商工会議所の事務局長でのちに会頭になるメラニー・ブルックは東北地方に留学していた経験があり、釜石市のラグビーワールドカップ2019開催地招致に向けた活動の支援にも尽力した。さらに、AIG損害保険と連携して、ラグビー界のスーパースターであるリッチー・マコウ選手が釜石市を来訪する手助けをするなど、ラグビー―釜石市―オーストラリアを結び付ける役割を担った。加えて、釜石市のラグビー関係者を通じて釜石市長とのつながりが生まれたことも、こうした活動に大きく影響した。ラグビーワールドカップ2019組織委員会は、同大会の開催各自治体が東京2020大会のホストタウンになることを勧めていて、釜石市をオーストラリアのホストタウンに推薦した。そのこともあって、釜石市は2017年11月にオーストラリアのホストタウンとして登録した。

釜石市では、姉妹都市の愛知県東海市と連携して、2015年から海外体験学習事業としてオーストラリアのビクトリア州マセドンレンジズ市に中学生を派遣している。それに加えて、両国の子どもたちを派遣しての現地交流がおこなわれてきているが、そのプログラムのなかにラグビー体験を取り入れるなど、ラグビーを通じた交流が特徴的である。さらに、ラグビーワールドカップ2019開催に際して新設された釜石鵜住居復興スタジアムなどラグビーを生かしたコンテンツが次々と生み出されていて、震災遺構とともに地域資源としてラグビーが活用されているし、スタジアム見学と震災伝承のツアーは修学旅行で多くの学校が訪れている。

また、釜石鵜住居復興スタジアムはラグビーの公式戦や合宿に活用されるだけでなく、サッカーの試合もおこなわれるなど、幅広い層によって利用されている。さらに、スタジアムの近くに新設された釜石市民体育館ではバスケットボールB3岩手ビッグブルズの試合が開催されるようになっている。以上のように、近年では「ラグビーのまち」としての蓄積が、これまで顕在化してこなかったサッカーやバスケットボールなどのスポーツの振興も後押しするようになってきているといえる。

スポーツ合宿の振興

　第5章「スポーツ合宿とホストタウン」（東原文郎／松橋崇史）で取り上げるスポーツ合宿の振興についても、いくつかの自治体がありがとう計画への参加を通じてその実現を目指している。例えば、県内唯一の公認ボートコースを有し、「ボートのまちづくり」を推進している福島県喜多方市とアメリカのボート協会の交流の取り組みなどがこれに該当するが、以下では特に明確にスポーツ合宿の振興を目指していた岩手県北上市の事例を詳しく紹介する。

　北上市は、1999年のインターハイ岩手県大会時に陸上競技・ソフトテニス・新体操競技の会場になり、その2年後にはスポーツ都市宣言をおこなった。それ以来、インターハイの際に整備した総合運動公園や、18面の全天候型コートを備えるテニス場などを活用したスポーツ合宿の誘致に力を入れるようになった。以降、2014年のアジアマスターズ陸上競技選手権大会、16年の国民体育大会などの大規模大会の会場になったほか、ラグビーワールドカップ2019の際にウルグアイ代表チームの公認合宿地にもなった。また、現在はアウトドアツーリズムにも力を入れていて、市内の景勝地を中心として、元マラソン選手の有森裕子が監修したマラニック（マラソンとピクニックを掛け合わせた造語）コースや、プロロードレーサーの新城幸也が監修したサイクリングコースなども整備されている。

　だが、北上市にはもう1つ別の顔がある。それは、古くから「企業誘致のまちづくり」を進めてきたという顔である。そして、同市がありがとう計画に参加するきっかけは、こちらの側面からもたらされたものだった。同市には多くの工業団地があるが、そこに入居するある企業が、日本と東欧地域の経済活動や文化交流の進展を目的とする日本南東欧経済交流協会に所属していた。そしてこの企業がセルビア・オリンピック委員会から受け入れ自治体を紹介するよう要請され、北上市を紹介したのである。それを受け入れた北上市は、2019年4月にセルビアを相手国としてありがとう計画に参加した。その際の担当課は、それまでスポーツ合宿のまちづくりを担ってきたまちづくり部スポーツ推進課になった。

　このように北上市の取り組みは、同市のまちづくり政策の2つの側面、すなわち「スポーツ合宿のまちづくり」と「企業誘致のまちづくり」がつなぎ合わさったところに生まれたものだったといえる。だが、同市が2019年10

月にラグビーワールドカップ2019の公認合宿地としての仕事を終え、本格的にホストタウンとしての活動に取り組み始めようとした矢先に、新型コロナウイルス感染症の流行が始まってしまった。そのため、残念ながらありがとう計画を通じたスポーツ合宿の振興は、直接的には実行されていない。しかし、北上市は自治体としてのまちづくり政策のなかでありがとう計画をどのように活用できるのかを検討し、相手国への感謝の気持ちの発信を軸としながら、スポーツ合宿の振興という市政の方針に合致するように同計画を生かそうとした。この点は、同市の取り組みの大きな特徴である。

経済交流

第9章「経済交流とホストタウン——思いがけない異文化交流の機会で膨らむ観光振興への期待：秋田県能代市」（岩月基洋）ではホストタウン事業を通じた経済交流について取り上げるが、ありがとう計画参加自治体のなかにもこうした目的を掲げた自治体がいくつかある。その代表的な事例は、岩手県大槌町である。

大槌町は、三陸沖の豊かな漁場を生かした漁業、そしてその水産加工を主要産業としてきたまちである。このように海からの恵みを主要な産業基盤としていた同町では、鉄道や道路、そして住宅地が海沿いに集中していたことから、震災時には住宅や各種インフラだけでなく町庁舎も津波にのまれ、町長や課長クラスの職員が多く亡くなるなどの甚大な被害を被った。

このように深刻な被害を受け、復興に大変な労力や資源をさかなければならなかった大槌町だが、2019年7月に台湾を相手国としてありがとう計画に参加し、加えて同年11月には岩手県からの紹介でサウジアラビアも相手国に加えることになった。台湾からは災害公営住宅や私立保育園・幼稚園の建設のための多額の寄付を受けており、またサウジアラビアからも仮設住宅に対するLPガスや庁舎へのエアコンの提供を受けた。確かに大槌町と両国にはこのような縁はあったが、復興に向けた町の抱える課題の大きさに鑑みると、ありがとう計画を通じて感謝の気持ちを世界中に発信するゆとりはあまりなかったようにみえる。だが、そうした状況でもなお同計画に参加したのは、相手国と新たな産業に関する経済交流をおこなうことで、まちの復興を目指そうとしたからであった。

大槌町では産業振興課がありがとう計画を担当しているが、産業関連部局

が同計画を担当する例は珍しい。そして同町は現在、従来の水産業の再興に加えて、新たな食産業の開発に取り組んでいる。具体的にはサーモンなどの海面養殖や、山の幸を生かしたジビエの開発に取り組んでいるのである。また、こうした新たな食産業の開発に加え、世界に復興したまちの姿とその魅力を発信するために大槌駅イメージキャラクター「大槌カイ」の短篇アニメーションを制作し、アニメという新たな産業の振興に取り組んでいる。そして、こうした新たな産業を振興するために、台湾とサウジアラビアとの交流が重要な意味をもっている。つまり、新たな食産業の輸出先として台湾やサウジアラビアに期待しているし、逆に町内の祭りで台湾の伝統料理やサウジアラビアの食材が振る舞われることで、食を通じた交流の発展が期待されている。加えて、大槌町の関係者が台湾で開催されたアニメイベント「台北国際動漫節」にブースを出展するなどの交流もおこなっている。こうしたありがとう計画を通じた交流は、震災後に生まれた新たな産業の振興に役立てることと同時に、そうした取り組みを通じて町の魅力を世界に発信することで、国内外から観光客を誘客することも目指されている。

4 感謝と復興の狭間で

　以上、ありがとう計画を地元のまちづくりにつなげようとした事例をみてきた。すでに述べてきたように、同計画は震災時の世界中からの支援に対する感謝を発信することに主眼が置かれていた。しかしながら、各自治体は震災後に抱え込んださまざまな地域課題に直面せざるをえず、とりわけ震災被害が深刻だった自治体で、地域課題をないがしろにしてまでありがとう計画に参加することは現実的に難しかった。だが、すでにみてきたように同計画を通じて相手国と交流をおこなうことは、スポーツ振興、スポーツ合宿の振興、経済交流など、さまざまな形態で地元の地域課題を解決しうるものだった。つまり各自治体は、「復興五輪」という大義を実現したいという内閣官房オリパラ事務局の強い思いに唯々諾々として従ってありがとう計画に参加したわけではなく、したたかに同計画をまちづくりのために、つまり地元の復興のために活用しようとしていたのである。

　なお本章では、スポーツ振興、スポーツ合宿の振興、経済交流という、ほかの章で取り扱うまちづくりの状況と対照することができる事例を中心に取り上げてきたが、そのほかにも被災したことで抱え込んだ地域課題の解決を目指した事例も数多い。例えば福島県南相馬市はジブチ、台湾、アメリカ、韓国のホストタウンになったが、そこで目指されていたのは放射能汚染によって減少した域内人口の回復である。すなわち、同市では市の総合計画の教育政策のなかにありがとう計画を位置づけ、国際交流の充実によって市の魅力を高めることで、人口回復につなげようとしているのである。また、比較的早く復興を達成しつつある宮城県岩沼市では、ほかの自治体とは異なり、震災の記憶の風化が地域課題になった。同市はそうした文脈から2018年11月に南アフリカを相手国としてありがとう計画に登録し、同計画を震災の記憶をつなげる契機にしようとしていた。

　以上のように、ありがとう計画はほかの地域の自治体によるホストタウン事業と共通の課題解決に役立てられようとした側面がある一方で、被災自治体独自の課題にも対応しうるものだった。各自治体は震災以来、世界中からの支援に対して感謝の思いを発信したいという気持ちを大切にしてきたが、どうしても復興関連事業にさまざまな資源を振り向けざるをえない状況だった。そのようななかで、各自治体はありがとう計画をただ東京2020大会推進側から押し付けられた計画として受け止めるのではなく、地域課題の解決に役立てるためにそれをうまく咀嚼していったといえるだろう。

注

（1）　本章で扱うありがとう計画の内容も含め、「復興五輪」全体を総括した社会学的分析として、以下の文献も参照のこと。笹生心太『「復興五輪」とはなんだったのか──被災地から問い直す』大修館書店、2022年

（2）　ただし仙台市は、ありがとう計画創設以前からイタリアを相手国としてホストタウン・イニシアティヴに参加し、その後ありがとう計画と共生社会ホストタウン計画にも登録をおこなったという経緯がある。

第4章

スポーツ振興とホストタウン

西村貴之／高岡敦史

「国際都市こまつ」を
ドライブしたカヌースポーツ
の聖地
── 石川県小松市

西村貴之

1 小松市での
ホストタウン事業の概要

全国トップクラスになったホストタウン相手国数と
カヌーの聖地木場潟

　小松市は、石川県西南部に広がる豊かな加賀平野の中央に位置していて、産業都市として発展し、南加賀エリアの中核を担っている。2023年6月1日現在の人口総数は10万6,214人になっていて、石川県内では金沢市、白山市に次いで第3の人口規模を誇る中都市である。

　石川県内では唯一、干拓事業などがおこなわれず、太古のままの姿を残している小松市内の木場潟は2009年からカヌー競技（スプリント種目）のNTC（ナショナルトレーニングセンター）競技別強化拠点に指定されている。小松市は、文部科学省（スポーツ庁）からの委託を受け、医・科学サポートとトレーニング環境の整備をおこなっている。

　小松市の東京2020大会でのホストタウン登録相手国はニュージーランド、ブラジル、イギリス、フランス、カナダ、モザンビーク、ノルウェー、スロベニアの8カ国だった。また、カヌースプリント競技とパラカヌー競技の大会直前合宿をニュージーランド、イギリス、フランス、ノルウェー、カ

写真1　白山を望む木場潟カヌー競技場（写真提供：小松市）

写真2　木場潟カヌー競技場（夕方）（写真提供：小松市）

ナダ、スロベニア、ポルトガルの7カ国が実施し、小松市はホストタウンの登録相手国数、東京2020大会直前合宿の実施国数のいずれも、全国トップクラスの数になった。

　これだけ多くの相手国のホストタウンになり、大会直前合宿を受け入れることになった要因として、カヌーの聖地と呼ばれる木場潟カヌー競技場があったことは間違いない。優れたトレーニング環境を求め、多くの国が小松市を直前合宿地に選択した。

　しかし、小松市のホストタウン事業への積極的な取り組みは、スポーツインフラ⁽¹⁾としての木場潟カヌー競技場の利活用という文脈だけで説明することはできない。ここでは本書のテーマであるスポーツまちづくりの視点から、小松市のホストタウン事業と東京2020大会に関連する取り組みについて、その背景を探るとともに今後の発展可能性について論じたい。

写真3　大会後、木場潟に設置されたメダリスト掲出看板（写真提供：小松市）

写真4 事前合宿中の選手（写真提供：小松市）

ホストタウン事業の中核にあった
「オリパラ教育」による人材育成

　小松市のホストタウン事業のなかで重視された取り組みは「オリパラ教育」による人材育成だった。「東京2020大会を機に、生涯にわたってスポーツに親しみ、国際的な視野を持って世界平和に活躍できる人材を育てること」を目的に掲げ、小松市内で事前合宿をおこなう選手たちと地元の子どもたちとの交流事業や、ホストタウン相手国の出身者による異文化理解講座、姉妹都市でもあるホストタウン相手国との青少年交流、学校給食でのホストタウン相手国の食文化紹介など、ホストタウン相手国を身近に感じられるよう、幅広い交流が継続されてきた。

　新型コロナウイルス感染症の世界的な蔓延によって、大会直前合宿中のおもてなしや選手たちとの交流イベントのほとんどが中止になってしまったが、市内のこども園と連携しての応援動画制作や、小学校・こども園での食育プログラム・オリパラ給食などが実施された。これらは、相手国との交流であると同時に、国際理解教育の教材としても大きな意味があるとみられて

写真5　ブラジルのパラカヌー選手との交流（写真提供：小松市）

写真6　ブラジルのパラカヌー選手との交流（写真提供：小松市）

いた。小松市のホストタウン事業の担当者は、「応援動画の作成ではホストタウン相手国の選手を応援する意味もあるが、作成プロセスを通じて子どもたちや先生たちが相手国のことを調べたり、興味・関心を抱くことのほうを重視したケースもあった」と、そのねらいを語ってくれた。

　また、スポーツ・ボランティア人材の育成を目的に募集された小松市スポーツ市民サポーターには、最終的に70人あまりの申し込みがあり、行政関

写真7　こども園での応援動画撮影の様子（写真提供：小松市）

写真8　フラッグを用いての応援動画（写真提供：小松市）

係者の予想を大きく上回った。小松市スポーツ市民サポーターは東京2020大会直前合宿中の選手たちのサポートをする予定だったが、新型コロナウイルス感染症の感染拡大防止の観点から大幅に活動が制限されることになった。選手たちと直接交流する機会がもてないにもかかわらず、小松市スポーツ市民サポーターは木場潟カヌー競技場周辺での選手と一般公園利用者の動線整理など、地道ながらも重要な役割を全うし、大きな貢献をした。スポーツ市民サポーターたちは東京2020大会以降もゆるやかなネットワークを構築していて、2022年9月から10月に木場潟カヌー競技場で開催されたアジア・パシフィック・カヌースプリント大会などでも大会の運営サポート活動を実施している。

2 小松市での ホストタウン事業の背景

1991年第46回国民体育大会（石川国体）のレガシー

カヌーの聖地と呼ばれる木場潟、その歴史をひもといていくと、1991年に石川県を主会場として開催された第46回国民体育大会（石川国体）にさかのぼる。木場潟がカヌー競技場として整備された契機は石川国体のカヌー競技会場に指定されたことだった。このとき、ハード整備に合わせて、ソフト面での施策も強化された。カヌー競技の競技力向上を目指して指導者を配置するなど選手育成に向けた取り組みがなされ、現在につながるカヌー競技振興というレガシーが形成された。

その後、木場潟カヌー競技場では、国際カヌー連盟フラットウォーターレーシング競技ワールドカップ第5戦（2002年）、第10回世界ジュニアカヌー選手権大会（2003年）、アテネオリンピックアジア地区最終予選会（2004年）、北京オリンピックアジア地区最終予選会（2010年）といった国際大会が開催された。また、日本選手権、全日本学生カヌー選手権大会など国内主要大会の会場にもなっていて、カヌーの聖地としての存在感を示してきた。

2009年にはNTC競技別強化拠点（カヌー・スプリント競技）になり、17年のトレーニングセンター新設やカヌー乗降用スロープの増設、18年の多目

的トイレ増設、競技場内舗装整備など、パラカヌー競技での利用を見据えた
バリアフリー対応も着実に進められてきている。

多数のホストタウン相手国誘致を実現した強固なネットワーク

　8カ国ものホストタウン登録、そして、7カ国の東京2020大会直前合宿の
誘致を小松市が実現できた背景には、聖地・木場潟だけでなく、強固なネッ
トワークがあった。ホストタウン登録と大会事前・直前合宿受け入れの決定
プロセスは、諸外国の競技連盟からの打診や相談に対して、国内競技連盟が
仲介役になり、受け入れ自治体との調整を進めるケースが多い。小松市の事
例では、各国カヌー連盟から日本カヌー連盟を介して打診・相談を受け、石
川県（担当はスポーツ振興課）と石川県カヌー協会、そして、小松市（担当は
スポーツ育成課）という3者で情報共有と意思決定がなされた。関連組織間
のネットワークやコミュニケーションはきわめて良好に機能していて、多数
のホストタウン登録や大会直前合宿の誘致に成功した大きな要因だったとい
う。また、要所・要職に配置されたキーパーソンの存在があったことも特筆
すべき点だろう。

ホストタウン事業に先行するまちづくりのビジョン

　小松市のホストタウン事業がスムーズに推進された最大の要因として、小
松市のまちづくりの重要コンセプト「北陸の際立ったまち「国際都市こま
つ」」の存在がある。これは小松市で新しい時代にふさわしいまちづくりの
方向性を示す指針として示された「小松市都市デザイン」のなかで掲げられ
たものである。また、2025年の都市デザインの実現に向けた具体的イメー
ジと主要な代用特性をまとめた「NEXT10年ビジョン」でも「北陸の際立
ったまち「国際都市こまつ」」が主要概念とされている。小松市は国際化の
進展と交流拡大に向けて、姉妹都市や友好交流都市との国際交流の取り組み
を強固に推進してきた。また、小松市を創業地とする小松製作所（コマツ）
のグローバルネットワークもそれに一役買っている。国際交流事業の実施、
諸外国との交流は、このような国際化に向けた政策展開のなかで、東京
2020大会のホストタウン事業開始以前から小松市が積極的に取り組んでき
たものだった。

小松市は国際化だけでなく、共生社会の実現に向けた取り組みも進めてきていて、「共生社会ホストタウン」にも登録された。小松市では、国際化が推進される一方で市民の高齢化率が高まり障害者手帳所持者も増加傾向にあった。そうしたなかで年齢や性別、国籍、障害の有無などにかかわらず、誰もが暮らしやすく訪れやすいまちづくりが求められていたのである。2015年から共生社会実現に向けた検討が進められ、17年3月には「こまつやさしいまち推進プラン」を策定、公共施設をユニバーサルデザインとするまちづくりや心のバリアフリーの取り組みがなされてきた。このように、国際化戦略同様、共生社会実現に向けたまちづくりの推進がもともとおこなわれていて、そこにホストタウン事業が取り込まれていった経緯があった。

　共生社会ホストタウン事業としては、パラチーム事前合宿のパラカヌー選手とこども園の園児や小・中学生との交流事業や、木場潟カヌー競技場にカヌー乗降用スロープを設置するなどの各種スポーツ施設のバリアフリー化、市内3エリアのバリアフリー観光マップの発行と障害者団体のツアー受け入れ、それにともなってのモデルコースの検証などがおこなわれてきている。

　以上のとおり、小松市のまちづくりのビジョンのなかに「国際化戦略」「共生社会の実現」という方針があり、これらはホストタウン登録の有無にかかわらず、小松市として取り組むべきまちづくりの重要課題だった。そのなかで、ホストタウン事業は小松市のまちづくりをドライブするオプションとして歓迎された。また、それまでに蓄積されてきた交流ノウハウや形成されてきた社会的ネットワークをホストタウン事業に有効活用することで、スムーズで効果的な展開が成し遂げられた。

　小松市では、自治体としてのまちづくりのビジョンの延長線上にホストタウン事業が位置づけられ、自治体職員もそれを明確に意識して業務にあたっていた。「小松市としてはホストタウン事業に対して、何か特別なことをしているという感覚があんまりなくて、これまでやってきたことの延長って感じているんですよね」という担当者の言葉はその感覚を絶妙に表現している。

　ホストタウン事業をスポーツまちづくりのトリガーではなく、スポーツまちづくりをドライブするオプションとして活用した小松市のしたたかさと、まちづくりに対する主体性が感じられる。

3 今後の展望／発展可能性

カヌースポーツのさらなる利活用
―スポーツツーリズム、レジャー・レクリエーション

　ここでは、カヌースポーツを利活用した、小松市での今後のスポーツまちづくりの展望や可能性について述べていく。

　まず考えられるのは、大規模なカヌー競技会の継続的な誘致だろう。2022年9月29日から10月2日まで、日本国内では初のアジア・パシフィック・カヌースプリント大会が木場潟カヌー競技場で開催された。この大会は当初20年5月に開催予定だったが新型コロナウイルス感染症の影響によって延期が繰り返されてきた。日本代表チームを含めて、8つの国・地域から21歳以下の選手117人が参加した。また、東京2020大会期間中には実施できなかった文化体験や交流事業がおこなわれた。さらに、スポーツ市民サポーターも活動参加し、東京2020大会に向けて準備をしてきた成果を披露する機会を得た。考え方によっては、東京2020大会期間中に培った感染対策のノウハウも加わり、盤石の態勢での大会受け入れになったといえるのではないだろうか。国際交流の加速、オリパラ教育による人材の育成といった社会的効果が期待される。また、アジア・パシフィック・カヌースプリント大会以外にも、22年7月から10月には木場潟カヌー競技場で中学、大学、障害者の全国大会が開催された（表1）。大会期間中には多数の選手やコーチ、保護者ら大会関係者が来訪し、市内の小売店や飲食店、宿泊施設などへの経済的効果があった。地元の温泉旅館とホテルに対しては小松市から大会情報を事前に提供し、宿泊プランを募っている。寄せられた宿泊プランを小松市がリスト化して石川県に提供し、石川県から各国代表チームへ情報が提供されている。最終的には各国担当者と宿泊事業者が直接調整して宿泊が手配される仕組みになっている。スポーツまちづくりの持続可能性を高めるためには事業性の確保は欠かすことができない要素である。また、カヌースポーツや木場潟カヌー競技場が交流人口拡大に寄与するスポーツインフラとして機能することが期待される。

　次に考えられるのは、アウトドアレジャー、レクリエーションとしてのカ

表1 2022年7月から10月に木場潟カヌー競技場で開催された全国・国際大会

期日	大会名
2022年7月28日（木）から7月31日（日）	JOCジュニアオリンピックカップ 令和4年度全国中学生カヌースプリント選手権大会
2022年8月21日（日）	5rdパラマウントチャレンジ全国200m競漕in木場潟
2022年8月30日（火）から9月4日（日）	第58回全日本学生カヌースプリント選手権大会
2022年9月7日（水）から9月11日（日）	令和4年度SUBARU日本カヌースプリント選手権大会 令和4年度日本パラカヌー選手権大会 第18回日本カヌースプリントジュニア・ジュニアユース小松大会
2022年9月29日（木）から10月2日（日）	アジア・パシフィック・カヌースプリント大会

（出典：「日本カヌー連盟」〔https://www.canoe.or.jp/〕〔2023年6月19日アクセス〕、「石川県カヌー協会」〔https://ishikawa-canoe.com/〕〔2023年6月19日アクセス〕をもとに筆者作成）

ヌースポーツの利活用である。

　木場潟カヌー競技場はNTCであるため、トップアスリートによる強化や競技力向上のための使用が最優先される。その合間を縫ってとはなるが、観光コンテンツや教育コンテンツとしてカヌースポーツをより広く普及・利活用しようとする取り組みも進められている。コロナ禍も一つの追い風になって、近年高い注目を集めている、アウトドアレジャー、レクリエーションとして、観光客をターゲットにしたカヌー体験プログラムの開発が進められている。また、小松市内外の学校機関では、新型コロナウイルス感染症によって中止になった遠足や修学旅行などの代替行事としてカヌー体験が導入されたという。トップアスリート以外の観光客や地域住民が気軽にカヌーを楽しめる環境が整備されることは、聖地・木場潟カヌー場が、「競技力向上に向けた強化拠点」「トップレベルの競技大会の会場」という閉鎖性を取り払い、親しみがある身近な場として、その活用可能性を高めることにつながるだろう。そのためには、NTCとしての機能を妨げないための関係者間での利害調整や利用調整、普及指導員の充足、各種プロモーションなどが求められる。

「木場潟カヌー競技場の存在は知っているけど、自分自身はカヌーに乗ったことはない」というのが市民の大半だという実態は、聖地のお膝元としても

ったいないだろう。風を感じながら水面を進む、あのカヌーの気持ちよさや解放感を味わう機会づくりを積極的に進めることは、カヌーファンづくり、カヌーサポーターづくりに貢献するだろう。ひいては、地域に根ざした聖地として木場潟カヌー競技場の存在価値を高めるとともに、そこから創出される価値を最大化する協働・パートナーシップを生み出す原動力になるだろう。

多様性が「当たり前」の未来に向けたまちづくり

　話を聞いた小松市のホストタウン事業担当者は「いまはまだ、国際都市、多文化共生といったコンセプトのもとでまちづくりが推進されていますが、きっとそのうち、そんなコンセプトをわざわざ掲げる必要のない時代がくるんでしょうね」と話していた。この言葉が忘れられない。小松市は子どもたちを対象にしたオリパラ教育に、特に熱心に取り組んできたという印象がある。その子どもたちが大人になるころにはグローバル社会が定着し、ダイバーシティ、共生社会といったコンセプトが「当たり前」の日常になる時代が訪れているのではないだろうか。そんな時代の担い手になる子どもたちが未来を開くための素地を涵養したことは、大きなホストタウン・レガシーといえるだろう。「まちづくりを担うひとづくり」というまちづくりの軸から逸れることがない、自治体としてのホストタウン事業に対する「周到さ」と「したたかさ」を小松市の事例から学ぶことができる。

注
（1）「スポーツインフラ」については、第2章「ホストタウン事業とスポーツまちづくり」（高岡敦史）の第1節「スポーツまちづくりの基本的な考え方」を参照。
（2）「令和元年度（平成31年度）当初予算資料「オリンピック・パラリンピック教育」」（資料提供：小松市）
（3）「小松市都市デザイン」「小松市」（https://www.city.komatsu.lg.jp/material/files/group/2/komatsu-design2040.pdf）〔2023年6月19日アクセス〕、2015年10月制定、2020年9月改訂
（4）「NEXT10年ビジョン」「小松市」（https://www.city.komatsu.lg.jp/material/files/group/2/next_10-year_vision.pdf）〔2023年6月19日アクセス〕

事前合宿がなくても馬術振興と共生社会実現を目指す
―― 岡山県真庭市

高岡敦史

　真庭市は、ドイツを相手国にした馬場馬術競技のホストタウンと共生社会ホストタウンになった。

　事前合宿はかなわなかったが、当市のホストタウン事業は東京2020大会後の馬術競技やパラスポーツの振興に着実につながっている。

1 真庭市の2つのホストタウン登録の経緯

　岡山県真庭市は、岡山県の北中部に位置する人口4万1,342人（2022年8月1日現在）の自治体で、面積は岡山県内自治体で最大である。市南部の吉備高原、市北部の中国山地に挟まれ、鳥取県境には蒜山高原などの高原地帯があり、冬季には積雪があって一部地域は豪雪地帯に指定されている。

　蒜山高原では、旧日本陸軍の演習場になっていた経緯から馬術競技がおこなわれてきた。2005年に岡山県を中心に開催された第60回国民体育大会を契機に蒜山ホースパークが整備され、岡山県馬術連盟主催の大会や国体の中・四国予選やホースパーク主催の大会が毎年開催されている。

　蒜山ホースパークは、当初、蒜山酪農協同組合が管理・運営していたが、2007年からは馬術選手の原田喜一が運営するノアが指定管理者になってい

写真1　蒜山高原（写真提供：真庭市）

写真2　蒜山ホースパーク（写真提供：真庭市）

写真3 アンジェリカ・トラバートの歓迎レセプション（写真提供：真庭市）

る。原田喜一は、04年に開催された埼玉国体の成年男子馬場馬術競技で初優勝してから国体4連覇を成し遂げ、2016リオデジャネイロオリンピック、18年の世界馬術選手権に日本代表として出場したトップ選手である。原田喜一というキーパーソンと蒜山ホースパークという中・四国有数の施設がスポーツインフラとしてあったことから、真庭市のホストタウン事業は馬場馬術を軸に検討されることになった。

　原田喜一がドイツの馬術関係者と懇意だったことから相手国をドイツと設定したものの、ドイツ馬術連盟との交渉は難航を極めた。担当部局のスポーツ・文化振興課は、内閣府が主導するドイツとの交流を促進する事業を活用したり、独自の取り組みに着手したりしながら、ドイツ領事館総領事に蒜山地域を視察してもらうなど、領事館を通じてドイツ・オリンピック委員会や馬術関係者とのつながりを作ろうと奔走したが、先方からの連絡が滞ることが多かった。

　そんななか、東京2020大会の共生社会ホストタウンへの登録が内閣府から打診された。真庭市は、パラ馬術をドイツとの関係構築のもう一つの糸口にしようと登録を決定した。その結果、パラ馬術パラリンピアンのアンジェ

リカ・トラバートの招聘は実現したものの、ドイツとの交流が思うように進むことはなかった（その後、共生社会ホストタウン事業はパラ馬術とは異なる方向性で動きだす。このことについては後述する）。

しかし、真庭市のホストタウン事業は頓挫することなく、馬術競技振興という目的に向かってその歩みを止めることはなかった。

2 ホストタウン事業をきっかけにした馬術振興

ホストタウン登録以前、国体をきっかけにホースパークが整備されたことで大会が定期開催されたり、馬術のスポーツ少年団が創設されたりしていたものの、馬術競技のマイナーさから、スポーツ振興の主流になることはなかった。原田喜一のノアが指定管理者としてホースパークを運営し始めてからも、維持管理コストは真庭市にとって決して軽いものではなかった。「国体の負の遺産」と言ってはばからない者もいた。

しかし、ホストタウン事業をきっかけに動きだしたさまざまな取り組みで、この状況は一変する。

真庭市は、ホースパークのさらなる利活用を進めようと、馬場の柵やトイレを新設した。また、原田が設立したオールド・フレンズ・ジャパンと連携して引退競走馬を受け入れる取り組みをおこない、JRA日本中央競馬会の補助金を獲得して屋外の公開用厩舎を改修した。さらに、馬を利活用した事業を使用目的としたふるさと納税枠を設けて施設改修費に充てた。このようにして真庭市は、ホースパークのリニューアルを進めた。

写真4　引退競走馬（写真提供：真庭市）

写真5 地元小学校での馬との触れ合い体験（写真提供：真庭市）

写真6 馬術を知ってもらうイベント「楽しく学ぼう！馬と馬術」（写真提供：真庭市）

引退競走馬の受け入れは、馬術競技者や乗馬を目当てにした観光客が来場者のほとんどだったホースパークに競馬ファンを呼び寄せることにもつながっているという。

　また、地元小学校で馬との触れ合い体験イベントを開催したり、馬術を知ってもらうイベント「楽しく学ぼう！馬と馬術」を開催したりした。このように馬術競技やホースパーク、原田の存在のPRを積み重ねることで、蒜山地域の子どもたちがメンバーのほとんどだった馬術のスポーツ少年団は、市内全域や市外から通う子どもたちが増えたという。さらに、岡山県立勝山高等学校蒜山校地とノアが連携して県外からの馬術留学の支援をおこない、2022年度には3人の高校生が蒜山にやってきた。彼ら／彼女らの競技にかかる経費の多くは、ホースパークで馬の世話などをすることを条件に無料になっている。高校生たちはインターハイにも出場し、勝山高校蒜山校地の魅力向上に寄与している。

　また、これらの取り組みに付随して、ホースパークの職員やインストラクターも少しずつ増えているほか、乗馬ライセンスを取得する真庭市民も徐々に増えてきている。こうして、馬術競技の聖地としての真庭市蒜山のブランディングは着実に進みつつある。

3 共生社会ホストタウン事業をきっかけにしたスポーツ振興と上位政策の起動

　ドイツを相手国にしたホストタウン事業が馬術振興のエネルギー源になったのと同様に、共生社会ホストタウン事業も、真庭市の共生社会実現に向けた政策実行につながる大きなエネルギー源になった。

　当初、ドイツとの関係構築の糸口を得るために登録した共生社会ホストタウンだったが、内閣府から紹介されたホストタウンアドバイザーの上原大祐の招聘をきっかけに、障害がある者も障害がない者もともにスポーツに親しむユニバーサルスポーツの振興が動きだした。

　そして、市第2次総合計画を基盤に、2021年4月に「真庭市共生社会推進

基本方針」が策定され、市長を本部長とした全庁横断の真庭市共生社会推進本部が設置されるとともに、真庭市手話言語条例が施行された。共生社会推進市民会議（仮称）の設立に向けて世話人会での議論が積み重ねられてきたところである。

　この一連の共生社会実現政策の源流には、2020年2月に開催して上原も基調講演をおこなった真庭市ホストタウン事業推進会議結成大会がある。この大会は、真庭市の2つのホストタウン事業のキックオフイベントだったが、担当課のスポーツ・

写真7　ユニバーサルスポーツフェスティバルのチラシ（2022年版）

写真8　ユニバーサルスポーツフェスティバルの様子（写真提供：真庭市）

写真9　障害者スポーツ指導者養成講座（写真提供：真庭市）

文化振興課がユニバーサルスポーツの振興に着手することを周知する機会になった。

　その後、毎年ユニバーサルスポーツフェスティバルやパラスポーツ体験会を開催したり、真庭スポーツ振興財団がボッチャ大会を開催するようになっていて、真庭市はそのための競技用車いすやボッチャを購入し、市内の体育館や市役所、市役所の支所に配置し市民に貸し出している。また、障害者スポーツ指導者の養成講座を開講し、指導者養成にも着手している。こうして、パラスポーツの振興は真庭市にとって、スポーツ振興の一環としても共生社会実現の一環としても重要かつ定常的なテーマになった。

4 レガシーを創出しようとする主体性としたたかさ

　真庭市のホストタウン事業は、事前合宿誘致には結実していないし、相手

国との活発な交流にも至っていない。しかし、馬術とユニバーサルスポーツの振興には確実にエンジンをかける役割を果たしたといえるだろう。

　国内での輸送などが困難な馬術競技の事前合宿誘致は、かなり早い段階であきらめていた。強力なつながりがない相手国との交流も担当課が自力で乗り越えることは難しかった。それでも、担当職員はホストタウン事業をあきらめなかった。むしろ、何とかレガシーを残そうと奮闘した。その結果が、蒜山高原を馬術競技の聖地にするためのハードとソフトの整備に、そして、共生社会の実現に向かうパラスポーツ振興のさまざまな取り組みに結実している。

　多くの自治体では、合宿誘致の実現に向けて、既存のスポーツ施設やスポーツ団体、トップアスリートといったスポーツインフラを再集積して活用していく必要があり、そのため合宿の開催とそれまでのプロセスが当該スポーツ種目の振興につながると考えられてきた。確かにその効果は期待できただろうが、新型コロナウイルス感染拡大のせいで合宿が実現しなかった結果、合宿のためのスポーツインフラの再集積・活用は不要になってしまった。また、相手国との直接対面の交流も難しい状況になれば、当初期待していたホストタウン事業の効果は見込めないと考えるのも理解できる。

　しかし、そこで立ち止まらず、スポーツ振興やほかの政策推進のために何とかしてレガシーを残そうとした自治体は少なくないはずだ。そのような主体性としたたかさは、国からの補助金を受けて実施するあらゆる施策でも求められるのではないだろうか。ホストタウン事業はとても多くの自治体で実施された国家的事業であり、「手を挙げない」わけにはいかない事情もあっただろう。だからこそ、自治体が、あるいは担当課が事業に対してどの程度主体的に、したたかに、取り組んだかによって事業の成果に差が生まれやすかったと考えられる。その意味で、ホストタウン事業は自治体の力を測るリトマス試験紙になったといえるかもしれない。

注

（1）「真庭市共生社会推進基本方針──みんなちがって、みんないい」「真庭市」（https://www.city.maniwa.lg.jp/uploaded/life/41591_102827_misc.pdf）［2023年6月19日アクセス］

第5章

スポーツ合宿と
ホストタウン

束原文郎／松橋崇史

「合宿の聖地」づくりで
培ってきたネットワークと
ノウハウを生かす
——北海道士別市

束原文郎

　北海道上川郡北部、札幌に次ぐ北海道第2の中核都市・旭川市の北約50キロの地点に、「スポーツ合宿の聖地」士別がある。市の人口は1960年の4万5,705人をピークに減少を続け、2015年には2万人を割った[1]が、抗しがたい過疎化の進行をものともせず、東京2020大会に関わるホストタウン・イニシアティヴにはいち早く名乗りをあげた。士別市が第1次登録自治体になり、活発な事業展開を可能にした背景に何があったのか。本章では士別市のホストタウン事業の秘密に迫る。

1 ホストタウン登録の経緯
——台湾ウエイトリフティングチームのホストタウンに

　そもそも士別市は、「スポーツ合宿の聖地」をコピーに掲げ、まちづくりの柱の一つに据えていた。1977年の順天堂大学陸上競技部合宿受け入れを機にはじまった「スポーツ合宿の里」の基盤づくりは、ホストタウン申請時にすでに40年ほどの歴史を刻んでいた。士別市には冷涼な気候に加え、日本陸上競技連盟公認陸上競技場（第3種）がある。そしてそれにとどまらず、信号が少ない市内道路に距離表示板を設置したり、通常は入林許可がいるような未舗装林道やゴルフ場をクロスカントリー用に開放するなど、競技

者が求めるトレーニング環境の提供を目指してきた。その結果、今日ではオリンピック金メダリストや実業団トップレベルから大学生までを含む延べ50万人以上ものアスリート受け入れ実績を誇る。

　また士別市は、ウエイトリフティングの聖地でもある。1981年に第6回日中友好ウエイトリフティング大会を開催したことをきっかけに、83年に北海道・カナダ・アルバータ州親善スポーツ交流ウエイトリフティング大会、87年に全国高校ウエイトリフティング大会、88年に第15回全日本実業団ウエイトリフティング大会、89年にはまなす国体でのウエイトリフティング大会と立て続けに大会を開催し、橘典人をはじめ有力選手を多数輩出した。このような士別市の歴史に鑑みれば、特にウエイトリフティングチームの事前合宿地になることを前提にしたホストタウンへの登録は、自治体の施策としてきわめて自然な選択に映る。

　では、なぜ台湾だったのか。士別市はそれまでに台湾あるいは台湾内の特定の地域と交流をおこなってきたわけではなく、台湾のホストタウンになる内在的な理由があったわけではなかった。ただ、札幌市は台湾の領事館にあたる台北駐日経済文化代表処札幌分処の所在地であり、2011年に札幌日台親善協会が設立されていた。また同じ支管内で士別市の北側に隣接する名寄市は、名寄市の交流自治体である東京都杉並区とともに13年から名寄日台親善協会を設立し、台湾との交流事業を開始していた。そこで士別市は、北海道、あるいは同じ上川郡の隣接都市の交流履歴に歩調をそろえるようにして台湾を選んだ。以上の経緯から、士別市は台湾ウエイトリフティングチームのホストタウンに名乗りをあげ、16年1月、第1次登録44件中の1件として認定された。

2 ホストタウン事業の実施

　士別市のホストタウン事業への取り組みを表1にまとめた。

　2016年の1月にホストタウンとして認定された士別市（①）はまず、16年9月、近隣の3町（和寒町・剣淵町・幌加内町）と連携して士別地域日台親善協会を設立（事務局は北ひびき農業協同組合）し、交流の受け皿を作った。そ

表1　士別市のホストタウン事業への取り組み（筆者作成）

年	月	事項	
2016	1	①ホストタウンへの登録	
2017	5	②トップセールス	
2017	7-8	③国立台湾師範大学の士別合宿	
2017	9	④国立台湾大学の士別合宿	
2017	11	⑤士別東高等学校の台湾見学旅行での交流	
2018	2	⑥台湾ウエイトリフティングジュニア選抜の士別合宿	
2018	2	⑦高雄市立鼓山高級中学・高雄市体育会ウエイトリフティング委員会の士別合宿	
2018	9	⑧士別市台湾交流合唱団の台湾公演	
2018	10	⑨食王国・北海道レセプション2018でのＰＲ（道庁食品政策課との連携）	
2018	11	⑩訪日教育旅行促進に係る台湾教育旅行関係者との意見交換（北海道運輸局、道庁観光局との連携）	
2018	11	⑪士別東高等学校の台湾見学旅行での交流	
2018	11	⑫士別市教育委員の台湾視察	

内容
職員による台湾でのプロモーションなどを経て、2015年12月11日にホストタウン登録を申請、2016年1月26日にホストタウンに登録（第1次）される。
士別地域日台親善協会などで連携する1市3町の各首長が台湾でトップセールスを実施。士別市は台湾ウエイトリフティング協会との間で包括的交流協定を締結し、ウエイトリフティングを中心とした交流に向けた連携を確認。
国立台湾師範大学ウエイトリフティング部5人（監督1人、選手4人）を招聘し、士別合宿を実施。地元ウエイトリフティング選手との交流練習のほか、伝統文化（茶道・弓道）体験、幌加内町でのそば打ち体験、和寒町での玉入れ体験、剣淵町絵本の館見学など、地域の魅力に触れてもらうとともに、歓迎会では、東京2020大会の食材調達基準で注目されるグローバルG.A.P食材（アスパラ、ブロッコリー）を提供し好評を得た。
国立台湾大学陸上競技部17人（指導者3人、選手14人）が来市し、士別合宿を実施。この合宿は、現在、神戸学院大学客員教授として来日中の台湾師範大学の林拍修副教授がウエイトリフティング部士別合宿の評判を聞いて誘致。日程は短いながらも、日本実業団陸上競技連合（男子）との交流練習や地元中学生との交流、市内の観光施設などを見学した。
ホストタウン登録を機に、士別東高等学校の見学旅行先を台湾に変更。生徒5人、引率教諭3人が見学旅行時にかねてからウエイトリフティング交流を調整していた高雄市立鼓山高級中学を訪問し地元の学生と交流を実施。
台南市私立南英高級商工職業学校、台北市立陽明高級中学、国立台湾体育運動大学、台南市立大成国中のウエイトリフティング選手で編成する台湾ジュニア選抜14人（指導者等4人、選手10人）を招聘し、士別合宿を実施。地元ウエイトリフティング選手との交流練習、中学校や高校を訪問して生徒たちと交流したほか、スキー体験を実施するとともに、東京2020大会の食材調達基準で注目されるグローバルG.A.P食材（馬鈴薯、玉ねぎ、ブロッコリー）を公認スポーツ栄養士の指導により提供し好評を得た。
高雄市立鼓山高級中学ウエイトリフティング部7人（指導者等3人、選手4人）、高雄市体育会ウエイトリフティング委員会9人（指導者等6人、選手3人）を招聘し、士別合宿を実施。地元ウエイトリフティング選手との交流練習、高校を訪問して生徒たちと交流したほか、歩くスキーやかんじき体験を実施するとともに、東京2020大会の食材調達基準で注目されるグローバルG.A.P食材（馬鈴薯、玉ねぎ、ブロッコリー）を公認スポーツ栄養士の指導により提供し好評を得た。
2015年に士別公演を実施した竹友男声合唱団の黄仁安氏からの提案により、士別市台湾交流合唱団20人（随行2人含む）が桃園市で実施された「2018台日友好音楽会」と新竹市で実施された「竹友男声合唱団10周年記念音楽会」に参加し、合唱を披露するとともに、懇親会で台湾の合唱関係者と交流。（台湾の合唱団と「花は咲く」〔日本語〕や「感恩的心」〔中国語〕の全体合唱もおこなわれた。）
セルリアンタワー東急ホテル（東京都）で実施された標記レセプションに士別産のグローバルG.A.P食材（馬鈴薯、玉ねぎ、南瓜、ブロッコリー）4品を提供するとともに、中峰教育長（長野五輪カーリング代表）が合宿選手へのグローバルGAP食材の提供などの先進的取り組みを発表し、士別の合宿環境をPR。
北海道訪日教育旅行促進協議会への参加を視野に、同協議会などが主催する意見交換会に参加し、プロモーションツアーに参加した10人の台湾中学校・高校の校長にホストタウンとしての台湾との交流や地域の魅力をPR。
昨年に引き続き、士別東高等学校生徒2人、引率教諭3人が見学旅行で台湾を訪問。高雄市立鼓山高級中学との交流も引き続き実施。
教育長を含む士別市教育委員5人と職員1人がホストタウン事業での交流先などを訪問し、親交を深めた。

年	月	事項
2019	2	⑬高雄国際マラソンでのPR活動
2019	3	⑭士別ウエイトリフティング少年団の訪台交流
2019	4	⑮台湾NOC（台湾オリンピック委員会）への合宿誘致活動
2019	7	⑯台湾ウエイトリフティング協会関係者への合宿誘致活動
2019	11	⑰訪日教育旅行促進に係る台湾教育旅行関係者の招請（北海道運輸局、道庁観光局との連携）
2019 2020	11 1	⑱北海道美幌高等学校と連携した「GAP食材を使ったおもてなしコンテスト」への参加
2019	11	⑲士別東高等学校の台湾見学旅行での交流
2020	2	⑳台中市立大甲工業高級中学との教育交流
2021	5	㉑中華民国舉重協会（台湾ウエイトリフティング）への東京五輪合宿に関する要請文をメール送信。
2021	5	㉒中華民国舉重協会（台湾ウエイトリフティング）より事前合宿を実施できない旨の通知を受理。

（出典：士別市教育委員会合宿の里スポーツ推進課課長・坂本英樹氏提供）

内容
高雄国際マラソンのメイン会場である「高雄國家體育場」で開催された「高雄国際マラソンEXPO」に職員1人を派遣し、士別ハーフマラソンのリーフレットや士別市観光パンフレットを配布しPRを実施。
士別ウエイトリフティング少年団6人（コーチなど2人、選手4人）を台湾に派遣。高雄市立鼓山高級中学ウエイトリフティング部と合同練習を実施するなど、交流を深めたほか、國家運動訓練中心等を視察した。
内閣官房オリパラ事務局と台湾を相手地域とするホストタウンの関係者とともに訪台し、台湾NOCと各競技団体へPRを実施。
東京オリンピックのウエイトリフティング会場となる「東京国際フォーラム」で開催されたテストイベントである「Ready Steady Tokyo」に来日していた、台湾ウエイトリフティング協会の関係者へ合宿誘致のPRを実施。
2019年度から参加することとなった「北海道訪日教育旅行促進協議会」の事業として、台湾の高級中学の校長などを招聘したモニターツアーを実施。本市では、トヨタ自動車士別試験場と羊と雲の丘を視察。
内閣官房オリパラ事務局が主催する標記コンテストに、直線距離で140キロも離れた北海道美幌高校と本市が連携して参加。ともに、日本甜菜製糖の製糖工場がある街という共通点も連携のきっかけになった。取り組みでは、美幌高校の生徒が士別市を訪れ、市内ホテルのシェフのアドバイスを受け、おもてなし料理の磨き上げの勉強会などを実施した。
3年連続で、士別東高等学校生徒6人、引率教諭3人が見学旅行で台湾を訪問。高雄市立鼓山高級中学との交流も引き続き実施。
教育交流の促進のため、台中市立大甲工業高級中学の生徒4人、引率教諭1人を士別市へ招聘。士別東高等学校での学校交流のほか、日本甜菜製糖士別製糖所の見学やスキー体験、エアーボード体験、茶道体験、そば打ち体験、除雪車両見学などを実施。
親愛なる王さん 中華民国舉重協会と士別市は2017年5月に東京オリンピックに向けた包括的な交流協定を締結しております。 この交流の大きな成果として、台湾ウエイトリフティングオリンピックチームの事前合宿、直前合宿を士別市として受け入れたいと考えております。 仮に合宿が実現できなくても、オリンピック後の帰国前に本市を訪れ、市民と交流をしていただければ幸いです。 良いお返事をお待ちしております。 <div align="right">日本国北海道士別市</div>
士別市教育委員会へ 台湾からご挨拶。 多くの議論後、私たちのウエイトリフティングチームは今年事前合宿を士別でできないこととなった。 現段階では、世界的な流行は減速していません。残念ながら、台湾ではCovidの再燃に直面しており、全国的レベル3の制限がかかっています。学校が閉鎖され、旅行制限も引き続き上げられました。このCovid-19危機の間、アスリートとあなた方の健康は私たちの主な心配です。 2017年に協定締結以来、2017年・2018年と士別市に訪問してきました。この4年間、フレンドシティとして、感謝している。また、私たちはあなた方との友好を維持することを約束します。この困難な時期に、私たちはともに戦い、乗り越えていくことができると信じています。Covid-19が終息することを願っています。あなた方とすぐに交流できることを楽しみにしています。 <div align="right">台湾ウエイトリフティング協会代表</div>

の親善協会の活動の一環として17年5月にトップセールスをしかけ、台湾ウエイトリフティング協会と士別市の間で包括的交流協定（ホストタウン交流事業協定）を締結した（②）。

その後、台湾の大学や中・高のウエイトリフティングチームと協会の選抜チームによる士別市内での合宿4回（③④⑥⑦）、士別市の中・高生による台湾への視察旅行と派遣3回（⑤⑪⑲）、合唱団の派遣1回（⑧）、マラソン大会への職員派遣1回（⑬）、台湾NOCへの事前合宿誘致営業1回（⑮）、教育交流のための中・高生招聘1回（⑳）など、充実した交流事業を展開した。台湾の関係者が士別を訪れた際には必ず地元の青少年との交流の機会を設け、また歩くスキーやかんじきといった台湾にはないスノー・エクササイズを提供することでホスピタリティを発揮した（③⑥⑦⑳）。

さらに、士別産のグローバルG.A.P.食材[3]の提供とPRに力を入れた。台湾のスポーツチームの合宿期間中には必ず、公認スポーツ栄養士の指導に基づいて同食材を提供し、市内の農業生産者との交流イベントなどを開催した（写真）ほか、道内と国内の観光促進イベントも積極的に同食材のプロモーションに活用した（⑨⑰⑱）。士別地域日台親善協会の事務局に北ひびき農協が入ったことで、事業のオペレーションにも熱が込められた。

残念ながら新型コロナウイルス感染症の蔓延によって、台湾ウエイトリフティングチームの直前合宿は中止に追い込まれた。2021年の5月、士別市から台湾ウエイトリフティング協会に向けて直前合宿実施の要請をメールでおこなったが（㉑）、すぐに「合宿は不可」という返信があった（㉒）。時差がないアジアのチームにとって合宿は、コンディショニングのメリットよりも感染のリスクが高まるというデメリットのほうが大きくなるため合宿をとりやめることも多かった。そのような情勢のなかでは、台湾ウエイトリフティングチームの合宿取り止めもやむをえない判断だった。

しかし、ここでいずれかのナショナルチームの直前合宿の誘致をあきらめなかったのが士別市である。東京オリンピックマラソン・競歩の開催地が東京から札幌に変更されることが決まると、世界65カ国の陸上関係者へ直前合宿誘致のＰＲメールを送るなど積極的な営業活動を展開した。そうした姿勢と機敏な行動が実を結び、同市で2007年大阪世界陸上と08年北京オリンピックの直前合宿を実施した実績があるドイツ陸上チーム（選手13人〔マラソン6人、競歩7人〕、監督・コーチなど9人、合計22人）がオリンピック直前合宿をおこなうことになった。厳密にはホストタウン事業ではないが、士別

市の特徴として特筆すべき成果だった。

3 士別市のホストタウン 事業の特徴

　士別市のホストタウン事業の特徴は、ホストタウンに関わる前までに蓄積していた資源やノウハウを生かし、決して無理をしなかった、つまり、ホストタウン事業のために特別に何かを始めたり、投資したりすることがなかった点にある。以下、3つの観点から分析する。

北海道との連携

　第1に、広域自治体・北海道との連携である。人口2万人を割り込み、市役所も慢性的な人手不足に陥るなか、何の蓄積もないところからホストタウン・イニシアティヴに関わろうとすると、途方もない負担が特定の職員にかかることになる。そうした状況を回避できたのは、日頃から広域自治体である北海道の上川総合振興局と連携していたためだった。

　そもそも広大な地域をカバーしなければならない北海道庁は、179の市町村を全部で14のエリアに分け、9つの総合振興局と5つの振興局を設置してその行政オペレーションをサポートする仕組みをとっている。すなわち、ほかの府県よりも地方自治行政を支援するレイヤーが1枚多いのが北海道の特徴なのである。もとは明治政府が置いた北海道開拓使の出先機関として1872年（明治5年）に5つの支庁が設けられて始まった制度だが、1910年（明治43年）に14支庁体制が成立して以降、1948年、2010年の地方自治法改正を経て支庁から総合振興局や振興局へと名前が変わっても、実態はほぼ変わらず続いてきた。

　総合振興局や振興局は市町村自治体の職員と恒常的にコミュニケーションを取り、各自治体の行政上のニーズを把握することで、補助金や助成金の情報提供や申請のサポートをスムーズにおこなうことができる。

　ホストタウン・イニシアティヴへの参画にあたっては人的資源の不足が懸念されたが、北海道庁からの出向で2人の職員が確保できた。そして、その

2人の職員が主導的に事業を推進した。つまり、士別市はホストタウン事業のためにマンパワーを供出する必要がなかったことになる。北海道庁のオオニシ職員によれば、「ホストタウン事業に関わる以前から、上川総合振興局と自治体の間での人事交流を含め、行政上のニーズをコミュニケーションすることが恒常的におこなわれていた」という。士別市のケースは、北海道が歴史的に獲得していた行政上のコミュニケーション経路（官―官ネットワーク）の存在がホストタウン事業の充実に寄与した事例だと考えられる。

2009年に取得していたグローバルG.A.P.認証

　2017年3月、東京2020大会組織委員会は、「持続可能性に配慮した調達コード（第1版）」を公表し、国連が採択したSDGsに沿う「持続可能な消費および生産の形態が確保された社会」の実現に貢献するレガシーを残すことを東京2020大会の目標にした。[(4)] すなわち、グローバルG.A.P.認証をはじめとする各種G.A.P認証を経ていない農産物の提供に一定の制限を設けたことを意味する。

「国産の農産物は安全」という神話が生き続ける日本国内では、国産の農産物を流通させることにこうした認証はそもそも必要なかった。だが、国際オリンピック委員会は国連がSDGsを採択する前に開催されたロンドン・オリンピックから選手村への食材提供にグローバルG.A.P.認証をはじめそれに準じる認証を要請するようになり、その方針は2016年リオ大会にも引き継がれていた。東京2020大会組織委員会は、これを機にグローバルG.A.P.認証を推進したい農水省の思惑もくんで2017年に「持続可能性に配慮した調達コード（第1版）」を公表した。この流れを踏まえず、選手村に食材提供することを素朴に考えていた多くの農家（を抱える自治体）は面食らい、認証取得のための作業に追われることになったのである。

　東京2020大会選手村への食材提供を考えていたほかの多くの自治体にとって、事実上の大きな障壁になってしまった。だがこのグローバルG.A.P.認証についても、士別市は2009年の時点ですでに取得していた。このことも、士別市の活発なホストタウン事業の展開を可能にした要因の1つだろう。士別市は台湾から招聘したスポーツチームに対していち早く食材提供を始め、また観光促進イベントへの農産物の出品なども積極的におこなうことができた。

　他自治体に先駆けて2009年という早い段階で認証を受けるに至った背景には、上川振興局管内北部の北ひびき農協に加盟する農家戸数の減少と高齢化があった。07年、北ひびき農協の有志農家4人が、当初はアスパラだけだったが、減化学肥料、減農薬型の栽培を導入して安全安心型の青果物生産による有利販売を模索する「特栽部会」を組織した。当時、有機JAS認証を目指したり、北海道独自の基準であるYES! Clean認証などに取り組む農家はあったが多くは販売上のメリットを見いだせずにいた。このため、そうした認証に活路を見いだしたい農家を吸収して特栽部会は拡大した。そのころに始まった農水省の補助事業「農地・水・環境保全向上対策」の先進的営農支援交付金を利用すること、また産地と取引先を直接結ぶ有機専門業者や専門商社の登場によって、グローバルG.A.P.導入が実現した。⁽⁵⁾

　ここでも、ホストタウン事業のために特別に、急ごしらえで認証をとりにいったのではない。もともとあったコミュニティや地場産業の危機に対して地域で連携して対応してきた歴史が、ホストタウン事業での迅速な食材提供につながったのである。

「合宿の聖地創造」の延長線上にあったホストタウン事業

　2005年、士別市は、「平成の大合併」によってスキージャンプで有名な朝日町（スポーツ合宿の取り組みもある）と合併することになった。冒頭で述べたとおり、士別市は40年以上「合宿の聖地」を目指してきたが、朝日町との合併後にあらためて「合宿の里ステップアッププラン」を構築した。すなわち、「「合宿の里士別推進協議会」を中心に、官民一体となったスポーツ合宿の里づくりを前進させ、合宿の聖地創造をめざすとともに、合宿人口の拡大を図」⁽⁶⁾ることが、ホストタウン登録の10年も前にすでに士別市の総合戦略の3つの柱のうちの1つとして示されていたのである。

　前項で示したドイツ陸上チームの直前合宿誘致は、ほかの自治体がまねできないほど機敏な動きにみえたが、それは地域の歴史として合宿の聖地創造を目指してきた士別市にとっては当たり前の営業活動の一環だったのだ。

　ウエイトリフティングという種目を選定した理由も、トレーニング施設を新設する必要がなく、市の予算で床と壁の貼り替えと照明の調整などをおこなうだけで誘致できたためである。士別市役所スポーツ・合宿の里振興課長によれば、「むしろ、当初はその環境整備すらも特別交付税でできるので

基本目標:
「合宿の聖地をめざして」
「合宿の里士別推進協議会」を中心に、官民一体となったスポーツ合宿の里づくりを前進させ、合宿の聖地創造をめざすとともに、合宿人口の拡大を図ります。

数値目標:
(1) 合宿者数
　　目標値　延24,900人（2026年度）　基準値　延24,223人（2018年度）
(2) 招致チーム数
　　目標値　延500チーム（2026年度）　基準値　延487チーム（2018年度）

基本施策:
(1) 合宿受け入れ態勢と招致活動の充実
(2) 生涯スポーツの推進

図1　合宿の里ステップアッププラン概要
（出典：「士別町」〔https://www.city.shibetsu.lg.jp/soshikikarasagasu/kikakuka/hishososeikakari/1462.html〕
〔2022年6月2日アクセス〕）

　はないかと期待した」というのだから、したたかである。スポーツ施設の老朽化はどの自治体でも必ずぶつかる課題であり、その課題を国や道のサポートを受けながらうまく乗り越えようという意志と知恵の蓄積が感じられる。

4 士別市のホストタウン事業の成果と今後

決して背伸びをせず、それまでに蓄積された市の資源を活用し、市の方針に沿う事業をブレずにおこなうというホストタウン・イニシアティヴへの関わり方が特徴的だった士別市にとって、現時点でのホストタウン事業の成果とは何か。

実際、台湾への士別サフォーク（食肉用羊の一種）の輸出を増やすことは、現実には困難とされる。士別産のサフォークは高品質で、生産量を急激に増やすのは難しいからだ。公民館で中国語の教室を開いたり、産業フェアで台湾を紹介したりしながら、互いの産業振興も含めた文化交流をおこなってきたが、それが目に見える成果として実るのは何年先になるか、不透明というのが実態だろう。

ただ、どの自治体でもいえるように、ホストタウン事業を通じて新たに生じたり強化されたりした社会的ネットワーク（相手国だけでなく、自治体内外の組織や個人を含む）がまた新たな価値を生み出す基礎になるのではないだろうか。そう期待したい。

注

（1） 2022年9月現在は1万7,500人。「士別市の人口・世帯数」「士別市」（https://www.city.shibetsu.lg.jp/soshikikarasagasu/shiminka/kosekijuminkakari/983.html）［2023年6月19日アクセス］

（2） 1996年アトランタ・オリンピック日本代表。士別市出身で、日本大学を卒業後、1995年に士別東高校の教諭になった。

（3） GOOD（適正な）、AGRICULTURAL（農業の）、PRACTICES（実践）を示す国際第三者認証。120カ国以上に普及し、事実上の国際標準になっている。東京2020大会の選手村に食材を卸すために取得しておく必要があった。

（4） 「組織委員会：東京2020オリンピック・パラリンピック競技大会　持続可能性に配慮した調達コード　基本原則」（https://tokyo2020.jp/jp/games/sustainability/data/sus-principles-JP.pdf）［2023年6月19日アクセス］、「組織委員会：持続可能性に配慮した調達コード（第1版）」（https://tokyo2020.jp/jp/games/sustainability/sus-code/wcode-timber/data/sus-procurement-code.pdf）［2023年6月19日アクセス］

（5） 橋本直史「北海道青果物産地におけるGLOBALGAP導入に関する一考察——北ひ

びき農協蔬菜特別栽培部会を事例に」『北海道大学農經論叢』第68集、北海道大学大学院農学研究院、2013年

（6）「士別町」（https://www.city.shibetsu.lg.jp/www/contents/1584596713114/index.html）〔2023年6月19日アクセス〕

陸上競技の聖地化を加速するホストタウン事業のレガシー
――鹿児島県大崎町

松橋崇史

　鹿児島県大崎町は鹿児島県の東部、大隅半島の中央に位置する人口約1万2,000人の町である。12年連続でリサイクル率日本一を達成するリサイクル日本一の町として有名で、2018年には「ジャパンSDGsアワード」内閣官房長官賞を受賞している。リサイクルの取り組みを軸にサーキュラーエコノミーを実践している、SDGsの最前線事例である。古くから農業が盛んで、特にさつまいもが盛んに生産された時代があり、その影響でデンプンの製造が盛んな時期があった。デンプン製造が安い海外産に押されて衰退するなかで、発展した産業がウナギの養殖だった。今日でも国内トップクラスの産地である。

　大崎町が立地する大隅半島は温暖な気候を生かしてスポーツ合宿が盛んだ。しかし、大崎町自体には目立ったスポーツ施設や宿泊施設がなく、スポーツ合宿にはあまり縁がなかった。しかしそんな大崎町で、鹿児島県立の陸上競技トレーニング専用施設ジャパンアスリートトレーニングセンター大隅（以下、アストレと略記）の建設を契機として「陸上競技の聖地」実現プロジェクトが進んでいる。現在、町長を6期務める東町長が初めて町長選挙に立候補した2001年に掲げたマニフェストには、「スポーツを核としたまちづくり」が掲げられていた。その目標が、現実に動きだしている。

　大崎町は、「陸上競技の聖地」実現プロジェクトが進みだすなかでホストタウン事業に関わることになった。国内だけでなく、海外のトップチームの合宿誘致の好機と見なされ、経済的な交流も盛んな台湾を相手国・地域にし

たホストタウン事業がスタートしていくことになる。

1 アストレ建設を契機に進む スポーツまちづくり

　アストレは、2015年に廃校になった大崎町内の県立有明高校跡地に、大隅地域のスポーツ合宿需要を高めて地域活性化に結び付けることを目的に鹿児島県が設置した。大崎町の陸上競技施設建設の提案などを踏まえ、鹿児島県は陸上競技の元オリンピアンなど専門家からなる有識者会議を発足させた。有識者会議は日本初の陸上競技のトレーニングに特化したスポーツ合宿施設がもつべき機能を検討し、アストレは冷暖房完備の150メートル直走路や400メートルトラック、投てき練習場、トレーニングマシンなどを完備す

写真1　150メートル直走路をもつ屋内競技場（写真提供：大崎町）

る国内最高レベルのトレーニング環境になった。

アストレ建設の大崎町の担当者は、当時を次のように振り返る。

> 大崎町に完成する施設をどのように活かしていきたいのかということ
> を、鹿児島県庁から出向してきた上司に相談していくなかで、最終的な
> 目標としての「陸上競技の聖地」が浮かんできた。施設ができる前から
> 「陸上競技の聖地」を掲げることには恥ずかしさもあったけれど、目指
> す目標を思い切って出していくことにした。

さらに、大崎町出身で、長距離陸上競技界で活躍していた人物にアドバイ
スを求めた。その人物は、長距離陸上で多くの実績をもち、当時は、大学の
女子駅伝部で監督を務めていた。担当者は次のように語る。

> 「陸上競技の聖地」にするといったものの私自身が陸上をやったことも
> なければ、専門的な知識も有していないので、専門家に意見を求めるこ
> とにした。（略）そして、町の職員になってもらって、専門家として、
> 県が建設した陸上競技施設の運用はじめ陸上競技チームの合宿誘致に対
> して、その経験と知識を発揮してもらおうということになった。

大崎町では、アストレ完成の2019年を前に、アストレだけでは十分に誘
引できない長距離陸上チームの合宿を誘致するために、国定公園になってい
る「くにの松原」を利用したクロスカントリーコースを創設した。長距離陸
上チームの合宿地といえば夏の冷涼な地域がイメージされるが、冬季の合宿
にも強いニーズがある。冬季の合宿は温暖な地域でおこなうわけだが、強い
日差しを受けながらトレーニングをしなければならない環境が多い。強い日
差しを遮りながら、かつ、温暖な環境を提供でき、そのうえ、長距離陸上選
手のトレーニングの場として不可欠なクロスカントリーコースを提供するこ
とができたため、「くにの松原」のクロスカントリーコースは潜在的なニー
ズを掘り起こすことになった。強い日差しを遮れる松原は、冬季だけでなく
オールシーズン、大崎町に長距離陸上競技チームを引き付ける誘因になっ
た。

大崎町では、競技者目線でスポーツ振興ゾーン整備計画を策定、宿泊事業
者も競技者が満足するサービスを検討していく。2016年に192人だったス

写真2　くにの松原でトレーニングする様子（写真提供：大崎町）

ポーツ合宿者は、19年には4,533人にまで増加した。アストレの利用者は、19年度に約4万人程度になった。新型コロナウイルス感染症蔓延の影響を受けた20年度は2万人程度、21年度は3万人弱。22年度は38,710人になり、回復・増加傾向にある。

2 ホストタウン事業への関与と台湾陸上チームとの交流

　アストレは完成前から、陸上競技に特化した合宿施設として注目を集めていたが、東京2020大会参加に向けて日本国内での合宿地を探している海外チームにとっても魅力的な施設に映った。初めに関心をもったのは、大崎町に隣接する鹿屋市の鹿屋体育大学に視察にきていた台湾陸上チームだった。
　大崎町にとって台湾は、ウナギの養殖に必要なシラスウナギの輸入元であり経済的にもつながりが強かった。また、アストレの中長期的な運用を考え

た場合も、台湾陸上界のトップ選手を受け入れることは、アストレを海外にアピールする格好の材料になる。ホストタウン事業終了後に、海外からの合宿を受け入れようとすれば、近隣のアジアから受け入れるのが現実的である。さらに、大崎町から車で1時間ほどの距離にある鹿児島空港と直行便で結ばれた国であることが望ましい。台湾の桃園空港（台湾最大の国際空港）と鹿児島空港には直行便があり、そうした状況からも台湾（陸上競技チーム）を相手国・地域とした取り組みは望ましいものだった。

大崎町は2017年12月に台湾を相手国としてホストタウンに登録した。台湾の陸上競技チームは、ホストタウンに関わる協定を締結後、19年に事前合宿をおこない、合宿中には大崎町内の小学生を対象にした陸上競技の教室も実施している。台湾陸上競技協会の秘書長からも高い評価を得ることができた。大崎町の担当者も台湾の陸上競技チームの受け入れをおこなうとともに、台湾を訪問して陸上競技連盟関係者との信頼関係を構築し、継続的な合宿誘致に向けた機運を高めていった。

台湾の事前合宿が始まったころ、鹿児島県経由で、内閣官房オリパラ事務局からトリニダード・トバゴを相手国として同国の陸上競技チームを受け入れてもらえないかという提案があった。トリニダード・トバゴは短距離陸上の強豪国であり、東京2020大会後の交流は望めない可能性が高かったが合宿を受け入れるべく、調整をしていくことになった。2019年2月に同国関係者が大崎町を訪問し、開業直前のアストレのすばらしい施設を目の当たりにした。そして、19年4月に大崎町はトリニダード・トバゴを相手国としてホストタウンに登録、19年5月に神奈川県横浜市でおこなわれたIAAF世界リレー2019横浜大会の事前調整を5日間の行程で受け入れることになった。トリニダード・トバゴは世界リレーの男子4×400メートルリレーで金メダルを獲得した。それらの成果を受けて19年7月に東京2020大会の直前に合宿を実施する協定を結ぶことになった。

3 「陸上競技の聖地」実現に向けたサポートチームの発足と活躍

大崎町には「陸上競技の聖地」実現プロジェクトを支える大隅アスリート

サポートチーム（以下、OASTと略記）が、2018年9月に発足している。OASTの目的は、大隅地域を訪れるトップアスリートやスポーツ団体に対してサポートすること、さらに、陸上イベントなどを通じた地域活性化などに取り組むことである。

　OASTの主な活動は、①陸上競技者の合宿、練習に対する支援、②大崎町内で開催される陸上競技企画に対する支援、③陸上競技の振興に向けた自主企画の実施、④トップアスリートなどに対する「おもてなし活動」などである。OASTは、大崎町役場の職員の問題意識から創設された要素も持ち合わせ、事務局も町役場が担ってきた。

　大崎町役場の職員は、OAST発足に向けた経緯を次のように説明する。

　　陸上競技の聖地化プロジェクトの「目玉」はアストレであり、くにの松原のクロスカントリーコースであるが、こうした施設の目新しさは次第になくなっていく。スポーツ施設はよりよい施設が誕生すれば、そうした施設に合宿者が移っていくかもしれない。長い間アスリートを引き付け、何度も訪れたくなるような場所にするにはどうすればいいのか。そのような問いに対して、ヒアリングをしているなかで、合宿をしているチームがうれしいのは、合宿を受け入れてくれた地域から応援されることであり、例えば、走っている沿道の方が応援してくれるような環境が望ましいのではないか、となった。

　OASTは、定期的に合宿に訪れる国内の陸上チームやアスリートのサポートから始まり、台湾陸上チームやトリニダード・トバゴ陸上チームの事前合宿に対しても支援した。

　2021年2月には、アストレを核にした大隅地域での陸上競技者の増加、競技力の向上、交流人口の拡大と地域の活性化などを図ることを目的に、OAST、大崎町と鹿児島県による連携協定を締結した。

　OASTとの連携協定締結直後の2021年2月末には2021ジャパンアスリートゲームズin大崎が開催され、新型コロナウイルス感染症蔓延下ながら県内外から多くのアスリートが参加した。この大会は新型コロナウイルス感染症蔓延以降に国内で初めておこなわれた全国大会になり、オリパラに縁があるアスリートも多く参加した。

　大会では、大崎町でトレーニングを積んできたオリンピアンである右代啓

祐選手（十種競技）やパラリンピアンの山本篤選手らが大会アンバサダーを務めた。大崎町が主体になり、それをOASTが支え、自粛ムードのなかで企画された全国大会に多くの支援が集まった。ジャパンアスリートゲームズin大崎は、2023年2月に第2回が開催され、今後も継続を予定している。

「陸上競技の聖地」実現に向けて民間事業者の動きも活発になりつつある。それまで町内のスポーツ合宿の90％以上を受け入れてきたセントロ大隅を運営する阿部商事は、大崎町立の温泉付き宿泊施設であるあすぱる大崎を大崎町から無償譲渡された。阿部商事はこの施設をセントロランドとしてリニューアルし、より多くのスポーツ合宿者の受け入れを目指している。合宿によく訪れるトップアスリートの個人スポンサーになる町内企業も現れ始めた。現在、2社がアスリートのスポンサーになっている。

4 ホストタウン事業のレガシー

　2021年の東京2020大会に向けた直前合宿は、台湾とトリニダード・トバゴともに中止になった。台湾は、東京2020大会に参加した国・地域のなかで、ホストタウン相手国としての登録が最も多かったが、ホストタウンでのすべての直前合宿を中止している。トリニダード・トバゴに対しては多くの行動制約をかけてしまうことを懸念して大崎町から直前合宿の中止を打診した。

　大崎町は台湾陸上チームから2019年暮れに、東京2020大会以降も交流を続けていく方向で内諾を得ていた。その後、新型コロナウイルス感染症蔓延によって活動が止まっていたが、22年2月には、オリパラ関連予算が使えなくなるなかでどのように合宿を継続していくのか検討したうえで、22年6月と8月に台湾陸上チームが大崎町で合宿することが計画された。22年6月と8月に計画されていた合宿は、新型コロナウイルス感染症の第7波と重なり、中止になった。22年12月には、大崎町と台湾陸上競技協会の間で中長期的な協力関係を確認する相互交流協定が結ばれた。さっそく、行動制限がなくなった23年5・6月には、アジア陸上競技選手権大会（7月、バンコク）、アジア競技大会（9月、中国・杭州）での活躍を目指し、台湾陸上競技

協会の代表選手団20人が20日間の合宿をおこなった。

　大崎町の推進体制にも変化が生まれた。韓国生まれで中国育ち、鹿屋体育大学に留学し、そして現在は日本で活動し、スポーツツーリズムを始めとする国際交流を事業として起業しようとする人物が、大崎町に地域おこし協力隊として移り住んできたのである。この人物は台湾との経済交流も担ったことがあり、大崎町にとって台湾との交流推進に大きな期待がもてる状況が生まれている。

　さらに、ここまでは台湾との交流を行政主導で推進してきたが、23年に入り、台湾との交流推進と合宿誘致によるスポーツツーリズムの推進を担うスポーツコミッションが創設された。行政であれば定期的に異動する事業担当者によって、事業推進の良し悪しが左右される可能性があるが、民間事業体としてスポーツコミッションを創設し、官民協働体制で推進できるようになれば、大崎町で合宿をする国内チームや台湾チームとの関係性も、民間事業者のスポーツコミッションがあることで継続的なものになりうる。また、陸上競技以外の種目にもスポーツ合宿者を広げるための事業案もスポーツコミッション創設とともに検討が進んでいる。

　台湾を相手国としたホストタウン間の連携として、静岡県静岡市と千葉県野田市との連携も続いている。2022年2月には静岡市主催でオンラインクリニックを開催した。新型コロナウイルス感染症の蔓延が収束したあと、あらためて自治体連携のなかでどのような活動をおこなうのか模索していく。

　アストレ利用者数、町内合宿受け入れ数の増加と、台湾陸上チームとの継続的な交流の実現に向けてさらなる展開が期待される。

第6章

行政主導の
ホストタウン

——共生社会関連政策を加速させた全庁的活動指針と
パラスポーツとの出合い：青森県三沢市

松橋崇史

青森県三沢市は、青森県の東岸、八戸市から北に20キロ程度の場所に立地する。市街地の北側に隣接してアメリカ軍三沢基地と自衛隊三沢基地が立地し、その敷地の一角に三沢空港がある。羽田空港、伊丹空港との間に定期運航便をもち、東京や大阪からは遠方にあるものの国内からのアクセスは優れている。その三沢空港から車で5分程度の場所に、三沢市国際交流スポーツセンターが2018年に完成した。そして、スポーツセンターに隣接して宿泊施設を有する三沢市国際交流教育センターが立地している。この両施設が、ホストタウン相手国であるカナダの車いすラグビーチームの合宿地になった。

　三沢市のホストタウン事業は、共生社会ホストタウンの先進地域の例として知られ、注目されてきた。本章で紹介するようにさまざまな活動を展開し、2019年8月には先導的共生社会ホストタウンに認定されている。三沢市でホストタウン事業を所管していたのは政策部政策調整課オリンピック・パラリンピック推進室だが、その取り組みは、1年延期された東京2020大会開催前の21年4月には、新設された障害福祉課共生社会推進係に引き継がれた。東京2020大会の直前合宿は新型コロナウイルス感染症蔓延の影響で中止になったが、ホストタウン事業として実践されてきたさまざまな活動は続けられ、22年以降も予算を減額することなく続けられている。

　三沢市は、市として東京2020大会に関わるのであれば、どのような成果を求めるべきなのか十分な検討をしたうえで、カナダチームとの協定締結、ホストタウンへの登録に動いていった。そして、東京2020大会に向けての活動を決して一過性のものにせず、東京2020大会後も続けていくことを前提に活動が組み立てられていった。ホストタウン事業の取り組みを大会後も続けることは、内閣官房オリパラ事務局もホストタウン・イニシアティヴ推進当初から強調し、ホストタウン内でも意識されてきたことではあった。しかし、スポーツ・メガイベントへの関与を通じて生まれた活動をスポーツ・メガイベント終了後も続けていくことは簡単ではない。まして、今回のように新型コロナウイルス感染症蔓延下で進んだホストタウン事業と東京2020大会のなかにあっては、よりいっそう難しい課題になった。三沢市ではどのようにして活動を継続できたのか。

　まず、三沢市がホストタウン事業を始めて共生社会ホストタウンに登録した経緯について紹介し、全庁的な計画のもとでどのようにホストタウン事業を推進したのか説明する。さらに、新型コロナウイルス感染症が蔓延する以

前に3度実施した事前合宿を充実させた市民の協力とその波及効果について説明し、最後に、東京2020大会以降、ホストタウン事業として企図した活動の継続状況と今後の展望にふれたい。

1 三沢市が活動推進指針を策定

　三沢市の取り組みの特徴は、ホストタウン事業に取り組む以前に、全庁的な会議体のなかで、東京2020大会に関わり活動をおこなっていくための指針が定められ、活動イメージが策定されていたことである。

　2014年に入ると、内閣官房オリパラ事務局はホストタウン・イニシアティヴの構想を整理して、関心がある自治体が登録できるように準備を進めていった。東京2020大会参加国との交流に関心がある自治体は、相手国を探して直前合宿の誘致を実現するべく交流の計画を構想し始めた。三沢市は、アメリカ軍基地がある国際色豊かな地域柄であり、かつ屋内4種目（バスケットボール、バレーボール、バドミントン、卓球）の国際大会開催基準を満たす国際交流スポーツセンターの開業を控えていた。ホストタウン・イニシアティヴに対しては、構想発表段階から関心があり、どのように関わることができるのか模索していた。

　三沢市のホストタウン事業の具体的な検討は市の政策調整課が中心になって進めた。検討をおこなった推進会議には、14の関係課（政策調整課、市民スポーツ課、基地渉外課、国際交流課、財政課、広報広聴課、秘書課、総務課、生活安全課、家庭福祉課、産業政策課、観光物産課、教育総務課、病院管理課）の課長が集まった。三沢市の総合計画の観点から、少子高齢化が進むなかでみんなが幸せに暮らせるまちを目指すためにはどのように東京2020大会に関わるべきかを検討していくことになる。

　青森県では、県庁が、ホストタウン事業の推進に関心をもつ市町村を集めて打ち合わせをおこない、支援を検討していた。三沢市の担当者は、県主催の打ち合わせで出会ったアドバイザーから、活動を推進していくためには予算計上の裏づけになりホストタウン事業全体を方向づける活動ビジョンを設定することが重要だと指摘を受けた。ホストタウンの登録開始（第1期は

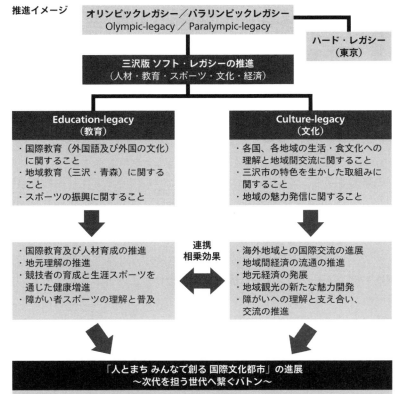

図1　「東京2020オリンピック・パラリンピック競技大会 三沢市における活動指針推進イメージ」
（出典「三沢市」[https://www.city.misawa.lg.jp/index.cfm/20,22976,127,561.html]［2022年7月10日アクセス]）

2016年1月）に先行して、合宿誘致に動いていた先進自治体などの動きを参考に、三沢市は活動ビジョンを検討していくことになった。

2015年11月には、「東京2020オリンピック・パラリンピック競技大会 三沢市における活動推進指針(1)」が策定・発表される。内容は、全庁的な議論を踏まえて設定されたものであり、包括的な内容になっていた。同時に「東京2020オリンピック・パラリンピック競技大会 三沢市における活動指針推進イメージ(2)」を策定し、活動推進指針で定めた内容を「三沢版ソフト・レガシーの推進（人材・教育・スポーツ・文化・経済）」と定義して、特に、教育面と文化面の取り組みを強化することで、市が目指す「人とまち　みんなで創る　国際文化都市」に結び付けようとした（図1）。

2 ホストタウン事業の展開

2016年以降は、15年に策定した「三沢市における活動推進指針」に従って活動を進めていった。活動推進指針は必ずしも合宿誘致を前提にするものではなかったが、オリンピック4種目の国際大会開催基準を満たす国際交流スポーツセンターの開業を控えて合宿誘致は主要な課題になった。

合宿誘致の対象は施設の強みを生かしてオリンピック種目を想定していた。しかし、東京2020大会に関連する情報収集を続けていくなかでパラリンピックに関連するシンポジウムに参加し、日本財団パラリンピックサポートセンターへの訪問などを通じて、パラリンピックへの理解を深めていくことになる。従来のスポーツ（オリンピック種目）とは異なり、多様な人が参加できるように設計されたパラリンピックスポーツのコンセプトにふれ、三沢市は、「共生社会を実現する」という市のビジョンとパラリンピックのビジョンの共通性を実感した。そして、三沢市のまちづくりに寄与すると考えてパラリンピック参加チームの合宿誘致に舵をきっていった。

三沢市は、日本財団パラリンピックサポートセンターとつながり共生社会関連の事業者と出会って、ホストタウン相手国が決まる前からさまざまな活動に取り組んでいった。2016年度と17年度の2年間の活動をまとめると表1のようになる。17年度になると活動が活発化し、18年度になるとさらに

活発になっていった。

表1 三沢市の東京 2020 大会に向けた事業

日時と場所	事業内容
2016年6月27日から30日 市内全小学校（7校）、基地内ユースセンター	あすチャレ！School（日本財団パラリンピックサポートセンター主催：東北・北海道で初めての開催）
2016年7月14日 三沢市公会堂	オリンピック・パラリンピック市民フォーラム（主催：三沢市、共催：青森県）
2016年12月20日 三沢市役所	あすチャレ！Academy（日本財団パラリンピックサポートセンター主催：自治体で初めての開催）
2017年3月21日 三沢市国際交流センター	心のバリアフリーセミナー
2017年4月22日 第2回日米ジュニアスポーツデー＠中央公園	ブラインドサッカー体験会 in 日米ジュニアスポーツデー（主催：三沢市、協力：オリンピック・パラリンピック等経済界協議会）
2017年6月27日、7月19日、9月25日・26日、11月29日、2018年2月7日 市内の小学校	オリンピック・パラリンピック教育事業
2017年8月7日、9月27日・28日、2018年2月16日 三沢市総合社会福祉センター、市内小学校	ユニバーサルマナー検定
2017年9月24日 三沢社協まつり＠三沢市総合社会福祉センター	車いす＆点字名刺づくり体験（主催：三沢市、協力：三沢市社会福祉協議会、ミライロ）
2017年10月15日 三沢市国際交流センター	協働のまちづくり生涯スポーツ推進事業、パラスポーツ体験イベント、「i enjoy パラスポーツパーク」（主催：三沢市国際交流スポーツセンターオープニングイベント実行委員会）
2017年11月16日 三沢市立第二中学校	ユニバーサルマナーアカデミックプログラム
2017年11月30日 三沢市役所	東京2020オリンピック・パラリンピック競技大会公認プログラム東京2020オリンピック・パラリンピック競技大会「心のバリアフリー」小学生絵画コンクール表彰式（主催：三沢市・三沢市教育委員会、共催：日本航空株式会社）
2017年12月15日〜18日 三沢市国際交流センター 三沢市立古間木小学校	オリンピック・パラリンピッグフラック展示、フラッグツアー学校訪問イベント

2022年10月段階で、16年から直近までの活動詳細は三沢市健康福祉部障害福祉課の取り組みとしてウェブサイトに掲載
（出典：三沢市提供データから筆者作成）

3 カナダチームの事前合宿の受け入れとボランティアの活躍

　三沢市のホストタウン相手国はカナダである。カナダの車いすラグビーチームに対しては、ほかにもいくつかの自治体がアプローチしていたが、三沢空港があるという東京からのアクセスのよさや、国際交流スポーツセンターと国際交流教育センターが評価され、2017年10月に東京2020大会の直前合宿を受け入れることが決まり、18年6月に合宿に関する基本合意書を締結する。基本合意書には東京2020大会までに5度の合宿を受け入れることが盛り込まれていて、新型コロナウイルス感染症が蔓延する前の18年10月、19年6月・7月、19年10月に3度の事前合宿を受け入れた。

　第1回の事前合宿は、2018年10月2日から10日間の日程で開催された。練習は完成したばかりの国際交流スポーツセンターでおこなわれ、宿泊は国際交流教育センターを利用した。事前合宿の目的の一つとして、東京2020大会に向けた強化とともに、三沢の気候や練習施設などの環境に慣れることも掲げられ、練習と並行して施設の確認などもおこなわれた。期間中は、延べ30人以上の市民ボランティアが関わり、おいらせ農協や三沢漁協の人たちが地元の食材を使った料理を提供するなどした。

　1回目の事前合宿の中盤から、選手の宿泊先である国際交流教育センターで活動している三沢国際交流協会のメンバーがカナダチームの食事をサポートするようになった。国際交流教育センターは宿泊施設だが、朝食や夕食には対応していない。三沢市立の施設であるため、合宿開催当初は食事はケータリングをおこない、その準備、配膳、片付けを市の職員と市が募ったボランティアが担当した。しかし、作業に不慣れなこともあって膨大な時間がかかり、作業が一段落して落ち着いたころには次の日になっている、ということもあった。このような状況を間近で見ていて、昼間に通訳などを担当していた交流協会のメンバーが食事の準備、片付けなどを買って出た。交流協会は、大人数の会食イベントを実施してきた経験が豊富で大人数の食事の配膳や後片付けの作業に慣れていたし、会員（半分はアメリカ人）は英語が流暢に話せたので、滞在しているカナダチームの選手に対してもきめ細かい配慮ができた。交流協会のメンバーは、練習会場や市民との交流イベントにも参加して事前合宿全体をサポートするようになったため、カナダチームの選手

写真1 車いすラグビーのカナダ代表対日本代表（写真提供：三沢市）

たちから「三沢のママ」と呼ばれるメンバーまで生まれた。

　国際交流スポーツセンターでの練習には、市内の小学校の児童や幼稚園の園児が見学に訪れ、初めて見る車いすラグビーの迫力に驚きながらも、選手たちに声援を送った。カナダチームの選手たちは、小学校を訪問したり三沢基地内を見学するなど、限られた時間のなかで市民と交流したり三沢の歴史・文化を知るための活動をおこなった。

　2018年10月8日には、カナダ代表と日本代表のエキシビションマッチが開催された。両チームは、2016年リオデジャネイロパラリンピックの3位決定戦で対戦していて、高いレベルの試合に注目が集まり、観戦には約700人が集まった。

　2回目の事前合宿は2019年6月・7月に実施され、3回目の事前合宿は19年10月におこなわれた。3回目の事前合宿は、10月16日から都内でおこなわれる世界大会の車いすラグビーワールドチャレンジに参加するための直前合宿という位置づけでおこなわれた。3回目の事前合宿では、カナダチームによる市民感謝イベントが実施された。主な対象はボランティアとして参加した市民である。交流協会のようなボランティアによって三沢での事前合宿

が充実したものになっていたことをカナダチームも実感していた。市民感謝イベント後には、チームの宿泊施設である三沢市国際交流教育センターでバーベキューがおこなわれ、交流を深めた。

4 先導的共生社会ホストタウンへの登録

　2019年5月には、三沢市は先導的共生社会ホストタウンに登録され、"ユニバーサルデザインの街づくり"や"心のバリアフリーの取り組み"がいっそう進めやすくなった。カナダチームとの交流を通じて、市内の小・中学校を中心に好影響が生まれ始めた。自らの障害に臆することなく活発になった児童、憧れの国際交流の現場にやりがいを見つけた高校生、町の活動への接点を見つけてアクティブになったボランティアなど、関わった人々に変化がみられたのである。

　制度面では、2018年には店舗などへのユニバーサルデザイン推進補助金の配布が始まり、公共施設と並行して民間施設のバリアフリー化も進んでいる。20年4月には「三沢市障がいがある人もない人も幸せに暮らせる共生のまちづくり条例」（通称：共生のこころ育む条例）が施行され、共生社会ホストタウンとして始まった活動を制度的に推進していく体制づくりが進んでいる。

表2　三沢市の2020年度のホストタウン事業一覧

ユニバーサルマナー教室（8月19日、9月7日、9月8日、10月20日、11月26日）
出張パラスポーツ体験授業（8月20日）
三沢市からカナダ車いすラグビー連盟へのマスク贈呈式・オンライン交流（8月26日）
トップアスリート派遣事業（10月1日、10月21日、11月13日）
カナダへ向け応援メッセージ「和・輪・わの会」による琴の演奏収録（10月13日）
市民スポーツデーでの車いす体験ブース（10月25日）
パラスポーツイベント開催（11月7日）
三沢高校×中嶋涼子（車いすインフルエンサー）　オンライン交流会（12月11日）
専用Facebook・Instagramの立ち上げ

（出典：三沢市提供データから筆者作成）

2020年3月に東京2020大会が延期になり、多くのホストタウンと同じように三沢市でも活動スケジュールを見直すことになったが、夏以降は、年初に定めた計画のとおり活動をおこなった（表2）。

1年延期された直前合宿の開催に向けて、内閣官房オリパラ事務局が提示する感染対策マニュアルに沿って準備し、直前まで受け入れを模索した。しかし、合宿会場である国際交流スポーツセンターがワクチン接種会場になったなどの事情によって直前合宿は中止になった。だが、担当者は、直前合宿の中止のせいで三沢市がホストタウン事業によって積み上げてきた活動が縮小することはなかったと話す。2015年に策定した「東京2020オリンピック・パラリンピック競技大会　三沢市における活動推進指針」に沿って16年以降計画的に活動を展開し、すでに3回の事前合宿をおこなってカナダチームとの市民交流を十分に進め、ホストタウン事業として成果が共有されていたからである。

5 ホストタウン事業の継承と今後の展望

2016年に日本財団パラリンピックサポートセンター主催の「あすチャレ！School」として支援を受けながら始まった小学生向けの共生社会教育プログラムは、17年からはユニバーサルマナー教室として展開、23年で7年目を迎える。表3はユニバーサルマナー教室の開催数の推移である。

ユニバーサルマナー教室のプログラムも学年ごとに差異化するように工夫が重ねられている。市内の三沢市立堀口中学校では3学年が市の共生社会教育プログラムに参加している。総合的な探究の時間を年間20時間ほど使って共生社会教育に取り組み、そのなかの5時間程度で市が提供するプログラムを実施している。堀口中学校では三沢市と相談しながら、三沢市が提供するプログラムを学年を追うごとに段階的に学習・探究できるようにアレンジして、最終学年の3年生のときに総まとめをおこなうようにしている。共生社会教育プログラムが発展して定着しつつある状況は、ホストタウン事業の成果といえるだろう。

今後、共生社会の実現に向けてさらに歩を進めていくための課題は、第1

表3　三沢市内のユニバーサルマナー教室の開催推移

2017年度	小学校4校、中学校1校 約600人
2018年度	小学校4校、中学校1校 約400人
2019年度	小学校4校、約270人
2020年度	小学校3校、中学校2校 約620人（全校オンラインで実施）
2021年度	小学校4校、中学校1校 約350人（一部オンラインで実施）
2022年度	小学校5校、中学校3校

（出典：三沢市提供データから筆者作成）

に、市民により広く取り組みを認識してもらいながら、共生社会の実現に向けた意識を高めることだ。共生社会の実現に向けた意識は、三沢市が定期的に実施している市民意識調査のデータをみれば徐々に高まっていることがわかる。例えば、障害者手帳所持者を対象にした調査で「障がいがあることで差別や嫌な思いをしたことがあるか」という問いに対して「ない」と回答した割合は2017年の43.7％から20年の50.1％に推移し、改善された。ただし、三沢市としては、改善されてはいるものの十分な値ではなく、より高い値を目指すことが課題になるという。

　第2に、障害をもつ人たちのスポーツ機会を確保することである。東京2020大会に向けたさまざまな活動によって国際交流が進み、パラスポーツの認知度が高まった。三沢市民はパラスポーツを通じて共生社会のビジョンを体感し、共生社会の実現に向けた活動は進みだした。市民のパラスポーツへの理解・普及（ボッチャの普及、車いすバスケットなどの普及）が進み、公立小・中学校での共生社会教育プログラムも進んでいる。その一方で、障害をもつ人たちのスポーツ実施率を高めるという課題は依然残っているという。

　障害者にとって、スポーツ実施は社会参加の入り口になる可能性がある。障害者がスポーツに親しめる場を創出し、障害をもつ人たちがその場に参加することで社会的な活動に参加しやすくなっていくことが期待される。

　新型コロナウイルス感染症の蔓延が収束し、国際交流、域内交流がより積極的に展開できるようになれば、事前合宿で発揮された市民の協力が活性化し、共生社会やパラスポーツへの理解が高まるだろう。そしてそうした機運のなかで、新たな活動へのチャレンジも可能になるだろう。官と民がそれぞれにもてる力を発揮しながら活動を進めていくことが求められる。

注

（1）「東京 2020 オリンピック・パラリンピック競技大会 三沢市における活動推進指針」
「三沢市」（https://www.city.misawa.lg.jp/index.cfm/20,22976,127,561,html）［2023 年
6月 19 日アクセス］

（2）「東京 2020 オリンピック・パラリンピック競技大会 三沢市における活動指針推進イ
メージ」「三沢市」（https://www.city.misawa.lg.jp/index.cfm/20,22976,127,561,html）
［2023 年 6 月 19 日アクセス］

第7章

民間との協働と
ホストタウン

高岡敦史／笹生心太／束原文郎

パフェを作って
パラ合宿を成功させた
行政職員のつながる力
──岡山県岡山市

高岡敦史

　岡山県岡山市が実施したホストタウン事業は、ブルガリア共和国を相手国にしたものと、台湾を相手国にした共生社会ホストタウン事業である。また当市では、2017年から両国だけでなく数多くの国・種目の合宿を誘致してきた。

　ホストタウン事業の担当職員である岡山市スポーツ振興課スポーツ誘致推進室の室長（当時）の吉田武生氏（現・環境保全課・地球温暖化対策室室長）は、事業内容を検討する段階での市長との会議での一幕がいまも心に強く残っているという。岡山市で海外チームの合宿を受け入れた実績はあるのかと問われ、宿泊施設やスポーツ施設に大きな課題があると返答した際に、「じゃあ、岡山に「新しい景色」が生み出されるんだね」と言われたという。岡山市にとってのホストタウン事業や合宿誘致は、この市長の思いがけない発言から岡山市を変えるものとして取り組まれることになった。

　岡山市スポーツ誘致推進室は数多くの合宿誘致を実現させたが、ホストタウン事業に着手した当初、他国との交流の機会になるホストタウン事業は、スポーツ振興の機会になる合宿誘致とは別のものだと認識していたという。

　ホストタウン事業と合宿誘致は、多くの団体と連携しながら実施された。そこで活用された「つながり」は、担当課職員が生み出したいと考えていた効果と分かちがたく結び付いている。

1 民間事業者とのwin-win関係を重視したホストタウン事業
──ブルガリアパフェの取り組み

　岡山市は、ブルガリア第2の都市プロヴディフと1972年に姉妹都市縁組を締結していた。ホストタウン事業の相手国を検討し始めた当初から、相手国の候補はほぼブルガリアに絞られていたという。

　市スポーツ誘致推進室の吉田氏は、岡山市民の生活にブルガリアとのつながりを埋め込み、身近に感じてもらう方法を考えていた。そんななか、明治ブルガリアヨーグルトを販売している株式会社明治から、当該商品を使ったブルガリアヨーグルトパフェを商品化する提案が舞い込んだ。

　かねてから、岡山商工会議所（担当は地域振興課）は、岡山の強力なコンテンツであるフルーツをPRするために地元の果樹農園やパフェを提供する飲食店などとの連携を進めていて、2009年からは「フルーツパフェの街おかやま」を展開中だった。このことを知っていた市スポーツ誘致推進室の後藤浩志係長（当時。現スポーツ振興課課長補佐）は、早速、明治からの提案を岡山商工会議所にもちかけた。しかし、地元事業者と広く連携していた岡山商工会議所としては、明治ブルガリアヨーグルトという単一商品のPRにつながってしまうのではないか、という疑念があった。しかも、パフェに多く使用されるクリームとヨーグルトとの相性が悪いことも判明し、明治との連携は頓挫した。

　しかし、岡山商工会議所の鶴岡良孝理事・事務局長（当時・現在）の発案で、2019年の「フルーツパフェの街おかやま」

写真1 「フルーツパフェの街」おかやまポスター（2022年版）

表1 岡山市ナショナルチーム等キャンプ誘致推進事業 実績一覧（筆者作成）

2017年度（実績）

番号	合宿実施者	人数	期間	練習会場（メイン）	補助事業者
1	スペイン 女子柔道ナショナルチーム	15	2017年7月10日〜26日 （17日間）	IPU	県競技団体
2	フィリピン 女子バレーボール ナショナルチーム	24	2017年7月17日〜25日 （9日間）	ジップアリーナ	トップスポーツ団体
3	台湾 柔道代表選手	3	2017年8月10日〜14日 （5日間）	岡山商科大学	スポーツ指導者団体
4	日本 男子3人制バスケ代表チーム	14	2017年10月9日〜14日 （6日間）	ジップアリーナ	県競技団体
5※	カンボジア 車いす陸上代表選手	4	2017年11月5日〜11日 （7日間）	就実学園大学	NPO法人
6	ブルガリア共和国 バドミントンナショナル チーム	10	2017年11月29日 〜12月10日 （12日間）	ジップアリーナ	県競技団体

2018年度（実績）

番号	合宿実施者	人数	期間	練習会場（メイン）	補助事業者
1	日本 BMXフリースタイル （パーク）代表選手	11	2018年4月18日〜23日 （6日間）	豊成（専用練習会場）	全国競技団体
2	ブルガリア共和国 女子レスリングナショナル チーム	10	2018年5月14日〜28日 （15日間）	IPU、関西高校	県競技団体
3	スペイン 柔道ナショナルチーム	26	2018年7月7日〜8月5日 （30日間）	IPU、岡山商科大学	県競技団体
4	フィリピン 女子バレーボールナショナル チーム	30	2018年8月5日〜15日 （16日間）	ジップアリーナ	県競技団体
5	ブルガリア共和国 女子バレーボール ナショナルチーム	22	2018年9月18日〜27日 （10日間）	ジップアリーナ	県競技団体
6	ドミニカ共和国 女子バレーボール ナショナルチーム	21	2018年9月16日〜27日 （12日間）	ジップアリーナ	県競技団体
7	日本 女子ソフトボール代表チーム	34	2018年11月21日〜26日 （6日間）	県総合グラウンド野球場	県競技団体
8※	日本 パラパワーリフティング 代表選手	2	2018年11月15日〜18日 （4日間）	岡山商科大学	トップスポーツ団体
9	日本 男子3人制バスケ代表候補 チーム	55	2019年2月14日〜17日 （4日間）	岡山商科大学	県競技団体

2019年度（実績）

番号	合宿実施者	人数 （見込）	期間	練習会場 （メイン）	補助事業者
1	ブルガリア共和国 女子レスリング ナショナルチーム	12	2019年5月4日〜18日 （15日間）	IPU、関西高校	県競技団体
2	スペイン 陸上代表選手	5	2019年7月28日〜8月4日 （8日間）	県総合グラウン ド陸上競技場	県競技団体
3	日本 男子3人制バスケ代表チーム	27	2019年8月18日〜21日 （4日間）	岡山市コンベン ションセンター	県競技団体
4	ドミニカ共和国 女子バレーボール ナショナルチーム	20	2019年9月4日〜12日 （9日間）	ジップアリーナ	県競技団体
5	タイ王国 女子バレーボール ナショナルチーム	24	2019年11月2日〜16日 （15日間）	中国学園大学	トップスポーツ団体
6	スペイン 柔道ナショナルチーム	17	2019年11月5日〜21日 （17日間）	IPU、岡山商科 大学	県競技団体
7※	台湾 女子パラパワーリフティング 代表選手	1	2019年12月18日〜22日 （5日間）	岡山商科大学	トップスポーツ団体
8※	日本 パラパワーリフティング 代表選手	7	2019年12月18日〜22日 （5日間）	岡山商科大学	トップスポーツ団体

2020年度（実績）

番号	合宿実施者	人数	期間	練習会場 （メイン）	補助事業者
1※	日本 パラパワーリフティング 代表選手	12	2021年2月11日〜14日 （4日間）	県総合グラウン ド陸上競技場 （トレーニングル ーム）	トップスポーツ団体

2021年度（実績）

番号	合宿実施者	人数	期間	練習会場 （メイン）	補助事業者
1※	日本 パラパワーリフティング 代表選手	10	2021年5月6日〜9日 （4日間）	岡山商科大学	トップスポーツ団体
2	ドミニカ共和国 女子バレーボール ナショナルチーム	15	2021年7月11日〜21日 （11日間）	ジップアリーナ	県競技団体
3	ブルガリア共和国 女子レスリングナ ショナルチーム	11	2021年7月16日〜26日 （11日間）	関西高校	県競技団体

※パラリンピック競技

127

10周年イベントとして「ブルガリア」を押し出したパフェ商品を展開しようということになり、ブルガリアパフェ企画は動きだした。岡山商工会議所としては、姉妹都市があるブルガリアとの実質的な経済交流に良案が出せずにいたこともあり、東京2020大会ホストタウン事業は交流の機会として十分だったと、鶴岡氏は言う。岡山商工会議所が「フルーツパフェの街おかやま」に参加していた全加盟店にブルガリアパフェ企画への参加を促し、市スポーツ誘致推進室がその申し込みを受けた。こうしてブルガリアパフェ企画はスタートした。担当職員は、申し込みがあった店舗を一つひとつ直接訪問し、企画の詳細を説明して回ったという。

写真2 ブルガリアパフェ企画ポスター（2020年）

結果として、ブルガリアパフェ企画は、2019年度から21年度の3年間実施された。20年以降は、コロナ禍で飲食店への客足が遠のいたこともあって、岡山市のホストタウン事業として、また「フルーツパフェの街おかやま」10周年イベントとして宣伝されることは、連携店にとって有意義だったようだ。特に、28万8,000世帯に配布される岡山市広報誌「市民のひろば おかやま」（岡山市広報広聴課編、岡山市）のPR力は、コロナ禍前の19年時点でも魅力的だった。

各店舗では、岡山県産のフルーツを使用するという「フルーツパフェの街おかやま」のレギ

写真3 ホストタウンリング（写真提供：岡山市）

ュレーションを守りながら、ブルガリアにちなんだパフェの開発がおこなわれた。白・緑・赤の国旗を模したものやブルガリアの国花バラを模したもの、ヨーグルトを用いたものなど、デザインは各店舗に委ねられた。

市スポーツ誘致推進室は、ブルガリアパフェの販売を契機にホストタウンの取り組みを周知させるために、パフェを購入した人たちに特製ラバーバンド「ホストタウンリング」を贈呈した。

ブルガリアパフェを開発・提供することでコロナ禍での売り上げを少しでも増やしたい飲食店と、ホストタウン事業を効果的に進めたい岡山市との間にwin-win関係が成立したのである。

また、市スポーツ誘致推進室は、ホストタウンを広く知ってもらうために、地元の中学生にホストタウンPRポスターのデザインと作成を依頼した。広告・デザイン会社に発注することもできたはずだが、「当事者を増やしたい」「当事者が増えないと「ブルガリアのホストタウンになった」ということは広まらない」という担当職員の思いがそこにはあった。

そのほかにも、2017年、18年、19年の「秋のおかやま桃太郎まつり」(9月末から11月末開催)にブルガリア出身の鳴戸親方(元大関の琴欧洲)をトークショーのゲストとして招き、19年にはイベント会場の岡山城天守閣前広場で特製ブルガリアパフェを食してもらったり、子どもたち対象の相撲教室を開催したりした。

このように、市スポーツ誘致推進室はさまざまなチャンネルを活用して「ブルガリア」「ホストタウン」を岡山市民に広めていった。中学生のポスター作成も、桃太郎まつりへの鳴戸親方の招聘も、成功させるためには市役所内の部局間の垣根を超えることはもちろん、学校や観光コンベンション協会などの外部団体との調整・連携が必要だったことはいうまでもない。

吉田氏はこう言う。「行政職員として、ホストタウン事業にどういう意味や価値、ストーリーを埋め込めるかが大切でした」。そして「意味や価値、ストーリーを関係各所に説明できなければいけなかった」と。

2 合宿誘致をゼロから実現させる民間団体との連携
——パラパワーリフティングのベンチプレス台製作

　ホストタウン事業の担当だった市スポーツ誘致推進室は、国際交流としてのホストタウン事業と合宿誘致を分けて考えていたという。彼らにとって合宿誘致は、市民がオリパラを身近に感じる機会を作って市民のスポーツへの関心を高めるための事業、競技力向上の取り組みを起動させるきっかけにするための事業、そして、東京2020大会以降を見据えて競技団体やトップスポーツクラブの合宿を受け入れる力をつけるための事業だった。

　そういう意味で、合宿誘致は、当初からホストタウンの相手国であるブルガリアだけを対象とするものではなかったし、またブルガリアからどの種目の代表チームが合宿にくるかわからなかったこともあって、市スポーツ誘致推進室は2017年から多くの種目・国の代表チームの合宿を積極的に受け入れた。

　とはいえ、2016年までは岡山市として外国の代表チームを受け入れた実績が皆無だったため、市スポーツ誘致推進室は多くの種目の中央競技団体やキーマンに声をかけ、岡山市での合宿に関心がある種目・国を探索し、問い合わせがあったところを手当たり次第に受け入れた。吉田氏は当時を振り返って、外国代表チームの受け入れ経験がない「0」の状態を「1」にする方法を見つけたかったという。

　合宿を受け入れるためには、練習会場や用具、練習相手などを用意してくれる団体（補助事業者）が必要だが、岡山市のどの団体にも国代表チームを受け入れた経験などなかった。担当職員も受け入れに協力してくれた団体も試行錯誤を繰り返したという。

　その試行錯誤のケースとして、台湾のパラパワーリフティング代表の合宿誘致は特筆すべきだろう。

　当時、岡山南ロータリークラブが、創立60周年事業として2016年からパラスポーツの支援を展開していた（この支援活動は2020年まで継続された）。この周年事業を契機として、パラスポーツのトップ競技者を支援するおかやま障害者トップスポーツ支援協議会が設立されたが、そのメンバーのなかに、パラパワーリフティング日本代表コーチ（当時）岡本孝義氏（岡山県立

誕生寺支援学校〔岡山県久米南町〕の教員）がいた。彼は岡山市に、パラリンピックに関わる合宿誘致に大きな可能性があると語った。また、台湾・新竹市と岡山市が国際友好交流都市締結20周年を23年に迎えようとしていたことから、市スポーツ誘致推進室も、パラスポーツの合宿誘致の可能性を強く認識したという。

　しかし、岡山県内には下半身をベルトで固定するパラ用のベンチプレス台がなく、合宿どころか地元クラブの練習もままならない状況だった。そこで、市スポーツ誘致推進室は、パラパワーリフティング専用ベンチプレス台の確保に動きだした。その原資は、岡山南ロータリークラブの周年事業が見込まれていた。

　ここに市スポーツ誘致推進室と岡山南ロータリークラブの連携が成立するわけだが、既存品はあまりに高額だったし、単なる物品の寄贈ではパラスポーツの支援の輪は広がらないという認識が共有されていた。そこでさらに連携の輪を広げることになった。声をかけたのは岡山県教育委員会と岡山市内の工業高校だ。

　2018年3月、市スポーツ誘致推進室と岡山南ロータリークラブは、岡山県教育委員会に掛け合い、岡山工業高校の協力を仰いだ。

　当時の赤木恭吾校長は、野球に関わり続けてきたスポーツパーソンである。それまで当該校の自転車競技部が機械科の生徒を中心にトレーニング機器を自前で製作していた実績もあり、工業高校の力を社会貢献やスポーツに生かせるなら、と

写真4　ベンチプレス台製作（専門家から指導を受けている様子）（筆者撮影）

写真5 ベンチプレス台製作の成果発表（岡本氏や岡山南ロータリークラブへのプレゼン
の様子）（筆者撮影）

写真6 ベンチプレス台贈呈式（筆者撮影）

赤木校長（当時）は協力要請を快諾した。こうして、専用ベンチプレス台の
製作プロジェクトは、2018年度の岡山工業高校機械科の3年生の課題研究
として実施されることになった。

　高校生の技術力は高かった。製作されたベンチプレス台は、既存品にある
機能を備えているにとどまらず、分解して持ち運べるように工夫され、軽量
化が図られていた。その後、2019年度にも同様の枠組みで製作され、2台の
ベンチプレス台が地元クラブの練習場になっている岡山商科大学のトレーニ

ングルームに常設された。

こうして、パラパワーリフティングの合宿誘致の環境が整った。ベンチプレス台の製作・寄贈を経て、パラパワーリフティングの台湾女子代表の合宿や日本代表の合宿が相次いで実施された（表1を参照）。

なお、岡山市は2020年に共生社会ホストタウンに登録されているが、市スポーツ誘致推進室にとって、それは「あとづけ」であり手続きにすぎなかった。担当職員にとって大切だったことは、合宿誘致に向けて、岡山南ロータリークラブや県教育委員会、岡山工業高校、岡山商科大学との連携の輪が広がり、ベンチプレス台製作プロジェクトがマスコミ報道によって周知されることだった。

3 つながりを生かす行政職員の能力

ブルガリアパフェの取り組みは、明治からの提案を一つのきっかけにしてはいるものの、市スポーツ誘致推進室の吉田室長（当時）の東京事務所勤務時代の経験が生かされているという。

吉田氏には、東京・丸の内で「おかやま白桃パフェ Days」（2012年8月9日・10日）を企画して開催した実績がある。この事業は、岡山市から丸の内の飲食店に岡山産白桃を無償提供し、メニューを開発・販売してもらうというものであり、現在でも続いている。岡山市のPRとフルーツの販路拡大を企図したものだが、飲食店にとっても高級フルーツである岡山産白桃が提供されるというメリットがあり、win-win関係が成立している事業だ。吉田氏は、丸の内の飲食店に飛び込み営業をして協力店を募ったという。

ホストタウン事業としてのブルガリアパフェの企画には、吉田氏のこの経験が生かされた。吉田氏は「事業をしていくうえで、いかに効果を大きくするか、そのためにいかに関わってくれる当事者を増やすか、を大切にした」と言う。そして、「事業主体の市にとっても、関わってくれる当事者にとっても、コストをかける以上の効果やメリットを出さなければいけないと考えていた」と語る。

行政が施策として展開する事業の社会的な意義や効果は、担当職員の仕事

のやりがいや情熱の基盤になるものだが、職員が「仕事を楽しんでやっている」（吉田発言のまま）と、「あなたが楽しんでやっているだけ」と揶揄されることもある。ここで必要になるのが、担当職員として「事業の価値を語り、どういうプロセスでどういう効果を生み出せるのかというストーリーを語る「プレゼン力」」だという。

　吉田氏はwin-win関係を大切にし、言葉の力で伝える能力にあふれている。その後継者である後藤氏は、吉田氏の考え方を受け継ぎながら、数字の力で伝える能力をもっている。東京2020大会後に後藤は合宿誘致の取り組みの実績を整理し、岡山市の合宿誘致に関わる予算を残した。

　民間事業者と連携して取り組んだ岡山市のホストタウン事業と合宿誘致は、岡山市役所に民間事業者との連携・協働の素地を生んだ。同時に、市役所職員には事業推進に関わる能力の定着というレガシーを残したのである。

地域ネットワークを巻き込んだ実行委員会方式
──神奈川県平塚市

笹生心太

1 平塚市とリトアニアの交流の概要

　2014年に「スポーツを楽しみ、健康で長寿のまち ひらつか」を目標に掲げたスポーツ推進計画を策定した平塚市は、ホストタウンへの登録を契機に「スポーツのまち平塚」を全国にアピールしたいと考えていた。そのような折に駐日リトアニア大使が神奈川県を訪問して同国選手団の合宿をおこなうことができる場所について相談するなかで、平塚市が視察候補地になった。[(1)]

　平塚市の最大の特徴は充実したスポーツ環境があることだった。すなわち、のちに合宿のメイン会場になる平塚市総合公園内には、陸上トラックがある平塚競技場のほか、トレーニング施設や温水プールがある平塚総合体育館などの各種施設が1カ所にコンパクトにまとまっていて、選手たちにとって利便性が高かった。さらに、市内には柔道のオリンピアンを多く輩出している東海大学湘南キャンパスがあり、練習相手やトレーニング施設としての期待ができた。こうしたスポーツに関する恵まれた環境が決め手になり、リトアニアは平塚市を選ぶことになった。2016年1月にはホストタウン登録がおこなわれ、加えて同年10月には平塚市・神奈川県・リトアニアオリンピック委員会の3者によって合宿に関する協定が結ばれた。さらに18年5月には、平塚市はリトアニアパラリンピック委員会とも合宿に関する協定を結

んだ。

　以上のように、平塚市がリトアニアのホストタウンになるにあたって最も重要だった要素は、スポーツに関する充実した環境だった。そしてこの段階では、市内の各種施設はあくまで選手たちがトレーニングをおこなうためのものにすぎず、まちづくりに生かすためのスポーツインフラとしての意味合いを有していなかった。そのため、ただ淡々とリトアニア選手団を受け入れ、合宿してもらうだけの取り組みになっていても不思議ではなかった。しかし、平塚市はそうしたただの調整の場としての役割を超え、リトアニアとの交流を積極的に推進していく。

　まずスポーツ関連の交流としては、2017年以降、リトアニアの各競技の選手団が毎年事前合宿に訪れ、平塚市総合公園や東海大学湘南キャンパスなどを利用してトレーニングをおこなう一方、その合間にスポーツ教室や湘南ベルマーレのホームゲームイベント、「ふれあいフェスタ」と称した運動会などに積極的に参加してきた。またスポーツ関連以外でも、リトアニア選手団の小・中学校訪問、地域レクリエーションへの参加、盆踊りへの参加など、各種の交流をおこなってきた。

　また、上記のようなリトアニア選手団が直接参加する交流イベント以外にも、例えば教育関係ではリトアニア・カウナス市の教員による平塚市の訪問や、カウナス市の児童・生徒による「日本とリトアニア　オリンピックの架け橋」をテーマにした絵画作品の平塚市内での巡回展示などがおこなわれた。さらに、リトアニアの民族舞踊団体の受け入れ、平塚市の相州平塚七夕太鼓保存会によるリトアニア訪問、平塚市民によるリトアニア訪問ツアーといったさまざまな行事で両国の市民が相互に行き来するような直接交流を実現してきた。

　さらに直接的な人的交流でなくとも、平塚市内の飲食店によるリトアニアフェア、リトアニア料理教室の開催、リトアニアビールの販売、リトアニアカラーによるシティドレッシングや花壇整備など、さまざまな催しでホストタウンとしての機運醸成がおこなわれてきた。

　以上のような平塚市とリトアニアの精力的な交流が実現できた理由は、あらかじめ平塚市全体に「明確に目に見える形で市民に対してレガシーを残したい」という発想が浸透していたことにある。そのため平塚市は、後述するように準備段階から市民や各種団体などを巻き込みながら、また東京2020大会中だけでなく事後交流までも視野に入れた交流計画を策定することにな

ったのである。

2 地域ネットワークの広がり

　平塚市の取り組みの最大の特徴は、実行委員会方式によって地域ネットワークを広げ、ホストタウン事業や合宿に取り組んでいった点にある。

　前述のように2016年にホストタウン登録をおこない合宿に関する協定を締結したが、翌17年にはひらつかリトアニア交流推進実行委員会が作られた。これを主導した平塚市は、東京2020大会は多くの市民にとって一生に一度あるかないかのお祭りであるという認識のもと、「オール平塚」をスローガンに掲げて多様な人々や団体をホストタウン事業に巻き込もうとはたら

写真1　ボランティアの精力的な活動（写真提供：平塚市）

きかけてきた。その結果、多くの団体や企業、そして市民の協力を得ることができ、実行委員会内に事前キャンプ部会、ホストタウン部会、サポート部会の3つの部会が作られた。合宿で警備・輸送を担当する事前キャンプ部会には、市内のホテル、タクシー会社、交通安全協会、医師会といった団体が参加した。また、主にホストタウン事業の推進を任務にしたホストタウン部会には、地元の商工会議所、まちづくり財団、国際交流協会、農業協同組合、漁業協同組合、飲食業組合連合会などが参加した。そして、ボランティア関連業務や機運醸成に携わったサポート部会には、市内のロータリークラブ、ライオンズクラブ、社会福祉協議会、障害者関連団体、スポーツクラブ、子ども育成会、ボーイ／ガールスカウト連絡会などの団体が参加した。

このように、実行委員会方式を採って多種多様な地域団体が参画していった点が、平塚市の取り組みの最大の特徴である。

こうした各種部会とは別に、一般市民のボランティア募集もおこなわれた。その業務は主に通訳、用具の運搬、公開練習の受け付けといったものであり、新型コロナウイルス感染症の流行以降には消毒、PCR検査のサポート、宿泊施設での動線分離などの業務が加わった。このボランティアには90人程度の市民が登録し、直前合宿では実数30人、延べ124人が業務にあたることになった。こうした市民ボランティアの献身的な働きは、後述するようなリトアニア関係者との深い絆の構築に欠かせないものだった。

このように平塚市では、行政が中心となってホストタウン交流を進めるのではなく、旗振り役となって地域ネットワークを巻き込みながら交流を進めたことで、リトアニア関係者に対する柔軟な対応が可能になった。例えば、平塚市はリトアニアの特定の競技団体ではなく、オリンピック委員会とパラリンピック委員会を相手に合宿に関する協定を結んだため、さまざまな競技の選手たちがさみだれ式に日本にやってくることになった。そのため、そのつど成田空港まで送迎をおこなわなければならなかったが、地元のバス会社に協力を求めることで柔軟な対応をしてもらうことができた。また、直前合宿に参加していた競泳のダナス・ラプシス選手は、平塚市内の良好なトレーニング環境を気に入り、大会直前になって東京都内の選手村に入る時期を遅らせることを希望した。その際にも、地元のホテルが柔軟に対応することで、同選手の調整をサポートすることが可能になった。

こうした形式ばらない柔軟な対応は、リトアニア選手団と市民の深い交流を可能にした。例えば前述のダナス選手は、大会直前にオンラインインタビ

写真2　選手団と市民の密接な交流（写真提供：平塚市）

ューで平塚市に関する感想を求められると、「平塚市民のみなさんは友好的で、温かく受け入れてもらえた。みなさんのおもてなしの精神に感謝している」や「お世話になった平塚の人たちへの感謝を込めた泳ぎを見てほしい」といったコメントを残している。こうしたコメントにみられるように、リトアニア選手団と平塚市民の間には、ただの形式上の交流を超えた非常に親密な関係性が構築されていた。

　このように親密な関係が結ばれた理由の一つは、リトアニア関係者たちがさまざまな交流事業に友好的に取り組んだことである。その様子を見た平塚市民の多くは「リトアニアを応援したい」「ここで交流を終わらせるのではなく、さらに交流を深めたい」という思いをもつようになり、相互の愛着が生まれていったのである。

　また、実行委員会方式による取り組みは、リトアニア関係者対平塚市民の交流を促しただけでなく、平塚市民同士の交流も促進した。例えば、サポート部会ではホストタウンとしての機運醸成に関する話し合いが多くもたれ、前述のような多様な団体関係者が意見を交わすことになった。そして実際、

例えば七夕まつりでリトアニア飾りを作って掲出するという実績が残ったのも、この部会での話し合いの成果だった。

　このような実行委員会方式は、それまでの平塚市内での各種イベントでも採用されたものだった。すなわち、平塚市は七夕まつりや花火大会などを実施する際にはさまざまな団体を巻き込むために実行委員会方式を採用してきたが、ホストタウン事業でもその方式が踏襲されたのである。このように平塚市が実行委員会方式でホストタウン事業に多くの市民や各種団体を巻き込み、結果的に市民とリトアニア関係者、そして平塚市民同士の緊密な関係性を構築することができたのは、平塚市内に蓄積された組織的な記憶＝インスティテューショナルメモリー[2]を活用し、それをホストタウン事業に応用していった結果なのである。

3 交流の継続に向けて

　以上のように、平塚市とリトアニアは非常に親密な交流をおこなってきた。それが可能になったのは、前述のようなリトアニア関係者の友好的な姿勢や、市民ボランティアの献身的な働きなどさまざまな要因が考えられるが、最も重要だったのは、平塚市が当初から戦略的なねらいをもってホストタウン事業に取り組んだ点である。

　例えば、平塚市は2020年10月に国際交流員（CIR）としてリトアニア出身者を雇用した。この人物は同国の文化の紹介、情報発信、市民交流、通訳などでリトアニアとの交流に大いに貢献した。だが当初の計画では、東京2020大会に向けた機運醸成のためではなく、大会終了後の交流を活発化するために雇用される予定だった。大会が1年間延期されたため、結果的に業務に従事したのは大会本番前になったが、このように大会を盛り上げるためではなく、大会終了後の相手国との事後交流を継続するために国際交流員を雇用しようとしていたことから、平塚市があらかじめリトアニアとの絆の継承を戦略的に考えていたことがうかがえる。そして現在も国際交流員の雇用を継続し、リトアニアや平塚市の魅力などを国内外に発信している。

　またほかの多くの自治体と同様、平塚市も2021年度末をもって、それま

でホストタウン事業を担当してきたオリンピック・パラリンピック推進課を廃止した。だが、それまでのリトアニアとの交流事業の実務は文化・交流課が引き継いだ。ここには、東京2020大会の際に生まれたリトアニアとの絆を戦略的に継続させようという意志がみられる。このことは一見当たり前にみえるが、他自治体の状況をみると、ホストタウン事業に従事した職員がその後まったく無関係な部局に配置されるなど、事業の継承性に困難を抱えるケースも数多い。このことを踏まえると、平塚市がリトアニアとの交流継続を明確に意図していることがはっきりと浮かび上がってくるといえるだろう。

　そして実際に、東京2020大会以降にも平塚市とリトアニアの交流は継続している。例えば2022年4月には、カウナス市の小学校と平塚市内の小学校をオンラインで結び、「春」をテーマに両校児童がそれぞれ発表をするという交流がおこなわれた。また、22年7月に3年ぶりに開催された湘南ひらつか七夕まつりの際には、メタバース空間（仮想空間）に作られた七夕まつり会場にカウナス市の副市長と教育関係者がアバターで参加し、同じくアバターで参加した平塚市の副市長と交流するというユニークな交流もおこなわれている。さらに23年2月にはリトアニアウィーク2023というイベントがおこなわれ、市内各所で駐日リトアニア大使の講演、ミニコンサート、リトアニアのお守り作りのワークショップ、リトアニア製商品の販売、写真展などが開催された。

　以上の各種イベントに加え、2023年1月には市民

写真3　リトアニアウィーク2023の写真展で展示されたカウナス市の小学生作成のポストカード（筆者撮影）

主体の平塚・カウナス交流推進委員会が設立された。この組織は、今後も前述のような交流イベントを開催することや、平塚市とカウナス市の間で訪問団の相互派遣をおこなうことなどを目的にしたもので、まさにホストタウン事業で生まれた機運を地域ネットワークのなかに埋め込んで継承していくためのプラットフォームといえる。

　以上みてきたように、平塚市のホストタウン事業の大きな特徴は、行政がフルコミットしてホストタウン交流を実現するのではなく、実行委員会方式によって地域ネットワークを広げながら交流を実現していったことだった。それによってリトアニア関係者に対する柔軟な対応が可能になったばかりか、リトアニア関係者と平塚市民の、そして平塚市民同士の交流を促すことが可能になった。そして、そのような方式によってスムーズに事業が推進できたのは、それまでも同市内で同様の方式による取り組みがおこなわれてきたという組織的な蓄積によるものだった。

　このように平塚市のホストタウン事業への取り組みの最大の特徴は地域ネットワークの活用だったが、とはいえ交流事業をすべて民間に委ねるのではなく、市として戦略的なねらいをもって同事業に取り組んでもいた。そのねらいとは、東京2020大会の際に生まれたリトアニアとの絆を一過性のものとせず、大会後にも続く関係性とすることであった。すなわち、当初から市民にさまざまなレガシーを残すべく同事業に取り組みながら、事後交流を継続するためにさまざまな制度設計をおこなっていたのである。そして、長期的な交流の推進主体は、再び地域ネットワークの側に委ねられつつある。こうした行政と地域ネットワークの間のいい距離感こそが、平塚市の事例の真に重要な点といえるだろう。

注
――――――――――――――――――――――――――――――――――――――
（1）　本節での平塚市とリトアニアの交流に関する事実関係は、平塚市が2022年に発行した冊子、ひらつかリトアニア交流推進実行委員会「Labas Lithuania 平塚市×リトアニア共和国 国境を越えて育んだ友好の絆」（ひらつかリトアニア交流推進実行委員会）と平塚市企画政策部オリンピック・パラリンピック推進課（大会当時）担当者への聞き取り調査（2022年8月8日）の結果による。
（2）　地域にある組織が歴史的に築いてきた、一つの世代で途切れさせることがないネットワークの記憶のこと（小林勉『地域活性化のポリティクス――スポーツによる地域構想の現実』〔中央大学学術図書〕、中央大学出版部、2013年）。

地域資源としての
大学の活用
── 宮城県白石市・奈良県天理市

束原文郎

　日本の地方都市には大学があり、その大学がまちづくりに大きく貢献することがある。自治体の側からみれば、その地域に1つしかない大学はたとえ小さな単科大学であっても地域の知的水準を支えるナレッジセンターであり、また当該地域を舞台に学んだ経験をよりどころとして地域への愛着を育むことができる社会的共通資本の一形態である。ホストタウン事業はそうした大学と地方都市にどのような影響をもたらしたのか。ここでは、宮城県仙台市から南に50キロ、コンサートホールとアリーナを備える多目的ホール・ホワイトキューブを有する白石市と仙台大学（柴田町）の事例、そして奈良県天理市と近畿圏の伝統的なスポーツ強豪大学である天理大学の事例をみてみよう。

1 白石市と新体操

　白石市と隣接する柴田町はともに宮城県仙台市と福島県福島市の中間に位置する仙台市のベッドタウンである。人口は両自治体を合わせて約7万人で、現在は白石市よりも柴田町のほうが3,000人ほど多い。白石市には東北新幹線・白石蔵王駅があり、そこから歩いて数分の地点に、白石市文化体育

センター、通称ホワイトキューブはある。この、「残響時間日本一を誇るガラスづくりのコンサートホール」と「バスケットボールコート4面分の広さにポータブルフロアや可動式座席を備えるスポーツアリーナ」の複合施設が、ベラルーシ代表体操選手団の主要なトレーニング会場になった。

ホワイトキューブの竣工は1997年である。その当初から新体操の普及や強化に注力することがホワイトキューブの役割とされた。なぜなら、体操を専門とする1人の女性教師が市内の高校に赴任して以来、白石市は日本の新体操の聖地になっていたからだ。その女性教師とは日下イサヲである。

日下は1954年4月、旧白石女子高等学校に赴任した。そこで教鞭を執るかたわら体操部を設立し、まずは器械体操の指導に明け暮れた。20年が経過した75年から新体操を取り入れ、器械体操と新体操の両方を1人で指導したが、77年の高校総体出場を最後に器械体操の指導に区切りをつけ、新体操一本に絞ることになった。その結果、78年、80年、81年と立て続けに高校総体出場を果たすなどめざましい成果を残した。

1995年、旧白石女高退職と同時に2002年のみやぎ国体に向けて設立された白石市体操協会の副会長に就任した日下は、白石を「新体操のまち」にすることを目標に掲げ、地域コミュニティを巻き込んだ新体操の普及振興に乗り出した。ホワイトキューブが開館するとキューブ新体操教室を設立し、旧白石女高の教え子たちとともに女子チームの指導を開始。2000年全日本新体操選手権、02年みやぎ国体新体操競技をホストすることで、「新体操のまち白石」を全国に印象づけることに成功した。

その日下の法灯を継いで現在も新体操のまち白石の発展に貢献し続けるのが、2002年、みやぎ国体開催年に新体操指導者としてホワイトキューブに赴任した柴田佐知子である。群馬県に生まれ、小学4年生から新体操を始めた柴田は、高校時代には新体操指導者として生きることを考えるようになった。東京女子体育大学を卒業し1998年からの4年間を千葉県市立船橋高校の新体操部監督として過ごしたあと、2002年からキューブ新体操教室の指導者として辣腕を振るっている。柴田は赴任後、公私にわたって日下との親交を深めた。これによって、地域コミュニティは「新体操のまち白石」の理想と原動力の継承に成功したことになる。

2 ホストタウン事業の招致から実施まで

　白石市の自治体職員はホストタウン登録についてこの柴田に相談し、柴田の助言に従ってベラルーシの新体操チームにねらいを定めた。2016年3月、ホワイトキューブの所在地である白石市と地元の有力な私立大学である仙台大学、そして仙台大学の所在自治体である柴田町の3者によって、東京オリ・パラ事前合宿招致推進協議会（会長は仙台大学を運営する朴沢学園理事長の朴沢泰治）が設立された。

　同協議会は9月、イオンカップ16が開催された東京体育館に職員を派遣し、ベラルーシ新体操ヘッドコーチとのファーストコンタクトを果たす。翌10月、国際体操連盟（FIG）各国誘致説明会に参加してベラルーシ体操協会会長にもコンタクトを果たし、11月から12月にかけて親書や公文書で繰り返しはたらきかけた。明けて17年2月、会長ほか協議会関係者がベラルーシを訪問、6月にはベラルーシ体操協会と事前合宿に関する協定書・合意書を締結した。これを受け、17年7月、白石市と柴田町がベラルーシ共和国を相手国としたホストタウンに登録（第4次）された。

　ホストタウンに登録された3カ月後の2017年10月、第1回事前合宿SAKURA CAMPをホワイトキューブと仙台大学で実施した。ベラルーシ新体操チームはわずか1週間あまりの滞在期間だったが、幼稚園や小・中学校への訪問、白石市および柴田町住民との交流、駐日ベラルーシ共和国特命全権大使ルスラン・イエシンが見守るなかでの公開演技会を実現した。このSAKURA CAMPは18年に第2回、19年に第3回、そして東京2020大会直前となる21年に第4回がおこなわれた。いずれも本番と同時期の7月末から8月初めに設定された。第3回は白石市・柴田町に加えて19年2月に協議会に加わった立川市の競技会場アリーナ立川立飛でも実施された。

　第4回はコロナ禍中のオリンピック大会直前での実施だったため、自治体職員が作成した4センチ以上にもなる分厚いマニュアルに忠実に、バブル方式を徹底して実施された。ベラルーシ新体操チームが銅メダルを獲得した背後には、間違いなく、きわめて厳しいバブル管理の水準を限られた人員で実現させた自治体職員の努力がある。

　2021年8月のオリンピック本番までの間に、協議会メンバーによるベラ

ルーシ共和国訪問が3回、駐日大使による競技観覧や首長に対する表敬訪問が2回実施された。また、18年に応援やコミュニケーションのためのプラットフォーム・ベラルーシ新体操SAKURAファンクラブが結成されたり、19年にはベラルーシ共和国文化の日＠白石市が開催されるなど、文化芸術面の交流が図られた。また、大学が主役になった事業としては、仙台大学運動栄養学科（現・スポーツ栄養学科）の学生が震災復興途上の東北地方6県の食材を使用した6県弁当を考案してベラルーシ新体操チームに提供したことが挙げられる。20年以降はオンライン交流と応援がおこなわれ、選手の側からも多くのメッセージが寄せられた。

　2021年におこなわれた、東京2020大会後の凱旋訪問「ただいま・おかえりホストタウン」では、こけしの絵付け体験や日本舞踊体験などが和やかにおこなわれた。またさらにその後の10月末には、福岡県北九州市で開催された第38回世界新体操選手権大会に協議会関係者やホストタウン親善大使が赴いて現地でベラルーシ新体操チームを応援するといった交流が続いた。

3 天理市と柔道

　天理教関連の宗教施設が集中する宗教都市・天理市が発足したのは、天理語学専門学校を母体とする天理大学が開学して5年後の1954年である。2023年1月現在は6万2,000人前後の人々が暮らす。

　市の歴史はそれほど長いわけではないが、市域と柔道のつながりは深く長い。天理中学が最初に奈良県で3連覇を果たしたのはベルリン・オリンピックが開催された1936年であり、その4年後の40年には全国高専大会で初優勝した。このとき活躍した小林憲正は、その後大日本武徳会武道専門学校を経て天理中学に柔道教師として戻り、第2代真柱・中山正善に進言して順正館道場の設置を実現させた。そしてここで天理教関係者を中心に広く市井の若者に柔道を教えたという。

　その小林はガダルカナルで戦死し、アジア太平洋戦争の終結を機にGHQ（連合国軍総司令部）によって学校柔道が全面的に禁止された。それに伴って大日本武徳会は解散し、併設の武道専門学校も廃校に追い込まれた。そし

て、天理柔道も低迷期を迎える。しかしながら、1950年に学校柔道の復活が許可されると中山正善は、天理市発足の前年の53年に天理短期大学保健体育学科に柔道コースを設置、55年にはこれを母体にした天理大学体育学部を開設した。こうして天理市で柔道強化の基盤が整っていった[2]。

その後、天理柔道会は、会の参与として粟津正蔵[3]を迎えた。粟津は「フランス柔道育ての父」と呼ばれ、1964年の東京オリンピックではフランス柔道チームのコーチとして来日したほどの人物である。こうして、天理市に多くのフランス柔道関係者が定期的に訪れるようになっていった。天理高・天理大出身でロサンゼルス・オリンピック金メダリストになった細川伸二[4]も、全柔連国際委員会委員長などを務めた際にフランスを訪れたり、天理大学に関係者を招いて研修会をおこなうなどしていて、柔道を通じたフランスと天理市の交流実績はすでに十分に蓄積されていた。

他方、エジプト柔道チームの受け入れについては、チーム関係者から在エジプト日本大使館公報文化センターを通じて天理市に打診があり、関係者の天理大学訪問、細川との面談を経て準備が進められた。ナショナルチームのアドバイザーには、ロサンゼルス大会で山下泰裕を破って金メダルを獲得したモハメド・アリ・ラシュワンが就任していて、天理大学での直前合宿と大会後の継続的な連携を打診された。現天理市長の並河健は元外務官僚でかつて在エジプト日本国大使館の二等書記官を務めていた。そのこともあって、エジプト柔道チームのホストタウンになることは庁舎内でも前向きに捉えられた。

4 天理市のホストタウン事業

天理市と天理大学は2014年4月に包括連携協定を、さらに19年11月には「スポーツ振興及び健康づくりの連携に関する協定」を締結している。これらの連携協定がすでにあったおかげで、天理市がホストタウン事業に着手したとき、天理大学は道場や練習相手になる学生選手を相手国柔道チームにスムーズに提供・派遣することができた。結果的に、フランスとの交流は柔道を中心にした交流会や研修会を2回開き、日本航空で働くフランス人スタッ

フを招いて中・高生を対象にフランス文化を理解するためのワークショップを1回開催しただけに終わった。

　しかし、交流期間がより短かったエジプトとは、エジプトとのつながりが深かった市長の影響もあってか、個人・チームの強化合宿を3回実施したほか、エジプト青年・スポーツ省大臣とのオンライン会談を含む動画・オンライン交流を数回おこなった。さらに、国際協力機構によるリモートツアーや展示会、中東ワールドステーション制作のフリーペーパーを利用したホストタウン活動の紹介なども実施され、旺盛なホストタウン事業が展開された。その後、新型コロナウイルス感染症の蔓延によって、細川伸二も参加した聖火リレーまでは開催できたが、フランス・エジプト両国ともに直前合宿を実施するには至らなかった。

　ただ今回、こうしてできた天理市（官）と天理大学（学）の連携に旅行業者のJTB（産）を加えて、2022年4月、天理市スポーツツーリズム推進協議会が発足した。天理市はもともと、19年ラグビー・ワールドカップの前に地元企業、青年会、商工会、競技団体などを巻き込み、天理市スポーツキャンプ地推進実行委員会を設置していた。それによってラグビー・ワールドカップの事前キャンプ誘致を目指したが、成就しなかった。この経緯に鑑みると、今回のスポーツツーリズム推進協議会設置には、いったん休止していた誘致活動を東京2020を機に復活させようという意図が感じられる。今後マスターズや万国博覧会などの国際イベントに向けて受け入れ態勢を拡充できるか、注目したい。

まとめ

　白石市と天理市の事例は、私たちに次のような示唆を与える。

　第1に、自治体がホストタウン事業を成功させるためには、地域で特定のスポーツが振興されて一定の時間が経過していること、人々が認識できる程度の歴史があることが重要だということである。ホストタウン事業は、思いつきで手を挙げて成功するほど生やさしいものではない。地域にあるスポーツ資源のうち、何が強みなのか、地域に負担をかけず、ポジティブな影響を残すために利用できる資源は何なのか、考えるまでもなくみんなが思い当たるくらい地域と特定のスポーツの関係が構築されていることが望ましい。

　第2に、大学を含む教育機関が、スポーツ施設だけでなく、人材のプール

としても重要な役割を果たしていることである。白石市の日下イサヲ・柴田佐知子、天理市の細川伸二がいなければ、各地で振興してきたスポーツをインフラと見なし、ホストタウンに名乗りをあげることはとうていできなかったはずである。その意味で、地域に当該スポーツをインフラとして整備し、文字どおり資本として活用できる人材を雇用し、居住させる重要性が確認できる。

　第3に、スポーツに関わるキーマンと行政が協働するプラットフォームを整備することが、ホストタウン事業に取り組むうえで欠かせないということである。白石市では即座に協議会が立ち上がり、天理市ではホストタウン事業に取り組む前にすでに市と大学の間で連携協定が締結されていた。これによって相手国のニーズに対して地域側がスムーズに対応しサービスを提供できるようになったといえる。ホストタウン事業の成功には、特定の資源がすでにあることだけでなく、その資源がいつでも、どのようにでも動員可能な状態にメンテナンスされていることが重要だといえる。ひるがえってこれをレガシーにしようとするならば、今回のホストタウン事業によって形成された組織やネットワークを活用し、エネルギーを与え続けることこそが期待される。

注

（1） 社会的共通資本（Social Common Capital）とは、経済学者・宇沢弘文が提唱した「ゆたかな経済生活を営み、すぐれた文化を展開し、人間的に魅力ある社会を持続的、安定的に維持することを可能にするような社会的装置」のこと。大気、海洋、森林、河川、土壌などを含む「自然環境」、道路、交通機関、水道や電気などの生活インフラを含む「社会的インフラストラクチャー」に加え、教育、医療、司法、金融、文化などが含まれる「制度資本」がある。宇沢弘文『社会的共通資本』（岩波新書）、岩波書店、2000年

（2） 山本義泰「天理柔道が関西柔道に与えた影響」、天理大学編「天理大学学報」第58巻第3号、天理大学、2007年

（3） 粟津正蔵は、戦前から戦後にかけての現役選手時代に明治神宮競技大会や全日本選手権大会などで活躍し、1950年代以降はフランスで半世紀以上にわたって柔道を指導した。その功績によって、99年にはフランス政府からレジオン・ドヌール勲章を授与された（星野映／中嶋哲也／磯直樹編著『フランス柔道とは何か──教育・学校・スポーツ』青弓社、2022年）。

（4） 細川伸二は当時、天理大学体育学部教授。2022年3月に退官。

第8章

多文化共生とホストタウン

——ブラジルと共に綴る多文化共生都市の新たな一ページ：静岡県浜松市

関根正敏

はじめに

　静岡県浜松市は、古くから「ものづくりのまち」として発展してきた。天竜川の恵みを受け、繊維産業が繁栄するとともに、スズキ、ヤマハ、ホンダ、カワイといった楽器・オートバイ産業が発展することで、地域のさまざまな特徴を育んできた。製造業が牽引してきた浜松という地域がもつ大きな特徴の一つに、在留外国人、特にブラジル人の集住地域になっていることが挙げられる。浜松市では、1990年代からブラジル人コミュニティが形成されてきたが、そのブラジルという国と従来から築いてきた接点を大きく活用して東京2020大会のホストタウン事業が展開されることになった。本章では、ブラジルとのつながりを構築してきた浜松市が、どんな経緯でどのようにホストタウン事業を展開したのかについて、当該自治体の既存の政策経緯を概観しながら理解を深めていく。

1 多文化共生都市としての浜松市

　1990年に改正施行された出入国管理及び難民認定法によって、日系2世・3世とその家族には日本の在留資格が付与されることになり、日本国内で就労できるようになった。この法律改正のあとにはニューカマーと呼ばれる日系移民が国内で増加し、その中心になったブラジルからの移民は、北関東や東海などの地方の工業集積地に集住地域を作り出した。浜松市へも90年代から多くの外国移民が流入したが、特に多かったのがブラジル人だった。

　浜松市では、1990年に1,457人だったブラジル人住民は年々増加し、ピークの2008年には1万9,461人が市内に暮らしていた。09年には在浜松ブラジル総領事館が、東京と名古屋に続く日本で3番目の総領事館として浜松市で開館した。在日ブラジル人をサポートするための機関を設置するほど、ブラジル政府としても浜松市の存在を重要視していることがうかがえる。また、その当時はアメリカのサブプライムローン問題に端を発する経済不況を受けて在留外国人数が減少したが、その一方、浜松市では例えば、フィリピンや

中国、ベトナムといった南米以外の地域からの外国人の割合が増加した。こうした変化のなかで、在留ブラジル人の数は22年4月1日現在9,462人になり、いまなお浜松市には多くのブラジル人が暮らしている[(1)]。

　生まれた場所が異なり話す言葉も異なる外国からの労働者をめぐって、浜松市では、その子どもの教育が後回しにされたり、ゴミ出しのルールが理解できずに近隣トラブルが生じるなど、さまざまな問題が頻発した。こうした外国人住民の増加を受け、浜松市は、1990年代にいわゆる「デカセギ」とその家族を地域社会の一員として受け入れるための政策を展開し、国際色豊かな都市として本格的に歩みを進めることになった（表1）。まず91年に浜松市役所の企画部内に国際交流室を新設し、92年には浜松市国際交流センターを開設するなど、国際交流に向けた取り組みに着手した。2001年には、外国人住民が数多く暮らす自治体で構成する外国人集住都市会議が当時

表1　多文化共生都市浜松のあゆみ

1991年6月	企画部内に国際交流室を新設（1999年に国際室、2003年に国際課へと改称）
1992年4月	浜松市国際交流センターを浜松駅前のフォルテビル7階に開設
2001年5月	外国人集住都市会議を設立し、第1回会議を浜松市で開催
2001年9月	浜松世界都市化ビジョンを策定（2008年3月改訂）
2003年1月	国際的な地方自治体の連合組織「都市・自治体連合」（UCLG）の前身である国際地方自治体連合に加盟
2008年7月	浜松市国際交流センターを浜松市多文化共生センターに改称
2009年9月	在浜松ブラジル総領事館が開館
2010年1月	浜松市外国人学習支援センターを開設
2010年10月	UCLGアジア太平洋支部コングレス2010浜松を開催
2011年5月	外国人の子供の不就学ゼロ作戦事業を開始
2013年3月	浜松市多文化共生都市ビジョンを策定（2018年に第2次ビジョンを策定）
2014年3月	浜松市国際戦略プランを策定（2019年に第2次プランを策定）
2015年12月	外国人集住都市会議はままつ2015を開催
2017年10月	インターカルチュラル・シティと多様性を生かしたまちづくり2017浜松を開催。インターカルチュラル・シティ（ICC）ネットワークに加盟
2019年7月	浜松市多文化共生センター内の多文化共生総合相談ワンストップセンターを拡充

（出典：浜松市企画調整部国際課「2022年度国際課業務概要」などをもとに筆者作成）

の浜松市長の呼びかけで初めて開催された。その第1回会議は浜松市で開催され、「学校に通わない子ども」という深刻な教育問題をはじめ、医療保険や就労環境の問題などについて議論がなされた。この会議では、参加都市間での多文化共生に関する情報交換や、国・都道府県、関係機関への政策提言が目指された。浜松市はその後、外国人集住地域として国内での活動を牽引するだけでなく、都市・自治体連合（UCLG）やインターカルチュラル・シティ（ICC）といった国際的なネットワークにも加盟し、多文化共生都市という領域で日本の代表的な存在として活動を展開した。

　1991年に設置された浜松市国際交流室は、国際室へ（1999年）、次いで国際課へ（2003年）と名称を変更しながら、市役所庁内の一つの部局として定着していった。浜松市では、国際化の指針としての「浜松世界都市化ビジョン」を策定し（2007年度に改訂）、「共生」「交流・協力」「発信」などの視点からの施策を展開していった。その後も、「浜松市多文化共生都市ビジョン」や「浜松市国際戦略プラン」などの基本計画を定めながら、「多文化共生」や「国際交流・連携」を当市の重要な政策の柱とし、現在では、多文化共生や国際交流連携を推進するための多くの事業を実施している。なお、浜松市多文化共生都市ビジョンには、通常の日本語版に加えて、ふりがなを振った「日本語ルビつき版」や「英語版」、さらには「ポルトガル語版」の計画文書も公表するなど、多様性への配慮をアピールしている。

2 ホストタウン
としての取り組み

　浜松市では、ホストタウン誘致のアプローチは市長のトップセールスで開始された。2016年4月に、市長はブラジルを訪問し、ブラジル・オリンピック委員会（COB）の事務局長やブラジルパラリンピック委員会（CPB）の会長と対談し、長きにわたるブラジルと浜松市のつながりに関してアピールした。そしてその翌月には早速COBの関係者が浜松市を訪問し、その後、COBやCPB、各種種目団体の視察が繰り返された。同年6月には浜松市はブラジルのホストタウンとして登録し、17年6月にはCOBと、8月にはCPBと覚書を交わした。さらに17年12月には共生社会ホストタウンとして

表2 ホストタウンをめぐる主な取り組み（浜松市）

2016年	6月	ブラジルのホストタウンに登録
2017年	6月	COBとの覚書締結
	8月	CPBとの覚書締結
	12月	共生社会ホストタウンに登録
2018年	2月	ブラジルホストタウン推進浜松市民会議①
	7月	CPBとの協定書締結（全競技を受け入れ）
2019年	3月	ブラジルホストタウン推進浜松市民会議②
	3月	Torcida BRASIL（ブラジル応援団）募集
	7月	オリパラ教育推進事業キックオフ（16校）
	7月	COB・CPBとの最終協定書締結
2020年	9月	COB・CPBとの変更協定締結
	11月	リモート交流に着手
2021年	7～8月	オリンピックブラジル選手団直前合宿（3競技）
	8月	パラリンピックブラジル選手団直前合宿（14競技）

（出典：浜松市スポーツ振興課「ブラジルホストタウンの取り組み（令和2年度）」、「ブラジルホストタウン交流事業」をもとに筆者作成）

も認定された。こうした経緯のなかで特に注目すべきはCPBとの関わりである。CPBと浜松市は18年7月に協定を結んだが、その際にパラリンピック選手団の全競技の直前合宿を浜松市で受け入れることが決まった。その当時、CPB関係者からは400人規模の選手団が訪れるとの見込みが伝えられ、大規模な合宿が浜松市で実施されることになった（表2）。

　では、浜松市は、このホストタウンとしての取り組みについて、どのようなねらいを設定したのだろうか。後述するように、浜松市ではホストタウン事業を推進するためにブラジルホストタウン推進浜松市民会議を設置したが、その設立趣意書の内容からホストタウン推進の目的を確認してみよう。設立趣意書には以下のような記述がある。

　　今後の共生社会にオリパラのスパイスを加えたい。覚書の交換は、単なる練習場所としての受け入れではなく、外国人も障がいのある人もだれもが隔たりなく、スポーツに、学習に打ち込める社会へとつなげたいと考えます。ブラジル選手団の受け入れの環境づくりをオール浜松の体制で進めるため、本市民会議を設立します。これにより、ユニバーサルデ

表3 直前合宿一覧（オリンピック・パラリンピック）

競技（オリンピック）	人数	期間	会場など
新体操	7人（A5, S2）	7月25日〜31日	サーラグリーンアリーナ
柔道	49人（A36,S13）	7月10日〜29日	雄踏総合体育館
卓球	13人（A8, S5）	7月13日〜21日	さわやかアリーナ
COB関係者	7人	7月8日〜8月1日	

競技（パラリンピック）	人数	期間	会場など
陸上競技	99人（A66, 33）	8月8日〜20日	四ツ池公園陸上競技場
バドミントン	2人（A1, S1）	8月13日〜25日	サーラグリーンアリーナ
ボッチャ	24人（A10, S14）	8月9日〜21日	アクトシティ浜松展示イベントホール
カヌー	12人（A7, S5）	8月13日〜26日	佐鳴湖漕艇場
5人制サッカー	16人（A10, S6）	8月9日〜22日	サーラグリーンフィールド
ゴールボール	21人（A12, S9）	8月6日〜18日	浜松学院大学体育館／常葉大学浜松キャンパスアリーナ
パワーリフティング	12人（A7, S5）	8月6日〜19日	アクトシティ浜松展示イベントホール
柔道	14人（A9, S5）	8月9日〜20日	雄踏総合体育館
水泳	56人（A39, 17）	8月6日〜18日	古橋廣之進記念浜松市総合水泳場
ボート	14人（A8, S6）	8月9日〜20日	天竜ボート場／伊砂ボートパーク
車いすテニス	11人（A8, S3）	8月9日〜20日	浜名湖東急サニーパーク
卓球	21人（A15, S6）	8月6日〜18日	さわやかアリーナ
アーチェリー	9人（A6, S3）	8月9日〜20日	江之島アーチェリー場
シッティングバレーボール	32人（A24, S8）	8月9日〜20日	さわやかアリーナ
CPB関係者	45人	8月6日〜26日	

「人数」の括弧内は人数内訳。A：アスリート、S：スタッフ
（出典：浜松市スポーツ振興課「令和3年度ブラジル選手団の受け入れ等について」をもとに筆者作成）
（注）東京2020大会への出場権が取得できないなど相手国の事情によって、合宿を予定していたが実施しなかった種目もある。オリンピックでは、野球、ゴルフ、ボート、ラグビーが、パラリンピックでは、車いすバスケットボール、車いすフェンシング、ウィルチェアーラグビー、テコンドー、トライアスロンが合宿を実施しなかった。また、直前合宿に訪れたCOB関係者7人の内訳は、テクニカルスタッフ2人、コミュニケーションスタッフ3人、医療スタッフ2人であり、またCPB関係者45人の内訳は、CPB役員8人、CPBスタッフ16人、医療関係15人、新型コロナウイルス感染症対策責任者6人だった。

ザインの心の優しいまちづくりを進め、ブラジルとの交流に拍車をかけ
てまいりますので、今後ともご理解とご協力をお願いします。

　浜松市はこのように、外国人も障害がある人も誰もが隔たりなく生活でき
る多文化共生社会への願いを込めて、ホストタウンとしてブラジルを受け入
れることにした。ここで留意が必要なのは、ホストタウン事業を契機にゼロ
から共生社会に向けて動きだすというのではなく、むしろ、従来からの共生
に向けた活動に「拍車」をかけるための「スパイス」としてホストタウン事
業を見なし、かねてから重視してきた多文化共生という政策的な経緯のなか
に位置づけようとしたのである。
　それでは、交流事業や直前合宿の実施状況について概観していこう。浜松
市では、2017年から交流合宿や日本で開催される各種目の国際大会の準備
合宿として、柔道や障害者スポーツ種目のブラジル選手団を受け入れてき
た。その合宿の際には市民との交流もおこなわれ、着実にブラジル選手と地

写真1　ブラジル選手団に送った応援メッセージ（写真提供：浜松市役所）

写真2 小学校でのオンライン交流（写真提供：浜松市役所）

域住民との親睦や相互理解を深めるための活動を進めた。そして東京2020大会が1年延期され、コロナ禍のなかでの開催になったが、多くのブラジルの選手たちが大会の直前合宿として浜松市を実際に訪れた（表3）。また、選手たちの市内のホテルへの宿泊実績は、オリンピック種目では延べ869泊、パラリンピックでは延べ4,549泊になった。一方、市民交流の機会については限られたが、選手団へ応援メッセージを送ったり小学校でオンライン交流をおこなうなど、可能な限りの事業を展開した（写真1、写真2）。

3 地域のネットワークと実施体制

　浜松市では、ホストタウン事業の実施に向けて東京2020ブラジルホスト

タウン推進浜松市民会議を組織した。この市民会議は、多くのアスリートを受け入れるに際しては、練習会場や宿泊場所、輸送交通の確保やスタッフの適切な配置のために、さまざまな分野からの知見や助力が不可欠という認識から設置された。地域の大学や経済界、競技団体、福祉団体、観光団体、ブラジル関係団体など68の団体が登録する組織として、2018年2月に活動を開始した。市民会議では、新型コロナウイルス感染症の蔓延によって予定していた活動すべてを実施することはできなかったが、講演会1回（2018年2月）とシンポジウム1回（2019年3月）を実施した。

　地域内の関係団体から協力を受けるための回路を作り出したのが市民会議だとすれば、直前合宿など実際の運営現場での人的リソースとして期待されたのが市民ボランティアだった。浜松市ではTorcida BRASIL（トルシーダ・ブラジル）と名づけられたブラジル・パラリンピック選手団をサポートするボランティアを募集した。2019年3月からボランティアの申請を受け付け、1,000人のボランティア登録を目標として募集活動をした結果、19年10月31日の時点で1,488人が応募し、障害がある海外アスリートを支える活動への参加を希望した。

　トルシーダ・ブラジルへの参加募集リーフレット「トルシーダ参加のススメ」（浜松市スポーツ振興課作成）には、次のようにボランティア参加の意義が記してある。

　　　パラリンピック選手団の受け入れで、'人'や'まち'が変わる
　　　　○パラスポーツを学べる
　　　　○優しいまちへと変わる
　　　　○共生社会が進む
　　　　○文化活動に反映される
　　　　○子どもたちの心に残される

　こうした観点から共生社会ホストタウンとしてのレガシーを育むためにボランティアが募集され、実際には、延べ517人がボランティアとして参加した（表4）。コロナ禍への対策が求められる現場で、当初の想定どおりの人数が活動できたわけではないが、一定の数の市民ボランティアが活動を実施したといえるだろう（写真3）。

表4 トルシーダ・ブラジル活動状況
（ボランティア参加人数）

競技	延べ活動人数（人）
陸上競技	55
バドミントン	27
ボッチャ	50
カヌー	37
5人制サッカー	22
ゴールボール	36
パワーリフティング	54
柔道	40
水泳	31
ボート	5
車いすテニス	47
アーチェリー	22
統括本部	91

（出典：前掲「令和3年度ブラジル選手団の受け入れ等について」をもとに筆者作成）

なお、ホストタウン事業をその政策という側面から考えた際に、事業を推進する重要なアクターになるのは、浜松市役所である。市役所のスタッフとしてはスポーツ振興課のスポーツコミッション推進担当（9人）の職員がホストタウン業務にアサインされ、「選手団との交流事業（合宿に関する協定の締結や交流事業）」「オリ・パラ選手団に関すること（各種目への対応や宿泊・食事・トレーニングの受け入れ）」「ホストタウンに関すること（先導的共生社会ホストタウンや交付金関係）」などの

写真3 トルシーダ・ブラジル（市民ボランティア）とブラジル選手（写真提供：浜松市役所）

事務事業を進めてきた。多くの種目の事前合宿をさまざまな施設を活用して受け入れることになったが、それぞれの種目や地区（施設）には担当職員を配置することができ、スポーツコミッション推進担当の職員の間でうまく役割を分担したうえで合宿を受け入れることができた。また、忘れてはいけないのは、浜松市役所には国際課に3人、庁内窓口担当課に約30人のポルトガル語ができる通訳職員が配置されていたことである。ブラジルとのコミュニケーションを図る際には、そうした庁内のリソースが通訳として支援することで円滑に事業を進めてきた。ホストタウン事業の本来の担当はスポーツ振興課であるところを国際課が側面的に支援をすることで「縦割り」を乗り越えながら、かねてから構築してきた国際都市としてのポテンシャルを有効活用し、ホストタウン事業が推進された。

おわりに

　浜松市の取り組みは、ブラジルという特定の国にターゲットを定め、その1つの国から多くの種目の選手団を受け入れた稀有なケースだった。加えて、全国に障害者との共生を念頭に置いた共生社会ホストタウンが多いなかで、浜松市は、日本国内に住むブラジル人を視野に入れ、外国人居住者との共生という国際的な視野を強く打ち出した点で独自性があった。こうした外国人居住者へのアプローチという視点は、ホストタウン事業をきっかけに新たに構築されたわけではなく、1990年代の外国人労働者の受け入れ施策から連なる多文化共生政策として、継続的に市政で重視されてきたものだった。まさに、浜松市にとっては、ホストタウンという取り組みを、それまでの多文化共生という政策課題に重ねながら、国際都市としての新たな一ページを作ることが目指されたのである。また、従来からの重点事業と連続させてホストタウン事業を捉えられたのは、自治体内や地域に蓄積してきた資源やノウハウが活用可能であり、ブラジルとのホストタウン事業を市政の重点課題のために有効に活用するための素地が一定程度は地域に整っていたおかげだ、とみることができるだろう。

　こうした国際交流都市としてのポテンシャルをもつ浜松市では、ホストタウン事業についてすべてを外部委託するのではなく、市の職員が実際に活動の中心を担う形で推進した。大規模な事前合宿の受け入れを自分たちの手で完遂できたことで職員の間に確かな手応えが残ったことは本事業の一つの成

果といえるだろう。そして、そうした成功の体験が資源になり、今後も継続的な取り組みを展開していくことが期待される。外国人居住者の包摂までは長い道のりだろうが、今回スポーツという観点からその課題に迫るコンセプトを明確に打ち出した浜松市がポスト東京2020にどんな取り組みを生み、どのような成果にたどり着くのか、今後も継続的に問いかけていきたい。[3]

注

(1) 浜松市の外国人住民数については、「外国人住民数」「HAMAPO」（https://www.hi-hice.jp/ja/organization-overview/inspection/data/）［2023年6月10日アクセス］に掲載された統計データを参照した。

(2) 東京2020ブラジルホストタウン推進浜松市民会議「設立趣意書」（2018年）。下線は引用者による。

(3) 今後の活動展開のポイントは、スポーツというエッセンスを通じて何のアウトカムを得るのか、そうした成果重視の発想を継続していくことだろう。例えば、今回のホストタウン事業のなかで、ブラジル選手団の合宿時にボランティアを募ったがそこには外国人居住者の「社会参加」を育む視点がみられた。この動きは、現地で生じる地域課題とうまく接合し、その解決に寄与するための取り組みとして注目すべきものだった。今後、こうした課題の解決を意図した成果重視の発想を継続し、確かなアウトカムを実現していくことが期待される。

第9章

経済交流とホストタウン

——思いがけない異文化交流の機会で膨らむ観光振興への期待：秋田県能代市

岩月基洋

1 ホストタウン受け入れの経緯

　秋田県能代市は「バスケの街」として全国的な知名度があり、市の政策として「バスケの街づくり」を推進して30年以上になる。そのため当初はバスケットボール（5人制、3人制または車いすバスケットボール）という競技種目を入り口として東京2020大会の合宿の誘致を試みていた。しかしながら思うように交渉が進まなかったところ、内閣官房オリパラ事務局からヨルダン・ハシェミット王国のホストタウン受け入れの要請を受けた。過去に交流はなかったが、駐日ヨルダン大使館と協議を進めていき、2019年8月に第15次ホストタウンに登録された。また20年4月には共生社会ホストタウンに登録された。

　能代市では2019年2月に観光地域づくり法人（DMO）であるあきた白神ツーリズムが設立され、観光による地域活性化に力を入れようとしていたところであった。このような経緯から能代市は、ホストタウン事業にも観光との連携や長期的な視野での経済交流を期待し、受け入れ担当課は環境産業部観光振興課となった。また、バスケットボールと比較すると、空手はまだしも決して能代で盛んとはいえないテコンドーやボクシングといった競技種目の選手の受け入れだったので、能代市にとってはスポーツ交流という点では期待値は決して高くはなかった。そのため、文化交流を中心にしたホストタウン事業の取り組みがおこなわれていくことになった。

2 スポーツを通じた交流の取り組み
── 市民との交流

　当初、ホストタウン事業の中心として予定されていたのは、ヨルダンのオリパラ代表選手を実際に現地に迎えておこなう市民との交流だった。しかしこれは、わずか2回の実施にとどまった。2019年9月に、東京で開催されたKARATE1プレミアリーグ東京2019に出場したヨルダンの空手の代表選手

写真1 能代松陽高校での空手指導（写真提供：能代市）

写真2 弓道体験（写真提供：能代市）

写真3 パブリックビューイングの様子：1（写真提供：能代市）

写真4 パブリックビューイングの様子：2（写真提供：能代市）

たちが、続いて千葉2019ワールドテコンドーグランプリに出場したヨルダンのテコンドーの代表選手たちが、それぞれ大会後に能代市を訪問した。書道や弓道体験、カヌー体験や空手の技術指導などを通して、高校生をはじめ市民と交流した。秋田県内では有数の競技力を誇る能代松陽高校空手部との合同練習もおこなった。空手強豪国として知名度は高くはないもののヨルダン選手の的確なアドバイスによる技術指導を受けて、ヨルダン選手の競技力の高さを高校生たちは身をもって感じたという。その後は、新型コロナウイルス感染症の影響で選手との直接的な交流はほとんどなく、ヨルダンの大使館職員を中心に、行政職員や市民とのオンラインによる交流がおこなわれていった。

　オリンピックの直前合宿は7月10日から22日まで（13日間）、空手や柔道など4競技の23人を受け入れる予定だった。最終段階まで調整を重ねていたが、国内移動時のコロナウイルス感染の可能性を否定できず安全確保が難しいことから双方の合意により中止になった。また、ヨルダン選手を大会会場で応援するために計画されていた市民による応援団派遣も中止になり、大会開催期間中はパブリックビューイングでの応援に切り替えた。ヨルダン選手団は、オリンピックではテコンドー男子80キロ級で銀メダル、空手男子組手67キロ級で銅メダルを獲得した。パラリンピックではパワーリフティングの3選手と陸上の砲丸投げの選手が金メダルに輝き、卓球では銅メダルを獲得した。競技や選手の知名度から好成績への期待は必ずしも高くはなかったが、支援をしていた担当課の職員にも、応援していた市民にとってもうれしい誤算だったといえる。大会直後にはオリンピック選手団からお礼のメッセージ動画が届いたり、パラリンピック選手団と市のホストタウン実行委員会がオンラインで交流したりした。

3 取り組みの影響とレガシー

　ホストタウン登録は比較的大会の開催に近いタイミングだったが、ヨルダンのホストタウンは能代市だけだったため、そのぶん能代市は大使館との密な連携のもと、活動は短期間に集中してホストタウン事業をおこなった。こ

表1 ホストタウン事業年度別予算（筆者作成）

年度	事業費	内訳
2020年度	1,550万円	一般財源：1,550万円
2021年度	2,439万7,000円	特定財源：889万7,000円
		一般財源：1,550万円
2022年度	800万円	一般財源：800万円

名目はすべて商工費。ホストタウン実行委員会補助金として
（出典：東京2020大会時の能代市担当課から提供された報告資料と「能代市ホストタウン事業」「能代市」（https://www.city.noshiro.lg.jp/sangyo/noshirohosttown/）［2023年6月19日アクセス］に基づく）

れが能代市の特徴である。多くの市民にとってヨルダンはなじみがなく、同国の情勢どころか位置さえわからない状況だったため、まずは市民に能代市がヨルダンのホストタウンであること、そしてヨルダンという国のことを認知してもらうことが重要だった。能代市の取り組みの結果、ヨルダンのホストタウンと共生社会ホストタウンであることの認知度は、能代市で毎年おこなわれる市民意識調査で、知っていると答えた市民の割合が、2020年度の46.0％から21年度の61.1％へと大きく上昇した[2]。また大会直前の21年6月にヨルダン選手の応援やホストタウン活動を発信する「Facebook」ページ「ヨルダン×能代市 交流サイト"愛Loveヨルダン"[3]」を開設したが、22年12月末時点では403人のフォロワーがいる。フォロワーのなかにはヨルダン選手が2人含まれている。能代市は引き続き交流していくために更新を続けていくということである。

　前述したように能代市では文化プログラムを中心に取り組みがおこなわれたが、ヨルダンの場合は視察など渡航費が多くかかるにもかかわらずホストタウン事業としては、開催年は多めとはいえ、ほかの市町村と比較して大きい予算を組んでいるというわけではなかった（表1）。そのなかでも、それまでのバスケの街づくり事業などさまざまなまちづくりでの取り組みを生かし、多くの工夫をして活動に取り組んだのが能代市の特徴である[4]。

4 スポーツインフラの視点から

　前述したように、残念ながら直前合宿は中止になってしまったが、もし実施されていたら、能代市ではバスケによって培ったスポーツインフラを転用することで、選手団の受け入れはスムーズに実施できていた可能性が高い。特にパラリンピックではパワーリフティング、卓球、陸上の3競技の、選手とスタッフ計23人を8月3日から22日の20日間受け入れる予定になっていたが、そのために新たに施設を準備する必要はなかった。能代市総合体育館があり、そのほかにも大規模合宿施設でバスケコートが4面とれるアリーナである能代山本スポーツリゾートセンターアリナスもある。両施設にトレーニング設備もあるため最低限の器具の準備だけで問題なく受け入れが可能だったと考えられる。過去に複数回、車いすバスケットボール男子日本代表が強化合宿を実施していたのでパラアスリートの受け入れノウハウもあり、共生社会ホストタウンとしての使命も十分に果たせていただろう。能代市のように高齢化が著しく進む地域では、バリアフリーの推進は当然取り組む課題である。そのため、パラアスリートの受け入れをきっかけにハード面の整備を進めて共生社会を実現するための取り組みは喫緊の課題でもある。どちらかというと国際交流が活発でない地域で、イスラム圏の国との交流はまさに異文化交流であり共生社会実現のための大きなきっかけになったと考えられる。またオリンピックの空手でヨルダン選手が銅メダルを獲得したことから、今後の交流を通じて空手の競技振興につなげていける可能性も出てきた。実際に秋田県内のイベントに設置した空手の体験ブースには、他競技のブースよりも多く人が集まっていたという副次的な効果もあった。

5 ネットワークの視点から

　10年以上姉妹都市もなく、海外との国際交流が少なかったので、当初は市の職員も担当課の職員以外は関心が薄かったという。能代市のように大き

な民間企業もない地域では、自治体の事業は行政主導でおこなわれる。このため、担当者の資質や熱意に大きく左右されると考えられる。実際に、能代市では担当課の職員のなかに、スポーツまちづくり（バスケの街づくり）を通じて培った経験が蓄積されていて、それが多分に発揮された。学校や地域の事業者（商店会など）、県内の事業者との連携やネットワークを構築するために大いに役立ったといえる。

　2019年11月に設立された能代市ホストタウン実行委員会の委員の企業・団体数は8社（7企業・1団体）で、ホストタウン事業ボランティア（能代ホストタウンキャスト）の応募人数は6人にとどまった。東京でのイベントなどを通して、能代市の外にヨルダンやイスラム圏の国を通じたつながりを生み出せた一方で、結果的に事前合宿が中止になりオンライン中心の交流になったことから、市民はホストタウン事業との関わり方をなかなか見いだしづらかったかもしれない。それでも活動が推進されていった最も大きな要因は、駐日ヨルダン大使館の積極的で全面的な協力が得られたことである。

6 事業性の視点から

　ヨルダンは国策として再生可能エネルギーや観光に力を入れている。洋上風力発電を進めている能代市とは政策面での共通部分が多い。また、両地域とも「世界遺産」を有しているので、ヨルダンは、能代市とは観光と産業分野での交流に可能性があると感じているようだ。特に、リーナ・アンナーブ駐日ヨルダン特命全権大使は赴任前に観光・考古大臣だったため、今後は観光ツアー開発に力を入れていくと考えられる。

　ヨルダン選手団や関係者が能代市を訪問したときに、選手たちは世界遺産である白神山地のトレッキングや、道の駅ふたついでの米代川カヌー体験をおこなった。これらの自然体験は好評だったという。ヨルダンは石、能代市は木材が売りであり、産業的な交流についても検討がされ始めている。また、ヨルダンは飲酒を禁止しているイスラム圏の国だがワインの生産もしていて、まずは能代市で販売してほしいという要望がきているという。こちらは検討されているものの、本章執筆時点では流通量と販売元になる事業者の

確保などが壁になり、ビジネス面から実現には至っていない。

　能代市ではホストタウン事業の事後交流として、担当課が2022年度は800万円の予算を計上していた。東京2020大会出場選手たちの能代市への訪問を実現させるべく模索が続けられているが、コロナ禍での渡航調整の難しさや選手らの大会日程の都合もあり、まずは人的交流を進めていく予定である。交換留学などの教育プログラムが想定されるが、世界的なコロナ禍であることや予算面の問題があることから、まずは高校生のヨルダン大使館でのインターンシップをスタートするべく検討を進めている。また、担当者がヨルダンを訪問し、実際のヨルダンの観光ツアーコースを巡って現地の文化を体験し、よりよい交流のあり方を模索している。

7 民間交流を促すために

　ホストタウン事業としてスポーツを通じた交流以外にもさまざまな交流がおこなわれた。2020年1月、市長をはじめとした能代市訪問団がヨルダンを訪問し、パラリンピック委員会や各競技団体の代表者と事前合宿や東京2020大会に向けた取り組みなどについて意見交換した。また、ヨルダン・オリンピック委員会会長であるファイサル王子とも会談し、今後のスポーツ、経済、教育などの交流について意見交換し、親交を深めるなどの成果があった。

　2020年4月以降は、市民などがヨルダンを理解する機会を創出したり、双方でメッセージ動画を送りあったりすることで交流を続けた。20年9月には、ヨルダン選手団などと交流があった市内関係者約70人が参加して応援メッセージ動画を作成した。この動画はヨルダン・オリンピック委員会の公式SNSでアラビア語バージョンが配信され多くの再生があった。また、ヨルダン選手やオリンピック委員会からもメッセージ動画が届くなど、オンラインでの交流がおこなわれていった。10月には、駐日ヨルダン大使館の強い要望で、東京駅近くの施設で能代市ホストタウン実行委員会と駐日ヨルダン大使館との共同イベント「ヨルダン∞能代市　ホストタウンPOPUP SHOWROOM」が対面でおこなわれた。八芳園の協力のもとホストタウン

交流の紹介や映像での両地域の名所の紹介、特産品のPRと販売がおこなわれた。会場には6日間で約1,500人の来場があり、日本滞在中のヨルダンをはじめ中東地域出身の人たち、ヨルダンと関係がある東京の人たちなど、多くのつながりができたという。首都圏でのイベント開催を通じて、ヨルダンと中東諸国の関係者の掘り起こしにつながるとわかり、能代市や秋田県といった地域の枠を超えて活動を広げる可能性が見いだせる機会になった。

　そして11月と12月には、現在もヨルダン在住でボランティア活動をしている日本人講師によるオンライン講演会やヨルダン・ラグビー協会や選手などとのオンライン交流、難民キャンプで生活する家族を描いたヨルダン人監督による映画の上映会、映画に関連する写真展を開催し、さまざまな角度からヨルダンについて知識と理解を深めていった。

　2020年12月から21年2月にかけて、「ヨルダンのハラール料理を通じて、共生社会を考えるイベント」が複数回おこなわれた。約1週間にわたっておこなわれた「能代×ヨルダンを結ぶ“絆”グルメフェア」も好評を博した。市内の飲食店がお店の特徴を生かして、能代市の名産である白神ねぎなど地元の食材を積極的に取り入れたオリジナルヨルダンコラボ料理を考案し、各店で提供したところ好評だった。また、イベントに合わせて、イスラム圏に特徴的な食を中心にしたムスリム講習会を開催した。この講習会では、イスラムへの基本的な知識から、実際にハラール対応の料理を試食しながらムスリムの食文化やハラールについて市民らが学んだ。

　東京2020大会終了後の2021年12月には「ヨルダンフェアin能代」を開催し、リーナ・アンナーブ駐日ヨルダン大使も参加した。大使は東京2020大会でたくさんの応援を受けたことへの感謝の思いを伝える“おもてなし”として、市民にヨルダン料理を振る舞うなどした。このイベントでも、さまざまな文化体験の企画を通じて交流を深めた。会場には約150人が集まった。特に食を通したイベントは参加者や協力者も多い。将来的に互いに行き来するなど観光も含めて交流する際にはイスラムの食文化に対する能代市の理解が必要になる。これらのイベントを通して食文化に対する能代市の理解が高まることは、ヨルダンにとって非常に重要だという認識があったという。

　能代市はヨルダンへの訪問、駐日ヨルダン大使館とのパートナーシップ協定の締結を経て、短期間で加速度的に多文化共生に向けた交流に注力し、特に食を中心にした文化交流の取り組みをおこなっていった。能代市は、これ

写真5 ヨルダンフェアでの料理コンテスト（写真提供：能代市）

写真6 ヨルダンフェアでの民族衣装（写真提供：能代市）

写真7 協定式の様子（市長と駐日大使）（写真提供：駐日ヨルダン大使館）

写真8 駐日大使が小学校を訪問（給食体験）（写真提供：能代市）

らのホストタウン事業を足がかりにしてつながりを持続していき、将来的にはスポーツ、文化、経済、教育などの民間交流をおこないたいと考えている。いまはその準備の段階だという。

おわりに

　能代市はバスケの街づくりを通じて蓄積してきた知見やネットワークに、新たに観光まちづくりの要素を加え、さまざまな地域資源を活用して異文化交流のホストタウン事業をおこなった。能代市はいわばバスケを通じたスポーツまちづくりが思いがけない形態でホストタウン事業に生かされた事例である。さまざまな交流などを実施することで、ヨルダン本国と同国駐日大使館との親交が深まった。また、ヨルダンに関する知識やヨルダンに関わる人とのつながりが増えたし、市民のなかにホストタウン事業への理解者や協力者が着実に増えた。

　このように地域のホストタウンへの関心が高まっていったのは、前述のとおりである。本章執筆時点でも市役所1階に特別にホストタウンとしてのヨルダンブースが設置され、写真やヨルダンにまつわるさまざまなものが展示されている。また、イベントに高校生や障害者など、障害の有無、老若男女問わず、多くの市民が参加してくれたので、市民レベルの国際交流の可能性も高まっている。2021年度は東京2020大会に向けて能代市とヨルダン双方が集中して活動、交流に取り組んでいた。それに比べると、22年度は能代市、ヨルダンともに主たる実務担当者や領事が異動したことなどの状況変化のせいで活動が少なくなっている。しかしながら、能代市では次の担当者に引き継ぎがなされていて、これまでのつながりを生かして新たな事業、交流のフェーズに進んでいる。22年6月にはヨルダンから招待を受けて担当者がヨルダンを訪れた。そこで今後の交流の進め方や具体的な取り組みについて意見交換をおこない、実現に向けて動き始めた。文化、スポーツ、教育、経済などさまざまな交流の取り組みに合意しているなかで、小・中・高生のスポーツ交流、交換留学などの教育交流、観光や企業人材の行き来などの経済交流を通して、能代市が掲げるように互いがホストタウンとして快く受け入れあい、いずれはホストタウンを超えたホストファミリーになることを目指す。長期的な計画のもとに今後もさまざまな事業を展開していくだろう。

注

（1） 本章で取り上げた能代市とヨルダンのホストタウン事業への取り組みや事実関係については、東京2020大会時の能代市担当課から提供された報告資料と「能代市ホストタウン事業」「能代市」（https://www.city.noshiro.lg.jp/sangyo/noshirohosttown/）［2023年6月19日アクセス］に基づく。

（2） 「市民意識調査」「能代市」（https://www.city.noshiro.lg.jp/city/koho/ishiki-chosa/）［2023年6月19日アクセス］

（3） 「ヨルダン×能代市 交流サイト"愛Loveヨルダン"」「Facebook」（https://www.facebook.com/JordanNoshiro/）［2023年6月19日アクセス］

（4） 能代市では地域資源を生かした特色あるまちづくりを推進していて、「バスケの街」のほかに「木都」「宇宙のまち」「エネルギーのまち」「恋文のまち」などさまざまな施策に取り組んでいる。「産業・まちづくり」「能代市」（https://www.city.noshiro.lg.jp/sangyo/）［2023年6月19日アクセス］

（5） 「五輪での応援に感謝──ヨルダンホストタウン能代で大使と交流会」「北羽新報」2021年12月17日付

（6） 「ホストタウンを超えたホストファミリーを目指して（秋田県能代市とヨルダン）」「外務省」（https://www.mofa.go.jp/mofaj/gaiko/local/page24_001320.html）［2023年6月19日アクセス］

おわりに
──ホストタウン・イニシアティヴとは何だったのか

松橋崇史／高岡敦史

　本書の締めくくりとして、ここまでみてきた各地の事例を踏まえ、ホストタウン・イニシアティヴとは何だったのかについて総括する。ここでは各章の執筆者による座談会を通じて、各人の調査・分析からみえてきたものを提示する。

既存のまちづくり政策との接続

笹生心太　まず、みなさんが各地のホストタウンの事例を調査・分析するなかで気づいたことなどについて、ざっくばらんに話していただけますか？

高岡敦史　私が調査を始めたのが、ホストタウンとしての活動が一段落し、担当者もほかの部局に異動しているタイミングでした。そのため「今回の調査は、あのころを思い出せて楽しかった」のように言ってもらえるケースが多かった印象があります。

笹生　そうですね、私も同じような感想をもっています。私は被災自治体に調査にいくことが多かったのですが「復興に関する事業に忙しくて、ホストタウン事業なんて手が回らない」みたいな自治体が多いのかと思っていましたが、驚くほど前向きに取り組む自治体が多かったですね。また、そうした自治体の多くは、自治体や市民の負担になりすぎないように「できる範囲でホストタウン事業に取り組む」というところが多かった印象があります。

束原文郎　無理をしないというのはとても大事で、各自治体がもつリソースに対してコストがかかりすぎたり、負担がかかりすぎたりしないようにするための仕組が、社会的ネットワークだったり、それまでのノウハウの

蓄積だったりなのかなと感じました。例えば北海道士別市では、それまで「合宿の聖地」を目指していたり、農作物のグローバルG.A.P.認証を取ったりしていたという政策的な流れがありました。そうした、それまでの地域やコミュニティの衰退に対して何か対策を練ろう、あるいはネットワークを作っておこうという取り組みがその時点ですでになされていたことが、ホストタウン事業という機会に向けてすぐに向き合うことができる機動力につながったという印象があります。

関根正敏 既存の政策に接続するという話でいえば、静岡県浜松市も、まさにそんなところでした。それまでブラジルからの移民の受け入れについて一生懸命やってきた自治体が、その過程で培った資源をうまく使った好例かなと。例えば東京2020大会開催が決まった当時に自治体内に通訳係の職員を配置していて、それをそのままホストタウン事業に有効活用できましたし、ボランティア育成もおこなっていました。そのような状況だったので、東京2020大会を国際化に向けた「新たなスパイス」と位置づけていました。

岩月基洋 さまざまな事例を見聞きして、あらためてスポーツまちづくりという視点でみたときには、①もともとあった事業やネットワークなどをオリパラ（ホストタウン事業）を通じてドライブをかけようとした自治体と、②オリパラ（ホストタウン事業）を機に新しく何かを始めた自治体の違いはものすごく大きいというのが感じられました。浜松市は①の例なのですが、浜松市が精力的に取り組むことができたのは、歴史とかネットワークとかそういう背景を生かしていたわけで、いってみれば東京2020大会がなくてもたぶんやっていたことなんだろうなと。だからこの場合には、東京2020大会後にも同じような取り組みが続いていくだろうなと感じます。

西村貴之 石川県小松市も浜松市と似た状況で、オリパラだから何かやらなきゃという感じはなくて、もともとやっていた国際化やバリアフリーに向けた取り組みがあって、そこにホストタウン事業をうまく組み合わせることでよりスピードアップして進めていこうというものでした。「イシュードリブン」というか、もともとあったまちづくりのテーマを推し進めるのにスポーツは使い勝手がいいと感じた人たちが、ホストタウン事業を活用したんじゃないかなという気がしています。

笹生 一方で、②のパターンの事例を調査した人はいますか?

岩月 秋田県能代市は、ヨルダンっていうそれまでまったく接点がなかった国、それも文化がまったく異なるイスラム圏の国を相手国にしたので、たぶん、どうするかかなり悩んだと思うんですよね。結果的に、観光に力を入れようとしていたタイミングでこの話がきたので、そこに生かせればいいなという発想になったんだと思います。①のようにイシューが明確にあったわけではないけど、事前合宿を受け入れることがメインミッションになって、そのためには相手国の理解が必要になる。特にハラール認証などがとても大事で、調べていくと市内の意外なところにハラール対応の店があることに気づいて、協力してもらえるようになった。こうしたものは、それまでになかった新たなネットワークの発見で、ホストタウン事業がなければ気づかなかったものですね。ということで、明確な目的があったわけではないけど、模索するなかでいろいろ協力してくれる人たちや店などを発見できたことは重要だったと思います。

松橋崇史 各自治体がホストタウン事業に取り組むにあたっては、何かしら「推進する理由」を見つけようとしますので、純粋に②の事例はあまりないのではないかと思います。ホストタウン事業が契機になって始まったと思ってヒアリングにいった事例でも、話を聞いているとそれぞれの地域で固有の文脈があって、ゼロから始まったという説明にはならない。一方、まずは、合宿誘致に一生懸命取り組んで、誘致できたあとに、自治体と相手国の関係を説明しているパターンも多くあったわけで、分類としては②に近いともいえる。

高岡 ①と②の間というか、ほかの事業を巻き込んでいったということもあると思います。例えば岡山県真庭市は、ホストタウン事業がなくても共生社会関係の事業を推進していたのですが、ホストタウン事業があったおかげで一気にドライブがかかって後押しされた部分もあると思います。ある政策について、「それが重要であることはわかっているけど、重い腰が上がらない」という状態で、だけどホストタウン事業をきっかけとして、これを何とか意味があるものにしようよということで重い腰を上げた例も多いと思うんですよね。そういう意味では、先ほどの①と②に加えて、③潜在的に求められていた政策をホストタウン事業が掘り起こした自治体の3種類なのかなという気がしています。

笹生 そういう3種類の整理でいうと、私が担当していた復興ありがとうホストタウンに参加した各自治体も、ほとんどが③の例ですね。多くの自治

体は、震災の際に世界中から寄せられた支援に対して恩を返したいと考えていたけど、具体的なきっかけがなかった。そこに復興ありがとうホストタウンという計画がやってきて、感謝の発信という政策課題が掘り起こされました。

松橋 ①と②の間の③は、多くありそうです。

「オリパラ」のちから

高岡 オリパラって、いい意味でも悪い意味でも「正当化パワー」が強いので、各自治体が総合政策のなかでさまざまな政策トピックを挙げるわけですけど、そこに「オリパラ」という文字が書かれると一気に「正当化パワー」が高まる。だから、それまで各部局がそれぞれに進めてきた政策について、「よし、じゃあこのホストタウンってのをうまく使ってこっちの事業を進めてしまおう」ということが起こったんじゃないですかね。また、ホストタウン事業の担当者も「ここの政策トピックとくっつけたら、ホストタウン事業をやる意味が高まるかも」という感じで、ほかの政策を巻き込んでいくようなアクションが、役所のなかであったんじゃないかという感じがしますね。

束原 スポーツがもっているオーソライズする力みたいなものはすごく大事だと思いますね。私たちが本書で追求しようとした裏テーマみたいなものとして、「ホストタウン事業がまちづくりのためのスポーツインフラになりえるか」というものがあったと思います。そして実際、ホストタウン事業は、ほかのスポーツインフラよりも広範に影響したし、パワフルに影響力を及ぼした。ほかのいろいろな事業にだって政策をオーソライズしうるパワーはあるはずなんだけど、明らかに「オリパラ」が高い魔力をもっているというのは、いまの高岡さんの発言でよくわかりましたね。

高岡 2013年に東京2020大会の開催が決まるまで、地域活性化には「地方創生」っていうキーワードが大きなパワーをもっていたと思うんですよね。「地方創生」って言っておけばいろいろなお金が取れる。ところが東京2020大会の開催が決まって、スポーツ以外の政策領域の人たちも、「うちの政策に光を当てるためには、もしかしたら「オリパラ」というキーワードが利用できるんじゃないか」としたたかに考えたんじゃないかと思いますね。

岩月　しかもオリパラって、期限が決まっているから自治体としても取り組みやすかったと思うんですよね。地方創生だとゴールがないじゃないですか。でもオリパラは期限があるし、しかも合宿だけじゃなくて、スパイスとしていろいろやることができる。そこが各自治体の腕の見せどころみたいなもので、「オリパラ」という大義名分があるからいろいろな部局がセクショナリズムを超えて協力的にやってくれた面もあったと思います。一方で、担当職員が異動してしまうという問題もあって、事業内容をしっかり引き継げるかは大きな課題だと思うんですけど、ホストタウン事業で一度部局横断的にやることができたといういい前例になればいいなと思います。

束原　東京2020大会って、祝祭便乗型資本主義[(1)]の文脈で、そのような政策をオーソライズするパワーをもって開発主義的なものに利用されるという、ネガティブな側面から批判されることが多かったと思います。一方で、開催地以外のところで、小さな自治体のレベルで祝祭便乗型資本主義的なものが発現して、そこに未来志向の社会形成のコアが生まれたり、ポジティブな側面も確かにもっていたんだってことは、本書の知見からいえるかもしれませんね。

地方の現実と新型コロナウイルス感染症の影響

笹生　続いて、ホストタウン・イニシアティヴが東京以外の地域にとってどのような意味をもっていたのかについて考えたいと思います。この点について、すでに2016年の時点で論文を公表していた関根さん[(2)]、いかがですか?

関根　あの原稿を書いた当時はホストタウンの取り組みが全国に展開していたところで、私も大学の仕事として関わりました。ところが、当時はホストタウン・イニシアティヴの全容もはっきりしなかったので、その会議の帰りのエレベーターで、会議参加者から「これって何の会議だったんだろうね」という声が聞こえてきました。こういうものが全国に広まっていくのは大丈夫なのかという思いから、当時の原稿を書きました。つまり、大会開催基本計画で謳っていた「オールジャパン」、日本を巻き込むということを正当化するために、目的がはっきりしない取り組みが全国にできるんじゃないかということを危惧していました。で、実際どうなったかという

と、浜松市のように各自治体の既存の取り組みをもう一歩二歩進めるために東京2020大会をうまく活用できた自治体はあったと思います。が、それまでの自治体の取り組みと、市民の思いがしっかり重なった自治体がどれだけあるのかは、これからも問い続けていかないといけないと思います。これは今後の検討課題ですね。

笹生 岡山県在住の高岡さんはいかがですか？

高岡 東京2020大会の開催が決定した当時は、岡山県でもなんとなく盛り上がって、合宿もきてくれたらいいよね、くらいの期待感はありましたが、あまり地方には関係ないという雰囲気だったと思うんです。つまり、単純に「スポーツ政策的トピック」として期待していました。ところが、2020年に入ってから新型コロナウイルス感染症が広がって、地元の中・高生の部活動さえできない状況で、スポーツ政策の延長にホストタウン事業を置くことができないことがみえてきちゃった。ただ、当然ながら「じゃあ、ホストタウン事業は放り出します」というわけにもいかないなかで、実際に何かしなきゃと担当者は考えたと思うんですよね。だからへんな話、コロナ禍がなくて、合宿や交流をばっちりできていたなら、「いいお祭りだったね」で終わっていた気がします。ところが現実はそうならなかったので、東京2020大会そのものがお祭りになりきれなかったからこそ、地方のホストタウン担当者は一生懸命知恵を絞って、意味がある事業を考え出さなければならなかったんだと思います。

笹生 コロナ禍がホストタウン事業の具体的な取り組みの中身を変えただけでなく、そのもっている意義の再定義を迫ったということですね。この点について、石川県在住の西村さんはいかがですか？

西村 いろいろな地方の取り組みをみていると、コロナ禍にも負けず熱心に取り組んでいる自治体と、コロナ禍以降に撤退してしまった自治体があるように思えて、その差は何なのかと考えていました。印象としては「スポーツ政策的トピック」として位置づけ続けた自治体では撤退してしまうところがけっこう多いような感じがして、ほかの政策と横串を刺して持ち上げるようなところは何とかできていたように思います。

高岡 先ほどの自分の話に引き付けると、行政はコロナ禍に直面して、自治体全体にとってホストタウン事業に何の意味があったのかを問い直さなければならなかった。でも、自分の部局の仕事をすることだけが目的の組織だと、これは難しかった。一方で、自分の部局の仕事がもつ社会的インパ

クトをできるだけ広げようとする組織文化をもつ自治体であれば、ホストタウン事業を有効に活用できたと思うんですよね。だからある意味、このホストタウン事業に対する仕事の仕方は、その自治体のあらゆる政策に対する仕事の仕方のリトマス試験紙みたいなものだったと思います。

岩月　さまざまな地方の事例をみていると、コロナ禍によって「弱さの強さ」が発揮されたんじゃないかと思いますね。そもそも担当部局だけでは対応できないことが多かったうえに、さらにコロナ禍で何もできない状況で知恵を絞ったり、自治体横断的に同じ相手国を応援しようというネットワークを新たに作ったり、そういうものはコロナ禍がなかったら起こらなかったんじゃないかと思います。資源があまり豊富でない小さい自治体とかだと特に。

束原　ネットワークという観点から、士別市の例でいうと、北海道という広域自治体と士別市という自治体の間に振興局というレイヤー（士別市の場合には上川総合振興局）が、北海道開拓使の時代からあるんです。そういう伝統があることで、中央からの地域振興のための補助金・助成金をスムーズに利用できるとか、いわゆる恒常的なコミュニケーションがあって、ホストタウン事業でもそれが土台になっていたんですね。だから、例えば士別市が何十年も「合宿の聖地」を目指してきたというのも、広域自治体との連携のなかでおこなわれてきて、ホストタウン事業はその延長線上にあったんです。そういう歴史が積み重なっているというのが大事だったなと思います。

笹生　そのほか、コロナ禍とホストタウン事業に関して、何か指摘できることはありますか?

西村　私たちは行政目線でホストタウン事業を調べてきましたが、住民たちがどれくらい熱狂できたのかというと、けっこうあやしい面も多いと思います。自治体職員の熱量はすごいけど、その熱を住民にまで広めきれなかったというのは、やはりコロナ禍の制約が大きかったからだと感じます。

笹生　確かに、コロナ禍の影響で調査がしにくかったこともありましたが、住民からの目線を拾い上げきれなかったのは、本書の課題の一つですね。

非スポーツ領域への広がり

笹生　さて、ここまでは各自治体のホストタウン事業の実際のような点に焦

点を当ててきましたが、ここからはこの事業が各自治体に何を残していったのかを検討していきたいと思います。

高岡　まずはわかりやすいところでは、小松市や鹿児島県大崎町のような施設の整備やその知名度の向上ですよね。あるいは、地元トップアスリートに焦点が当たってスポーツインフラになっていくという面もあった。スポーツというコンテンツが政策的に「使える」ものだということが非スポーツの領域で認識された、つまりスポーツに対して政策的なアクセシビリティが高まったっていうのは、今後スポーツインフラを育んでいくうえで重要だったかなという感じがします。同じように、巻き込まれた非スポーツの側も、スポーツ絡みで一緒にできて、意外に面白いかもっていう面があった気がします。

松橋　内閣官房オリパラ事務局にも、複数の省庁から多様な人材が入ってきていました。さまざまな政策がホストタウン・イニシアティヴに乗り合うようになっていて、これまであまりみられなかった展開が今回起きたんだろうなと感じます。そして「スポーツ政策的トピック」として、東京2020大会前後の取り組みに注力していた自治体は、コロナ禍の影響を強く受け、今回厳しい結果になった。一方、事前にちゃんと入念に計画を立てているところは「直前合宿がなくても大丈夫ですよ」みたいな自治体も多くあった。青森県三沢市の事例は、この好例だと思います。ただ、ホストタウン事業から連なる活動がどのような成果を生んだのかということについては、今後検証していく必要があると思います。

西村　共生社会ホストタウンなんかはまさにそうで、スポーツ振興という文脈よりは、福祉部局のほうが主になって動きやすい枠組みでしたよね。そして、担当者たちが「あ、これは障害者理解などに限らず、いろいろな分野に活用できるんじゃないか」っていうふうに感じていたんじゃないかという気もします。また、こういうセンスを身につけた職員がほかの部局に異動して「こういう事業なら、こういう広がりがある展開ができますよね」という感じで、いろいろな政策のなかにスポーツがどう関われるのかという発想が広まるといいですよね。

松橋　今回のホストタウン事業は、これまでスポーツ行政に直接関わってこなかった政策部や企画部、国際交流課が担当したりといろいろあったわけです。当初想定されていたよりも、担当部局がかなり広がって受け止められたのは、おそらく内閣官房オリパラ事務局の投げかけ方にポイントがあ

ったと思います。ホストタウン登録時や具体的な事業をおこなっていくときに、内閣官房オリパラ事務局からいろいろなメニューが提示された。このときに、そのメニューが多彩だったために、各自治体ではどこで所管すればいいのか?ということになった。その結果、各自治体で関係のありそうな部局が引き受けざるをえなかったケースが多くあったと思います。

岩月　あるいは、スポーツ関連部局に余力がなくて、ほかの部局が引き受けざるをえなかった自治体もあったと思うんですよ。だから必然的に広がらざるをえないし、他部局が協力せざるをえないなんてこともあったのではないかと思います。このように、それぞれの自治体が独自に工夫したところが逆に面白かったのではないでしょうか。もちろん、これをやらなければならないというものがはっきり決まっていないぶん、担当者はものすごく苦労したと思いますけど。担当者の熱意というのは大事な要素だったんだろうと、各自治体の話を聞いていて思います。

笹生　私も各自治体の取り組みの一覧表を作成・整理していて、コロナ禍そのほかのさまざまな制約下で少しでも住民にいいものを残そうとする各自治体担当者の努力に本当に驚かされました。

高岡　あとは、非スポーツ関連部局でも、ホストタウン事業に関わっていればオリパラのバッジを着けて仕事ができて、イベントのポスターにホストタウンのエンブレムを載せることができる。こういうことでエネルギーに火がつくこともあると思うんですよね。先ほど出てきた、「オリパラ」がもつオーソライズする力が目に見える部分じゃないかと思います。

束原　担当者レベルの話から事業レベルの話に戻すと、私はやっぱりキャピタル、資本という考え方になるといいなと感じました。これまでは「レガシー」といってるけど、「キャピタル」にしなければいけない。今回、ホストタウン事業が触媒になっていろいろな関係が始まったり、強化されたりしたけど、それを次の事業に向けた「資本」にしなければならないんですよ。レガシーのように「遺物」にするということではなくて、新しいネットワークができた、スポーツはインフラとして使えるという新しい気づきをもたらした、ということなのだから、こういうものが今後も持続的に「投資」対象になっていくことが望ましいのだと思います。

新たなスポーツまちづくりのあり方に向けて

笹生　最後に、「ホストタウン事業」ではなく、「スポーツまちづくりの推進」を主語にしたときに、ホストタウン事業の意味と、今後の展開への期待について考えていきましょう。

松橋　まず、このホストタウン事業の特徴として指摘したいのは、ここ20年程度のスポーツまちづくりって、JリーグやBリーグのように、民間が主導してそこに行政が巻き込まれていくような形態だったと思うんですよね。でも今回は、確かに民間の力も大きかったけど、内閣官房が旗を振って、多くの自治体では行政主導でホストタウン事業が推進され、そのなかでスポーツまちづくりにつなげる事例が出てきた。

高岡　今後も行政が動かすスポーツまちづくりっていうのも残り続けるんだと思うし、スポーツ・メガイベントはおそらく行政が動かないといけないものになっていくんだと思います。そういう目線であらためてスポーツまちづくりCUBEの3要素について考えてみると、まずスポーツインフラについていうと、スポーツコンテンツというかスポーツコンテクスト、例えば「うちの自治体はこの競技が盛んです」「うちは江戸時代から相手国と交流があります」みたいな、目に見えないコンテクストをこじつけてきた自治体がたくさんあるじゃないですか。こういう、今回発掘した歴史や文脈みたいなものも、もしかしたらこれからのスポーツインフラになりえるかもしれないですよね。「実はうちの自治体には大昔の有名選手がいて、その人に指導をしてもらいましょう」とか。また、ホストタウン事業担当だった職員が異動先でスポーツを活用し始めるとか、スポーツまちづくりがいろいろな部局に波及するといいなと思いますね。

笹生　今回、全国の自治体がホストタウンになった経緯を整理していても、印象的なストーリーがたくさんありますね。例えば徳島県鳴門市は、第1次世界大戦時に収容所に収容されたドイツ人捕虜と地元住民の交流をきっかけにドイツのホストタウンになっています。こういう埋もれていた印象的なストーリーを掘り起こしたことは、今後のさまざまな政策を実施していくうえで小さくない意味をもっているように思います。

松橋　キーワードになっている「正当性パワー」をスポーツインフラの観点からみると、民間主導のスポーツまちづくりで重要なことは、プロリーグや競技レベルが高い大会といった、スポーツ内の権威にアプローチできて

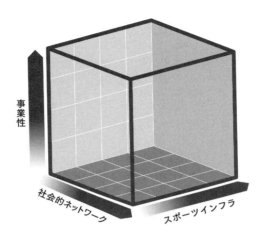

図1　スポーツまちづくり CUBE
（出典：松橋崇史／高岡敦史編著『スポーツまちづくりの教科書』青弓社、2019年、15ページ）

いるかどうかだと思います。そして今回は、スポーツ内の権威の最上位に
位置づけられるオリパラが日本にきたときに、個々の自治体がそれぞれ自
由に動くのではなく、国が制度的な枠組みを設けて、権威や正当性を国や
自治体が管理できるようにした。その結果、多くの地域の取り組みを促し
ていくことになった。行政側の取り組みの重要性が再認識されたプロセス
で、しかも、共生社会とか国際交流など、単純にスポーツを普及振興する
だけでないところまで活性化したという点で、新しいスポーツまちづくり
政策だと思います。

高岡　次に、社会的ネットワークに関していうと、掘り起こして自らつなが
りにいく行政職員の主体性のようなものが、如実に差になって返ってきて
いると思うんですね。役所から出て直接説明をして、みたいなことが、特
に初期段階ではたくさんあったはずなんです。そういう行政職員のまちづ
くりへの主体性みたいなものを引き上げた気がするんですね。そして最後
に、事業性がいちばんのポイントな気がしています。今回やりだしたこと
が政策的に継続していくかということが大事になる、つまり担当者が代わ
っても継承されることが大事ですね。ホストタウン事業でなくても、政策
領域を超えなければならないテーマはほかにもあるはずです。結局、ホス
トタウン事業を通じて行政職員の領域横断力のようなものが養われたなら

ばとても意味があることだし、また事業性の見方も拡張されたかなと思い
ますね。

西村　行政に金銭的な意味での事業性を求めるのは厳しいので、今後また新
しい事業に取り組むときに、行政の外にある、民間企業なども入っている
共同のプラットフォームがあるといいですよね。そこには半分は行政の人
間もいて、企業もいて、いろいろなものが創発されて次々と生み出される
ような。簡単に解散するのではなく、これから継続的に受け入れていくも
のになっていくといいと思います。

岩月　従来、プロスポーツクラブや総合型地域スポーツクラブ、あるいはス
ポーツコミッションなんかもその選択肢でした。ところが今回は「スポー
ツなんだけどスポーツじゃない」みたいなことが大事だったと思うんです
よね。その競技を振興するとか、そういうことだけじゃないところに広が
ったものを、どのように先につなげていくか。

高岡　全国でおこなわれたさまざまな取り組みのなかで、「ホストタウン事
業」にしか読めないような事業はいつやめてもおかしくないけど、「ホス
トタウンを飛び超えてしまった事業」については、それが一定の成果を出
さないと終われないはずだから、そういうものは続く気がします。例えば
岡山県真庭市の馬術は、ホストタウン事業というよりもスポーツ振興の事
業になったし、さらにいえばオリパラの文脈からも外れて共生社会推進の
文脈に乗っていった。こういうケースは、いつまでも続くはずですね。

松橋　今回、ホストタウン事業として生まれた活動が続いている地域もある
一方で、これらの活動がどのように継承されていくのかは、もう少し経過
をみないと評価できないかなと思います。また、事業性を継続性と読み替
えて考えてみると、大事なことは、今回のようなスキーム、つまり「スポ
ーツイベントをうまく活用すると、スポーツ領域以外の事業が生まれま
す、政策が推進されます」ということがどのように記憶されていくのかが
重要で、これが、それぞれのホストタウン自治体のまちづくりにどう影響
を与えるのかをみていく必要があると思います。スポーツ・メガイベント
やそこに参加する選手・チームをスポーツインフラとして活用していくと
いう発想や、地域内の有形無形の資源をスポーツインフラとして活用して
いくことが必要です。次のスポーツ・メガイベントがやってきたら、今回
のホストタウン・イニシアティヴの反省や成果を踏まえて、より洗練され
たスキームが登場するのではないかと思います。

注

（1）　祝祭便乗型資本主義（celebration capitalism）とは、カナダのスポーツ社会学者ジュールズ・ボイコフが提唱した概念で、オリンピックのような祝祭的イベントがやってくることで社会のなかに災害と同じような「例外状態」が発生し、そうした状態に乗じて大企業が「公民パートナーシップ」の理屈の下で国を動かし、資本の蓄積を加速させようとする原理である。祝賀資本主義とも訳される（Jules Boykoff, *Celebration Capitalism and the Olympic Games,* Routledge, 2014, p.3、鈴木直文「図書紹介 Jules Boykoff 著『Celebration Capitalism and the Olympic Games』」、一橋大学スポーツ科学研究室編「一橋大学スポーツ研究」第34巻、一橋大学スポーツ科学研究室、2015年）。

（2）　関根正敏／小林勉／布目靖則／野口京子／岸卓巨／小山さなえ／今村貴幸「「日本全体」の祭典としての東京2020オリンピック・パラリンピック競技大会──ホストタウン構想を通じた地方都市の活性化策のアウトラインについて」「中央大学保健体育研究所紀要」第34号、中央大学保健体育研究所、2016年

全ホストタウンリスト

本リストは、内閣官房オリパラ事務局が公表した「ホストタウン一覧（2021年7月13日）」「復興ありがとうホストタウン一覧（2021年8月10日現在）」「共生社会ホストタウン一覧（2021年5月28日）」（https://www.kantei.go.jp/jp/singi/tokyo2020_suishin_honbu/hosttown_suisin/index.html）をもとにして作成した。複数の自治体で1つの相手国と交流をしたり、逆に1つの自治体で複数の相手国と交流するケースも多くみられたが、ここでは基本的に相手国を基準として行を設定した。すなわち、複数の自治体で1つの相手国と交流したケースは1行、1つの自治体で2つの相手国と交流したケースは2行とした。

　情報収集の範囲は、各自治体がホストタウンに登録した日付以降におこなった取り組みのみとした。すなわち、ホストタウン登録以前から相手国とのつながりがあり、交流事業や合宿などがおこなわれていたとしても、それは取り上げなかった。また逆に、ここでは大会前後の交流の記録を残すという趣旨に基づき、2021年9月までの交流事業を記した。多くの自治体ではその後もオンライン交流などとして相手国との交流を続けているが、それらについてはここに記さなかった。

　また、情報収集は、2021年10月から22年1月にかけておこなった。情報の収集源は、内閣官房オリパラ事務局のウェブサイト、各自治体のウェブサイト、新聞記事、そして著者の一人である松橋崇史が内閣官房オリパラ事務局の協力を得て21年10月に実施した全自治体に対するアンケート調査の結果である。そのため、こうした情報源に取り上げられなかった取り組みは記載していない。

　記載した項目は、自治体、相手国・地域、担当部局、認定年月、ホストタウンになった経緯、ホストタウン交流の内容、合宿である。

●担当部局

　本書の各章でもふれたように、ホストタウン自治体のなかには、ホストタウン交流そのものを目的とするのではなく、例えばスポーツ合宿の推進や相手国との経済交流など「交流＋α」の目的をもつものも多くあった。そして、そうした「＋α」の要素は各自治体のどの部局がホストタウン事業を担当するかと緩やかに関連していたという認識から、ここでは担当部局を記した。

　情報収集の方法は、実際に各自治体のウェブサイトにあたり、ホストタウ

ン関連の情報を発信していたり、地元住民による事業参加の受け付け先になっていたり、ホストタウン事業関連の予算を計上したり、議会でホストタウン関連の質疑に応答している部局を特定した。また、前述の松橋による全自治体へのアンケート調査の際に、各自治体が自己申告した部局の情報も参考にした。以上の情報源で把握できなかったものについては、各自治体に問い合わせて補完した。ただし、途中で担当部局を変更したり、複数の部局が協働して取り組むような事例もあった。ここでは基本的に東京2020大会当時の担当部局を記載しているが、情報源の制約上、過去の部局だったり担当部局の一部だったりする可能性がある。

●認定年月

ホストタウンへの認定年月については、ホストタウンに◇、共生社会ホストタウンに○、先導的共生社会ホストタウンに◎、復興ありがとうホストタウンに☆をそれぞれ付けて、認定された年月を記した。

なお、ホストタウンと共生社会ホストタウンを兼ねる際、その登録主体にずれがあるケースもあった。例えば、秋田県・大館市・仙北市・美郷町の4者は共同でタイのホストタウンに登録したが、それとは別に大館市が単独でタイの共生社会ホストタウンに登録していた。こうしたケースの場合、「この交流活動はホストタウンとしての活動で、あの交流活動は共生社会ホストタウンとしての活動である」という具合に、交流内容を客観的に峻別することができなかった。そのため、このように重なりがあるケースは交流内容などを割愛した。

●ホストタウンになった経緯

ホストタウンになった経緯については、内閣官房オリパラ事務局によるホストタウン一覧に記載された内容と、各自治体ウェブサイトに記載された内容をもとに平易に記した。自治体ごとに個別のねらいがあることは筆者らも承知しているが、ここでは自治体間の比較を容易にすることを主眼として、できるだけ平準化した表現でまとめることを心がけた。

多くの自治体に共通してみられたきっかけは簡略化して示した。その内容は、以下のようなものである。

姉妹都市／友好都市／協力都市：相手国内のある都市と国際姉妹都市、国際

友好都市、国際協力都市であるという縁があり、ホストタウンになった例。この例に当てはまる場合には、姉妹都市などとしてのさまざまな交流の経験があっても原則的にそれを記載しなかったが、その自治体独自の特筆すべき内容についてのみは記載した。

交流の歴史（○○）：国際姉妹都市などでなくとも長い交流の歴史があり、その縁からホストタウンになった例。○○には具体的な交流の内容を記した。

合宿経験（○○）：過去に日本や近隣諸国でおこなわれた国際大会の際に相手国選手団の合宿を受け入れた経験がきっかけになっている例。○○にはその際に受け入れた競技名を記した。

共通点（○○）：相手国との歴史や特産品、景観などに共通点があるという縁からホストタウンになった例。○○には具体的な共通点を記した。

合宿誘致：直前合宿の誘致を目指していたり誘致に成功したりしたためにその延長としてホストタウンにも登録した例。「合宿誘致（○○）」と競技名を記しているのは、その自治体で特に盛んな競技で、その種目限定の合宿誘致を目指していたもの。

○○の仲介：県や駐日大使などの仲介によってホストタウンになった例。

共生社会：共生社会実現のために共生社会ホストタウンになった例。

復興支援：相手国から復興支援を受けた縁から復興ありがとうホストタウンになった例。

●ホストタウン交流の内容

　ホストタウン交流の内容については、新型コロナウイルス感染症の影響によって2020年4月以降に交流の形態が大きく変化してしまったことから、その前後に分けて記載した。ただし、紙幅の都合上、各項目に最大4件までの記載とした。その際、できるだけ相手国関係者との直接交流度合いが高いと思われる取り組みを取り上げるように心がけた。

　自治体によっては、官民を挙げたユニークな事業も多くみられた。しかし、民間にまで派生した事業をすべて網羅することは非常に困難だったことから、ここでは基本的に行政の取り組み、もしくは行政と民間が連携した取り組みだけを取り上げた。

　さらに、取り上げた具体的な事業は、相手国との交流に関連するものだけとした。例えば、ホストタウン事業の一環として日本人オリンピアンを招い

た講演会をおこなう自治体は多くみられたが、こうしたものは記載しなかった。また、相手国関係者が自治体を訪れて合宿環境などについて視察した取り組みについても、地元住民との交流がなされていなければ記載しなかった。さらに特定の競技の合宿誘致を目指していて、その機運醸成のために競技体験会を実施したようなケースも、相手国関係者が関わっていないものは記載しなかった。

　多くの自治体に共通してみられた交流事業は簡略化して示した。その内容は、以下のようなものである。

合宿時の交流：事前合宿や直前合宿時、あるいは地元で開催された大会時に、相手国選手と地元住民が交流する取り組み。

市民派遣（○○）：相手国へ地元住民や中学生などを派遣して交流をおこなう取り組み。○○には、例えば地元高校ボート選手を派遣した場合には「市民派遣（高校生・ボート）」などと記したが、一般市民が派遣された場合には記さなかった。

オンライン交流（○○）：相手国関係者や小・中学生などとオンラインビデオツールを用いてつながり、リアルタイムで交流する取り組み。ここには、平時のオンライン交流だけでなく、直前合宿直前の壮行会がオンラインでおこなわれたケースや、合宿中ないし競技終了後に自治体内を訪問した相手国関係者とオンラインを通じて交流したケースも含めた。また、特に記載がない場合は一般市民の参加によるものだが、「オンライン交流（○○）」と記されている場合には、特定の人々を対象にした交流会である。

事後交流：競技を終えた選手たちが自治体を訪問して対面でおこなわれた交流会。

手紙：手紙のやりとり。

動画メッセージ：地元住民から相手国関係者、あるいは相手国関係者から地元住民に宛てた動画メッセージのやりとり。

イベント（○○）：相手国への理解を深めるために実施された大規模なイベント。○○にはそのイベント名を記したが、イベント名が不明だった場合には記さなかった。また、オンラインで開催された場合には「オンラインイベント（○○）」と記した。

祭り：地元の祭りで、相手国に関する展示や料理の提供などをおこなう取り

組み。

展示：相手国の文化やスポーツの情報などを展示する取り組み。ただし小規模な展示はかなり多くの自治体で実施されていたように思われるが、情報源のなかで明確に展示についてふれていた場合だけ記載した。

共同応援：東京2020大会やそのほかの大会時に、地元住民や同じ相手国のホストタウン関係者が集まって応援する取り組み。ここにはオンラインで集合した応援も含めた。

料理：相手国の伝統料理や特産品を用いた料理を地元の飲食店で提供したり料理教室を開いたりするような取り組み。オンラインで実施された場合には「料理（オンライン）」と記した。

給食：相手国の伝統料理や特産品を用いた料理を、地元の小・中学校などの給食で提供する取り組み。

●合宿

　事前合宿と直前合宿の取り組みは、とりわけ東京2020大会直前に報道で大きく取り上げられ、社会的に大きな関心を呼んだ。だが、本書はあくまでホストタウン事業に焦点を当てたものであることから、合宿に関する詳細な記述は割愛した。

　まず「実施」に〇を付けている場合には、事前合宿もしくは直前合宿のいずれか（または両方）を、少なくとも1度は受け入れたことを意味する。「競技」には合宿誘致をおこなった競技を列挙したが、コロナ禍の影響や予選敗退などの関係で実際に受け入れられなかったものも記載した。したがって、「実施」に〇が付いていて、続く「競技」欄に名前がある競技であっても、必ずしもその競技の合宿がすべて実際におこなわれたことを意味しない。また、非常に多くの競技の合宿誘致をおこなった自治体は最大4件まで記載した。抜粋の際には、オリンピック競技／パラリンピック競技、個人競技／チーム競技に偏りがないように配慮した。

　オリパラでおこなわれる各競技は、例えば水泳競技は競泳、マラソンスイミング、飛び込み、アーティスティックスイミング、水球の5つの種別に分けられ、また体操競技は体操競技、新体操、トランポリンの3つの種別に分けられる。本表では、基本的に大きなくくりである「競技」をもって表記した。それは、各自治体が発信する情報のなかで、どの「種別」を受け入れたのか不明なものが多くあったからである。ただし、種別名が比較的明確に記

されることが多かった新体操、水球、アーティスティックスイミング、ビーチバレーボール、バスケットボール3×3は、種別名を記した。また紙幅の都合上、以下の競技は略称で示した。

トライアスロン：TA

アーティスティックスイミング：AS

ウエイトリフティング：WL

スポーツクライミング：クライミング

ビーチバレーボール：ビーチバレー

バスケットボール：バスケ

バスケットボール3×3：3×3

シッティングバレーボール：SV

パワーリフティング：PL

表内の注

（1） 登録は栃木県・足利市・栃木市・小山市・矢板市・さくら市の連名による。これらの自治体は6自治体で連携してハンガリーのホストタウンになったため、本来であれば1行で記載すべきだった。だが、この取り組みでは栃木県が中心になって各市にハンガリーの各競技の合宿を振り分けるといった形態を取り、各市独自の取り組みが多くみられたため、個別の行を割り振った。ここでは合宿を受け入れた自治体名だけを記載した。

（2） 新潟県・新潟市・長岡市・燕市・五泉市・弥彦村

（3） 長野県・長野市・上田市・須坂市・飯山市・下諏訪町・山ノ内町

（4） 広島県・広島市・三原市・呉市・竹原市・尾道市・福山市・府中市・三次市・庄原市・大竹市・東広島市・廿日市市・安芸高田市・江田島市・府中町・海田町・熊野町・坂町・安芸太田町・北広島町・大崎上島町・世羅町・神石高原町

（5） 福岡県・柳川市・みやま市・みやこ町・築上町

（6） 長崎県・長崎市・佐世保市・島原市・諫早市・大村市・壱岐市・雲仙市・南島原市・川棚町

（7） 神奈川県・小田原市・箱根町・大磯町は、4自治体の連名でそれぞれエリトリア、ブータン、ミャンマーのホストタウンになった。しかし、共生社会ホストタウンについては、小田原市・神奈川県、大磯町・神奈川県、箱根町・神奈川県の2自治体の連名で、それぞれエリトリア、ブータン、ミャンマーの3カ国共生社会ホストタウンになった。

番号	自治体	相手国・地域	担当部局	認定年月	ホストタウンとなった経緯	
北海道						
1	札幌市	ウクライナ	スポーツ局国際大会担当部東京オリンピック・パラリンピック担当課	◇2020年3月 ○2020年4月	合宿誘致	
2	札幌市	カナダ	スポーツ局国際大会担当部東京オリンピック・パラリンピック担当課	◇2020年4月 ○2021年5月	合宿誘致	
3	函館市	カナダ	企画部国際・地域交流課	◇2019年10月	姉妹都市	
4	釧路市	ベトナム	教育委員会生涯学習部スポーツ課	◇2017年7月 ○2019年10月	交流の歴史（市内企業がベトナムから技術者などを受け入れるなど）	
5	帯広市・音更町	アルゼンチン	帯広市：教育委員会生涯学習部スポーツ室スポーツ課 音更町：教育委員会教育部スポーツ課	◇2021年3月	合宿誘致 共生社会	
6	北見市	エクアドル	教育委員会社会教育部スポーツ課事業係	◇2020年12月	合宿誘致	
7	網走市	オーストラリア	教育委員会社会教育部スポーツ課	◇2016年1月	合宿誘致（ラグビー）	
8	網走市	韓国	教育委員会社会教育部スポーツ課	◇2018年8月	合宿経験（陸上） 合宿誘致	
9	士別市	台湾	教育委員会生涯学習部合宿の里・スポーツ推進課	◇2016年1月	合宿誘致	
10	名寄市	台湾	総合政策部スポーツ・合宿推進課	◇2016年1月	交流の歴史（スポーツ交流など） 合宿誘致	
11	根室市	ロシア	北方領土対策部北方領土対策課	◇2019年8月	北方領土問題の啓発のため	
12	滝川市	アルゼンチン	教育部社会教育課オリンピック・パラリンピック連携推進室	◇2019年8月 ○2019年10月	合宿誘致（カヌー）	
13	登別市	デンマーク	総務部企画調整グループ	◇2017年12月 ○2020年4月	友好都市	
14	恵庭市	グアテマラ	企画振興部企画課	◇2020年12月	合宿誘致	
15	江差町	アメリカ	追分観光課	◇2021年3月 ○2021年4月	町を代表する民謡「江差追分」とアメリカとの縁から	
16	黒松内町	スリナム	教育委員会総務・生涯学習グループ	◇2020年12月	共通点（木材による工芸） 内閣官房の仲介	
17	東川町	ラトビア	交流促進課	◇2019年6月	姉妹都市	
18	遠軽町	アイルランド	総務部企画課	◇2020年12月	アイルランド産の樹木を町内で育成してきた	
19	壮瞥町	フィンランド	教育委員会生涯学習課	◇2021年1月	友好都市	

ホストタウン交流の内容		合宿	
Covid-19以前	Covid-19以後	実施	競技
—	オンライン交流（視覚支援学校生徒・中等教育学校生徒） 動画メッセージ マスクのプレゼント	○	ゴールボール
—	オンライン交流（短期大学生）	○	ゴールボール
		○	バドミントン
ベトナムバドミントン選手の合宿時の交流・小学校訪問 イベント（日越ホストタウンバドミントンフェスタ）	動画メッセージ	○	パラ陸上 PL
—	オンライン交流（障害者スポーツ団体など）		パラ水泳
—	オンライン交流 動画メッセージ 寄せ書きのプレゼント	○	陸上
イベント（タグラグビー教室）			ラグビー パラ陸上
韓国陸上選手の合宿時の交流		○	陸上
台湾WL選手の合宿時の交流・食材提供 市民派遣（WL少年団） 士別市台湾交流合唱団が音楽会に参加		○	WL
台湾バドミントン中学生選手の訪問、市内高校生との親善試合			
	オンライン交流（小学生） 動画メッセージ		パラカヌー
市民派遣（中学生）、オリンピック関連施設視察 駐日デンマーク大使の訪問・講演 国際理解講座	動画メッセージ		
—	グアテマラ陸上選手との事後交流 動画メッセージ 共同応援	○	陸上
—	オンライン交流		
—	動画メッセージ		
	イベント（ラトビア文化紹介講座） イベント（ラトビア文化展示会） ラトビア伝統柄のリストウオーマーを作成するワークショップ		
—	イベント（アイルランド講座） イベント（エンアイリッシュデー） お絵かきエコバックの作成・プレゼント		
—	オンライン交流 動画メッセージ 宿泊施設の装飾品の作成	○	陸上

番号	自治体	相手国・地域	担当部局	認定年月	ホストタウンとなった経緯	
20	むかわ町・安平町・厚真町	リトアニア	むかわ町：総務企画課政策推進グループ 安平町：教育委員会社会教育グループ 厚真町：教育委員会社会教育グループ	◇2021年3月	共通点（恐竜のまち）	
21	日高町	ウズベキスタン	企画財政課	◇2021年1月	共通点（馬）	

青森県

番号	自治体	相手国・地域	担当部局	認定年月	ホストタウンとなった経緯	
22	青森市	タジキスタン	経済部地域スポーツ課オリンピック・パラリンピック推進室	◇2016年12月	共通点（リンゴ）	
23	弘前市	台湾	健康こども部スポーツ振興課オリンピック・パラリンピック推進室	◇2016年12月	元ソフトボール日本代表監督の市職員の仲介	
24	弘前市	ブラジル	健康こども部スポーツ振興課オリンピック・パラリンピック推進室	◇2017年7月 ○2019年10月	市出身の柔道家がブラジルに柔道を広めた縁から	
25	三沢市	カナダ	健康福祉部障害福祉課	◇2017年12月 ○2017年12月 ◎2019年8月	共生社会 アメリカ軍基地の存在	
26	今別町	モンゴル	教育委員会教育課	◇2016年1月	合宿誘致（フェンシング）	
27	西目屋村	イタリア	教育委員会教育課教育政策係	◇2016年12月	合宿誘致（カヌー）	

岩手県

番号	自治体	相手国・地域	担当部局	認定年月	ホストタウンとなった経緯	
28	盛岡市	マリ	交流推進部スポーツ推進課スポーツツーリズム推進室	◇2019年8月	合宿誘致	
29	盛岡市・紫波町	カナダ	盛岡市：交流推進部スポーツ推進課スポーツツーリズム推進室 紫波町：教育委員会生涯学習課	◇2016年12月 2018年8月 紫波町追加	姉妹都市 合宿誘致	
30	宮古市	ナミビア	教育委員会生涯学習東京オリンピック・パラリンピック推進室	◇2019年6月	2019年ラグビーワールドカップの際のナミビアの公認合宿地に決定したため	
31	宮古市	シンガポール	教育委員会生涯学習東京オリンピック・パラリンピック推進室	☆2018年1月	復興支援	
32	遠野市	ブラジル	市民センターパラリンピック推進室	◇2017年12月 ○2018年5月 ◎2019年8月 ☆2021年8月	合宿誘致 共生社会	
33	八幡平市	ルワンダ	地域振興課地域振興係	◇2018年8月	交流の歴史（リンドウの実証栽培をきっかけに）	
34	岩手町	アイルランド	教育委員会社会教育課社会教育係	◇2019年12月	合宿誘致（ホッケー）	
35	西和賀町	コートジボワール	企画課	◇2019年8月	駐日コートジボワール大使の仲介	
36	一戸町	パラグアイ	教育委員会生涯学習課	◇2019年8月 ○2020年12月	交流の歴史（昭和期にまちからパラグアイに農業入植した縁）	

ホストタウン交流の内容		合宿	
Covid-19以前	Covid-19以後	実施	競技
—	オンライン交流		
—	ウズベキスタン近代五種選手との事後交流		近代五種
タジキスタン柔道選手の合宿時の交流 市民派遣（ねぶた師）・ワークショップ 手紙 おむすびを通じた食文化交流	オンライン交流（小学生） 動画メッセージ	○	柔道
台湾ソフトボール選手の合宿時の交流、市内チームとの強化試合 台湾パラ柔道選手の合宿時の交流、小学校訪問		○	ソフトボール パラ柔道
ブラジルパラ柔道選手の合宿時の交流、市内チームとの合同練習 イベント（弘前パラ柔道フォーラム）		○	パラ柔道
カナダ車いすラグビー選手の合宿時の交流、日本代表チームとの公開試合 カナダ車いすラグビー関係者の訪問、祭り前夜祭に参加	オンライン交流 マスクのプレゼント	○	車いすラグビー
モンゴルフェンシング選手の合宿時の交流、町内小中学生などとの合同練習、まちの伝統文化の披露による交流		○	フェンシング
イタリアカヌー選手の訪問・講演 こぎん刺しによるイタリア国旗の作成	オンライン交流		カヌー
壁画の製作 料理	動画メッセージ		柔道
カナダ水球選手の合宿時の交流・水球教室、水球日本代表との公開試合、市内チームとの親善試合、盛岡さんさ踊りに参加 ホストタウンのぼり旗・応援フラッグの作成	動画メッセージ	○	クライミング 水球 バレーボール SV
ナミビアラグビー選手の合宿時の交流	動画メッセージ 感染予防品のプレゼント	○	ラグビー
ブラジル5人制サッカー選手の合宿時の交流、日本代表との公開試合、市内高校生が取材・映像の作成	オンライン交流（一般・高校生） 動画メッセージ 交流映像の作成 共同応援	○	5人制サッカー
ルワンダ陸上選手の合宿時の交流、祭りに参加	オンライン交流（一般・高校生） 動画メッセージ	○	陸上 水泳 自転車
アイルランドで開催されたオリンピック最終予選を町職員が現地で応援	オンライン交流 動画メッセージ	○	ホッケー
	動画メッセージ		
	オンライン交流（小学生） 駐日パラグアイ大使の訪問・交流	○	パラ陸上 パラ水泳

番号	自治体	相手国・地域	担当部局	認定年月	ホストタウンとなった経緯	
37	陸前高田市	シンガポール	地域振興部スポーツ交流推進室	☆2017年11月 ○2020年4月	復興支援	
38	大船渡市	アメリカ	協働まちづくり部生涯学習課	☆2017年11月	復興支援	
39	花巻市	アメリカ	生涯学習部生涯学習課国際交流室	☆2017年11月	姉妹都市	
40	花巻市	オーストリア	生涯学習部生涯学習課国際交流室		友好都市	
41	北上市	セルビア	まちづくり部スポーツ推進課スポーツ推進係	☆2020年4月	市内企業の仲介	
42	久慈市	リトアニア	生涯学習課	☆2019年3月	姉妹都市 復興支援	
43	釜石市	オーストラリア	文化スポーツ部国際交流課	☆2017年11月	交流の歴史（中学生の海外学習体験の受け入れ） 震災時に市内のオーストラリア人ラグビー選手が救援活動に取り組んだ縁	
44	二戸市	ガボン	政策推進課	☆2019年7月	復興支援	
45	雫石町	ドイツ	教育委員会生涯学習スポーツ課	☆2018年4月	友好都市 復興支援	
46	矢巾町	オーストリア	文化スポーツ課スポーツ推進係	☆2020年2月	交流の歴史（市内高校音楽部がオーストリアに演奏旅行をおこなうなど） 共通点（音楽のまち） 復興支援	
47	大槌町	台湾	産業振興課	☆2019年7月	復興支援	
48	大槌町	サウジアラビア	産業振興課	☆2019年11月	岩手県の仲介 復興支援	
49	山田町	オランダ	生涯学習課	☆2018年7月	友好都市 復興支援	
50	野田村	台湾	教育委員会生涯スポーツ班	☆2017年11月	復興支援	

ホストタウン交流の内容		合宿	
Covid-19以前	Covid-19以後	実施	競技
イベント（シンガポールフェアin陸前高田）	オンラインイベント（シンガポールフェアin陸前高田）		
少年野球交流 アメリカ救助隊との交流 千葉県内の合宿に市内小学生が参加して交流 アメリカで開催されたイベント（ジャパン・ハウス ロサンゼルス）に参加	オンライン交流（高校生） アメリカ国歌斉唱リレー動画の配信 アメリカに関する絵本のオンライン読み聞かせ 在日アメリカ陸軍軍楽隊七夕コンサート		
アメリカ元野球選手の野球教室 アメリカ元スケート選手のスケート教室 アメリカで開催されたイベント（ジャパン・ハウス ロサンゼルス）に参加 イベント（USAを応援しよう！）	動画メッセージ 「雨ニモマケズ」朗読リレー動画の配信 応援メッセージカードのプレゼント アメリカに関する絵本のオンライン読み聞かせ		
オーストリア柔道選手の合宿時の交流・合同練習 駐日オーストリア大使館参事官の訪問・講演 オーストリアハーピストの演奏会	動画メッセージ 「雨ニモマケズ」朗読リレー動画の配信 オンライン夏祭り 応援メッセージカードのプレゼント	○	柔道
—	イベント 展示		陸上
リトアニア柔道選手の訪問・交流 市民派遣・柔道交流 応援グッズの作成 展示	オンライン交流（小学生） 応援グッズの作成 共同応援 展示		
オーストラリアラグビー選手のラグビー教室 オーストラリア小学生の訪問・交流 小学生同士のラグビー国際交流	オンライン交流（中学生） イベント（コアラキャンプ）		
料理	オンライン交流（小学生） 動画メッセージ		
ドイツパラ陸上選手の訪問・講演・陸上教室 ドイツ高校生の訪問・交流 市民派遣（高校生） 駐日ドイツ大使館職員の訪問・講演	ドイツ国歌合唱動画の配信 料理（オンライン）		
	オンライン交流（小学生） おもてなしメニューの開発 動画メッセージ		
台湾インフルエンサーの訪問、まちの紹介 台北国際動漫節に町職員が参加 祭り	台北国際動漫節にブース出展 動画メッセージ		
サウジアラビア産食材の試食会	動画メッセージ 展示		
オランダ空手選手の訪問・交流 駐日オランダ大使の訪問・交流 料理	動画メッセージ 給食		
台湾ソフトボール選手の訪問・交流 台湾管弦楽団の訪問・交流 台湾インフルエンサーの訪問、村の紹介 市民派遣（中学生）、台湾陸上選手と交流	台北国際動漫節にブース出展 動画メッセージ 展示		

番号	自治体	相手国・地域	担当部局	認定年月	ホストタウンとなった経緯	
宮城県						
51	仙台市	イタリア	文化観光局スポーツ振興課	◇2016年1月 ☆2017年11月 ○2019年8月	交流の歴史（2002年サッカーワールドカップ以来のサッカー交流）	
52	仙台市・多賀城市	キューバ	仙台市：文化観光局スポーツ振興課 多賀城市：教育委員会生涯学習課	◇2019年10月	交流の歴史（多賀城市内の高校の姉妹校がキューバにある縁から）	
53	白石市・柴田町	ベラルーシ	白石市：市民経済部まちづくり推進課東京オリンピック・パラリンピック推進室 柴田町：まちづくり政策課	◇2017年7月	交流の歴史（柴田町内の大学とベラルーシの新体操の提携など）	
54	登米市	ポーランド	教育委員会教育部生涯学習課兼東京オリンピック・パラリンピック推進室	◇2019年6月 ○2020年4月	合宿誘致（ボート）	
55	蔵王町	パラオ	まちづくり推進課	◇2016年1月	交流の歴史（在パラオの日本人が戦後町内に開墾入植して以来の長い交流）	
56	丸森町	ザンビア	企画財政課企画班	◇2019年6月	交流の歴史（JICAの農業振興能力向上プロジェクトで研修生を受け入れて以来の関係）	
57	加美町	チリ	教育委員会スポーツ推進室	☆2018年9月 ○2020年4月	合宿誘致（カヌー）チリと南三陸町の間に長い交流の歴史があり、震災時に加美町が南三陸町を支援した	
58	石巻市	チュニジア	復興政策部東京オリンピック・パラリンピック推進室	☆2018年4月	交流の歴史（チュニジア人留学生のホームステイをきっかけに）復興支援	
59	気仙沼市	インドネシア	震災復興・企画部地域づくり推進課／教育委員会生涯学習課	☆2018年7月	交流の歴史（遠洋漁業船のインドネシア人乗組員が多く定住している）復興支援	
60	名取市	カナダ	教育部復興ありがとうホストタウン推進室	☆2018年6月	交流の歴史（中学生海外派遣事業）復興支援	
61	岩沼市	南アフリカ	総務部地方創生推進課	☆2018年11月	市内に南アフリカ関係者が在住していた復興支援	
62	東松島市	デンマーク	教育委員会東京オリンピック・パラリンピック推進室	☆2017年11月	復興支援	
63	亘理町	イスラエル	企画財政課復興管理班	☆2018年1月	復興支援	

ホストタウン交流の内容		合宿	
Covid-19以前	Covid-19以後	実施	競技
イタリアサッカー・バレーボール・野球・SVなどの選手の合宿時の交流 市民派遣（中学生・野球） イタリアテノール歌手のコンサート 祭り	イタリアパラ陸上選手の合宿時の公開試合・交流 オンライン交流（中学生） 動画メッセージ SV体験授業	○	ソフトボール パラ陸上 車いすフェンシング SV　など
キューバ元バレーボール選手の訪問・講演・バレーボール教室			野球 パラ卓球
ベラルーシ新体操選手の合宿時の交流・公開演技会	ベラルーシ新体操選手の合宿時の公開練習 ベラルーシ新体操選手との事後交流 オンライン交流 動画メッセージ	○	新体操
在ポーランド日本語学校との交流 イベント（ポーランドについて学ぼう）	ポーランドボート・パラボート選手の合宿時の公開練習 オンライン交流（中学生） ポーランド出身者のオンライン講演会	○	ボート パラボート
パラオアーチェリー選手の合宿時の交流	動画メッセージ	○	水泳 柔道 アーチェリー
駐日ザンビア大使の訪問・交流			
チリパラカヌー選手の合宿時の交流 チリ青少年オーケストラ財団の訪問・交流 オンライン交流（高校生） 祭り	オンライン交流（高校生）	○	パラ陸上 PL パラカヌー
チュニジア剣道・水泳選手の合宿時の交流、剣道の親善試合 チュニジアオリンピック委員会視察団との意見交換会・交流 チュニジアに関する授業	チュニジアWL選手の合宿時の公開練習 動画メッセージ	○	水泳 WL
祭り 料理 給食	オンライン交流（小学生）		
カナダを知る講演会 展示 料理	動画メッセージ		
選手への寄せ書きと千羽鶴のプレゼント 市内小中学校でジャンベ（南アフリカの楽器）の公演 共同応援 祭り	動画メッセージ 南アフリカからぬいぐるみと寄せ書きのプレゼント イベント（南アフリカ応援フェスティバル） 応援ポスターコンクール		
デンマーク中学生の訪問・ホームステイ 市民派遣（海苔漁師） 祭り	動画メッセージ		
イスラエル大使杯交流少年柔道大会 駐日イスラエル大使館関係者の訪問・講演 イベント 料理			

205

番号	自治体	相手国・地域	担当部局	認定年月	ホストタウンとなった経緯	
秋田県						
64	秋田県・大館市・仙北市・美郷町	タイ	秋田県：観光文化スポーツ部スポーツ振興課 大館市：観光交流スポーツ部スポーツ振興課 仙北市：観光文化スポーツ部スポーツ振興課 美郷町：教育委員会生涯学習課スポーツ振興班	◇2016年1月 2016年12月 大館市・仙北市追加	合宿誘致	
65	大館市	タイ	観光交流スポーツ部スポーツ振興課	○2019年10月 ◎2020年12月		
66	仙北市	タイ	観光文化スポーツ部スポーツ振興課	○2019年12月		
67	秋田市・秋田県	フィジー	秋田市：観光文化スポーツ部スポーツ振興課 秋田県：観光文化スポーツ部スポーツ振興課	◇2016年12月	合宿誘致 市内ラグビークラブのフィジー人コーチとフィジー首相のラグビーを通じた親交	
68	能代市	ヨルダン	環境産業部観光振興課	◇2019年8月 ○2020年4月	内閣官房の仲介	
69	横手市・秋田県	インドネシア	横手市：教育委員会教育総務部スポーツ振興課 秋田県：観光文化スポーツ部スポーツ振興課	◇2016年6月 2016年12月 秋田県追加	交流の歴史（かまくらを通じた交流） 合宿誘致	
70	鹿角市	ハンガリー	総務部政策企画課総合戦略室	◇2017年7月	姉妹都市	
71	にかほ市	リベリア	商工観光部スポーツ振興課スポーツ振興班	◇2020年10月	共通点（豊かな自然）	
72	大潟村・秋田県	デンマーク	大潟村：教育委員会生涯学習班 秋田県：観光文化スポーツ部スポーツ振興課	◇2017年7月 2017年12月 秋田県追加	交流の歴史（エネルギー分野などに関する交流） 合宿誘致	
山形県						
73	山形市	サモア	企画調整部スポーツ振興課	◇2016年6月	合宿誘致	
74	山形市	台湾	企画調整部スポーツ振興課		合宿誘致	
75	山形市	タイ	企画調整部スポーツ振興課		合宿誘致	
76	米沢市	香港	教育委員会教育管理部スポーツ課ホストタウン推進室	◇2017年7月	合宿誘致	
77	鶴岡市・西川町	モルドバ	鶴岡市：教育委員会スポーツ課 西川町：生涯学習課スポーツ振興係	◇2016年12月 2018年6月 西川町追加	市内企業が在モルドバ日本大使館設立に貢献した縁から	

ホストタウン交流の内容		合宿	
Covid-19以前	Covid-19以後	実施	競技
タイボッチャ選手の合宿時の交流・ボッチャ体験会	オンライン交流 動画メッセージ	○	バドミントン ボッチャ
64番と同様			
64番と同様			
フィジーラグビー選手の合宿時の交流・公開練習 フィジーラグビー中学生選手の訪問・スポーツ交流・教育交流 市民派遣（中学生・ラグビーおよび竿燈まつり団体）・文化交流 イベント（フィジー共和国文化交流フェスタ）		○	ラグビー
ヨルダン空手選手の訪問・文化体験、空手の技術指導	オンライン交流（高校生） 動画メッセージ イベント（ヨルダンをもっと知ろう！） イベント（絆グルメフェア）		空手 テコンドー
インドネシアバドミントンU17選手の合宿時の交流・合同練習・親善試合・体験交流 市民派遣（中高生・バドミントン） インドネシアで開催された国際大会への選手派遣		○	バドミントン
市民派遣 市民派遣（中学生）・バスケ交流 市民派遣（日本語語学指導員）	手紙		テニス バスケ
―	オンライン交流 動画メッセージ リベリア出身者とJICA職員の訪問・講演 映画上映会		陸上
市民派遣 市民派遣（中学生） 市民派遣（高校生・ボート）・合同合宿	応援ソングとミュージックビデオの配信	○	ボート
サモア柔道選手の合宿時の交流、市内高校体育祭の前夜祭でサモア選手がシバタウ（ウォーダンス）を披露、イベント（サモアカフェ）に参加	動画メッセージ オンラインイベント	○	柔道 ラグビー
台湾パラ柔道の合宿時の交流・合同練習・文化体験	動画メッセージ	○	柔道 パラ柔道
タイ柔道選手の合宿時の交流・柔道練習会・交流芋煮会、タイ出身留学生と夕食会	動画メッセージ 手紙	○	柔道
香港フェンシング選手の合宿時の交流・フェンシング交流 市民派遣（中高生・フェンシング）	動画メッセージ	○	フェンシング
モルドバアーチェリー選手の合宿時の交流 駐日モルドバ大使館と児童館との交流 イベント（モルドバミニワイン講座） 料理	モルドバアーチェリー・柔道・陸上・カヌー選手の合宿時の公開練習・交流 オンラインアーチェリー大会 オンラインアーチェリー教室 手紙	○	陸上 柔道 カヌー アーチェリー

番号	自治体	相手国・地域	担当部局	認定年月	ホストタウンとなった経緯	
78	鶴岡市	ドイツ	教育委員会スポーツ課	◇2016年6月 ○2019年10月	交流の歴史（スポーツ少年団の相互交流など）	
79	鶴岡市	モルドバ	教育委員会スポーツ課	○2019年10月		
80	酒田市	ニュージーランド	地域創生部交流観光課	◇2016年12月 ○2019年10月	交流の歴史（市内の大学ニュージーランド研究所を通じた交流など）	
81	新庄市	台湾	教育委員会社会教育課	◇2019年2月	全国ホストタウンシンポジウムへの参加をきっかけに	
82	寒河江市・山形県	韓国	寒河江市：企画創成課 山形県：観光文化スポーツ部文化スポーツ振興課国際スポーツ大会連携推進担当	◇2017年7月	姉妹都市 交流の歴史（スケートボードを通じた交流）	
83	上山市	ポーランド	教育委員会スポーツ振興課	◇2016年1月	合宿経験（陸上）	
84	村山市	ブルガリア	教育委員会生涯学習課スポーツ振興係	◇2016年12月 ○2021年3月	共通点（パラ） 合宿誘致	
85	長井市	タンザニア	総合政策課国際交流室	◇2016年12月	交流の歴史（山形・タンザニア友好協会を通じた交流）	
86	長井市	リヒテンシュタイン	総合政策課国際交流室	◇2019年6月	交流の歴史（友好コンサートの開催など）	
87	天童市・山形県	トルクメニスタン	天童市：市民部文化スポーツ課スポーツ振興係 山形県：観光文化スポーツ部文化スポーツ振興課国際スポーツ大会連携推進担当	◇2016年12月	合宿誘致 駐日トルクメニスタン大使の仲介	
88	東根市	ドイツ	総務部交流推進課	◇2017年7月 ○2019年10月	交流の歴史（ドイツ企業の日本法人が市内に存在することから）	
89	南陽市	バルバドス	みらい戦略課	◇2017年7月	合宿誘致 在バルバドス日本大使館に県出身職員が勤務している縁から	
90	白鷹町	中国	教育委員会ホストタウン推進係	◇2018年8月	合宿誘致（ソフトボール）	
福島県						
91	福島市	スイス	政策調整部東京オリンピック・パラリンピック競技大会福島市推進室	◇2016年12月 ○2019年12月 ◎2020年3月	交流の歴史（復興支援のためのスイス企業によるアクロバットショーをきっかけに）	
92	福島市	ベトナム	政策調整部東京オリンピック・パラリンピック競技大会福島市推進室	◇2019年6月	合宿誘致	
93	会津若松市	タイ	教育委員会スポーツ推進課	◇2016年6月	合宿誘致 タイからの観光誘客に力を入れているため	

ホストタウン交流の内容		合宿	
Covid-19以前	Covid-19以後	実施	競技
ドイツボッチャ選手の合宿時の交流・ボッチャ体験・交流試合	ドイツボッチャ選手の合宿時の公開練習 動画メッセージ 手紙	○	ボッチャ
77番と同様			
ニュージーランドTA選手の合宿時の交流・激励会、市民とのトークセッション ニュージーランドTA選手の訪問・交流	オンライン交流（小中学生） 動画メッセージ オンラインツアー	○	TA
料理			
韓国スケートボード選手の合宿時の交流・スケートボード教室		○	スケートボード
ポーランド陸上関係者の訪問・陸上教室 ポーランド大学生の訪問・交流・ホームステイ イベント（ポーランドを知る！学ぶ！） 祭り	動画メッセージ ポーランド国際交流員の訪問・講演・各種行事参加	○	陸上 パラ陸上
ブルガリア新体操選手の合宿時の交流・文化体験・公開演技 市民派遣 ブルガリア民族合唱の公演 写真展	オンライン交流 動画メッセージ 似顔絵の作成 料理	○	新体操
タンザニア陸上選手の合宿時の交流・陸上教室 市民派遣（市民と中学生）	寄せ書きのプレゼント	○	陸上
	寄せ書きのプレゼント		
トルクメニスタン柔道・陸上選手の合宿時の交流・合同練習・交流給食 在トルクメニスタン日本大使の訪問・講演 イベント（文化交流のつどい）		○	陸上 柔道
ドイツハンドボール選手の合宿時の交流・ハンドボール教室、国内チームとの親善試合	応援フラッグのプレゼント	○	ハンドボール ゴールボール SV
バルバドス陸上・柔道選手とスティールパン奏者の訪問・交流・日本文化体験・部活動参加・シンポジウム参加 バルバドス国際交流員のバルバドス講座	動画メッセージ		陸上 柔道
スイス柔道ユース選手の合宿・交流 イベント（ふくしま復興支援コンサート・スイス国と共に） 駐日スイス大使館の訪問、小中高校での授業・交流	オンライン交流（高校生）	○	柔道 パラバドミントン
ベトナムサッカー選手の合宿時の交流・公開練習・親善試合 GAP食材を使ったおもてなしコンテスト 給食		○	サッカー
タイボクシング選手の合宿時の交流 オンライン交流 祭り	イベント（会津・タイ交流フェスティバル）	○	ボクシング

209

番号	自治体	相手国・地域	担当部局	認定年月	ホストタウンとなった経緯
94	郡山市	オランダ	文化スポーツ部国際政策課国際交流係	◇2016年1月	姉妹都市 合宿誘致
95	郡山市	ハンガリー	文化スポーツ部国際政策課国際交流係	◇2019年4月	共通点（鯉を食べる文化） 合宿誘致
96	いわき市	サモア	観光文化スポーツ部スポーツ振興課	◇2016年6月	市内にサモアの名誉領事館が存在するため
97	二本松市	デンマーク	教育委員会生涯学習課オリパラ特命担当係	◇2020年2月	合宿誘致
98	二本松市	クウェート	教育委員会生涯学習課オリパラ特命担当係	☆2019年10月	復興支援
99	田村市	ネパール	生涯学習課スポーツ振興係	◇2018年6月	交流の歴史（市内の専門学校がネパールからの研修生を多く受け入れていたことなど）
100	大玉村	ペルー	政策推進課	◇2019年4月	友好都市
101	南会津町	アルメニア	教育委員会生涯学習課	◇2019年8月	合宿誘致
102	猪苗代町	ガーナ	教育委員会生涯学習課社会体育係	◇2016年1月 ○2020年4月	交流の歴史（野口英世のつながり）
103	白河市	カタール	教育委員会生涯学習スポーツ課	☆2020年9月	復興支援
104	喜多方市	アメリカ	教育委員会教育部生涯学習課スポーツ振興室	☆2018年7月	姉妹都市
105	南相馬市	ジブチ	市民生活部スポーツ推進課		復興支援
106	南相馬市	台湾	市民生活部スポーツ推進課	☆2017年11月	復興支援
107	南相馬市	アメリカ	市民生活部スポーツ推進課		復興支援
108	南相馬市	韓国	市民生活部スポーツ推進課		復興支援
109	伊達市	ガイアナ	未来政策部総合政策課政策推進係	☆2019年7月	復興支援
110	本宮市	イギリス	教育部国際交流課	☆2017年11月	交流の歴史（姉妹庭園の協定を締結するなど） 復興支援

ホストタウン交流の内容		合宿	
Covid-19以前	Covid-19以後	実施	競技
元在オランダ大使の訪問・講演 イベント（オランダ・フェースト）	オンライン交流 動画メッセージ eスポーツ大会 共同応援		
	動画メッセージ おもてなしメニューの開発 展示	○	水泳 パラ水泳
市民派遣（高校生） 駐日サモア大使館職員の訪問・講演	動画メッセージ	○	ラグビー
	オンライン交流 動画メッセージ	○	水泳 空手
	オンライン交流 動画メッセージ 中東YouTuberの市の紹介 押し絵のプレゼント	○	射撃
ネパール陸上選手の合宿時の交流・小中学校訪問・合同トレーニング ネパールパラ陸上選手の合宿時の交流・学校訪問・パラスポーツ体験 ネパール出身留学生が国際交流運動会に参加	オンライン交流（中学生）	○	陸上 パラ陸上
	動画メッセージ		
ガーナ高校生の訪問・ホームステイ・交流 ガーナ関係者の訪問、花火大会に参加・交流	動画メッセージ シールアートのプレゼント	○	水泳 WL パラ陸上 PL　など
―			
アメリカボート選手の訪問・交流 アメリカで開催されたイベント（ジャパン・ハウス ロサンゼルス）に参加	オンライン交流（高校生） アメリカに親しむオンライン講座 おもてなしメニューの開発		ボート
市民派遣（空手）・空手教室 ジブチの子どもたちを相馬野馬追に招待、歴史文化体験、サッカーのワークショップ イベント（南相馬市ホストタウンフェスタ）	オンライン交流 動画メッセージ ホストタウン学習		
台湾の子どもたちを相馬野馬追に招待、歴史文化体験、サッカーのワークショップ 市内野球少年を愛媛県松山市に派遣し、同市で合宿中の台湾野球選手から指導を受ける 台北国際動漫節に市職員が参加 イベント（南相馬市ホストタウンフェスタ）	オンライン交流（一般・中学生） 台北国際動漫節にブース出展 寄せ書きのプレゼント 台湾からマスク・バナナのプレゼント		
アメリカで開催されたイベント（ジャパン・ハウス ロサンゼルス）に参加	オンライン交流 相馬野馬追の扇子のプレゼント ホストタウン学習		
市内小中学生を山形県寒河江市に派遣し、同市で合宿中の韓国スケートボード選手から指導を受ける	ホストタウン学習		
	動画メッセージ		
イギリスカヌー選手の訪問・交流 市民派遣（中学生） イングランドラグビーチームの大会応援ツアー イギリス庭園フラワーフェスティバルで記念植樹	オンライン交流 動画メッセージ 手紙 オンライン祭り		

番号	自治体	相手国・地域	担当部局	認定年月	ホストタウンとなった経緯
111	北塩原村	台湾	総務企画課企画室	☆2017年11月	復興支援
112	広野町	インドネシア	復興企画課	☆2021年1月	復興支援
113	楢葉町	ギリシャ	政策企画課	☆2020年9月	復興支援
114	楢葉町・広野町・川俣町	アルゼンチン	楢葉町：政策企画課 広野町：復興企画課 川俣町：教育委員会生涯学習課	☆2019年10月	ナショナルトレーニングセンターであるサッカー場の活用のため 復興支援
115	飯館村	ラオス	交流センター生涯学習課	☆2017年11月	交流の歴史（村内の子どもたちがラオスの学校建設に向けた募金活動をきっかけに）

茨城県

番号	自治体	相手国・地域	担当部局	認定年月	ホストタウンとなった経緯
116	茨城県	ベルギー	県民生活環境部オリンピック・パラリンピック課	◇2019年4月	合宿誘致
117	茨城県・鉾田市	ベトナム	茨城県：県民生活環境部オリンピック・パラリンピック課 鉾田市：政策企画部まちづくり推進課	◇2016年12月	交流の歴史（ベトナム人農業実習生の受け入れなど） 合宿誘致
118	日立市	ロシア	教育委員会スポーツ振興課	◇2019年12月	合宿誘致
119	結城市	カザフスタン	教育委員会スポーツ振興課	◇2019年2月	合宿誘致
120	古河市	アメリカ	企画政策部企画課	◇2021年4月	合宿誘致
121	龍ケ崎市	キューバ	市長公室秘書課キャンプ地招致グループ	◇2016年12月	合宿誘致
122	龍ケ崎市	タイ	市長公室秘書課キャンプ地招致グループ	◇2017年7月	合宿誘致
123	龍ケ崎市	グアム	市長公室秘書課キャンプ地招致グループ	◇2017年12月	合宿誘致
124	龍ケ崎市	フィジー	市長公室秘書課キャンプ地招致グループ		合宿誘致
125	龍ケ崎市	バヌアツ	市長公室秘書課キャンプ地招致グループ	◇2020年2月	合宿誘致
126	龍ケ崎市	アメリカ	市長公室秘書課キャンプ地招致グループ	◇2021年4月	合宿誘致
127	下妻市	ブルンジ	市長公室企画課	◇2020年3月	合宿誘致 市出身の在ルワンダ日本大使館専門調査員の仲介
128	笠間市	タイ	教育委員会教育部スポーツ振興課オリンピック・パラリンピック推進室	◇2016年6月	交流の歴史（タイの財団と陶芸を通じた協力関係）
129	笠間市	エチオピア	教育委員会教育部スポーツ振興課オリンピック・パラリンピック推進室	◇2017年7月	交流の歴史（市内在住のエチオピア人陶芸家の縁から消防車を寄贈するなど）
130	笠間市	台湾	教育委員会教育部スポーツ振興課オリンピック・パラリンピック推進室	◇2018年2月	スポーツツーリズム振興を目指して

| ホストタウン交流の内容 | | 合宿 | |
Covid-19以前	Covid-19以後	実施	競技
市民派遣（中学生）	動画メッセージ 白河市と台北市白河区がおこなった交流会にオンラインで参加		
—	—		
アルゼンチン5人制サッカー選手の訪問・交流	動画メッセージ		
ラオスパラ水泳選手の合宿時の交流		○	パラ水泳
手紙 祭り		○	ボクシング テニス バドミントン バスケ　など
ベトナム文化体験会			
給食			バレーボール
カザフスタン空手選手の合宿時の交流 写真展 給食	動画メッセージ	○	空手
—		○	空手
駐日キューバ大使館職員の訪問・講演			柔道
タイ陸上選手の合宿時の交流		○	陸上
グアム柔道選手の合宿時の交流・公開練習		○	柔道
フィジー柔道選手の合宿時の交流・公開練習		○	柔道
		○	柔道
—	アメリカ柔道選手の合宿時の交流	○	柔道
—	オンライン交流 動画メッセージ 応援品のプレゼント	○	陸上 柔道 ボクシング パラ陸上　など
料理	イベント（ホストタウングルメ×スポーツ体験）		ゴルフ
エチオピア元陸上選手の訪問・陸上教室・大会訪問・交流 エチオピア陸上ジュニア選手の訪問、市内中学校と連合チームで駅伝大会に参加、中学校一日体験入学 市民派遣（中学生・陸上）・合同練習・交流	イベント（ホストタウングルメ×スポーツ体験）		陸上
イベント（台湾原住民桑布伊ライブ×門前ビアガーデン）	イベント（ホストタウングルメ×スポーツ体験）		ゴルフ

番号	自治体	相手国・地域	担当部局	認定年月	ホストタウンとなった経緯	
131	笠間市	アメリカ	教育委員会教育部スポーツ振興課オリンピック・パラリンピック推進室	◇2021年3月	合宿誘致（スケートボード）	
132	笠間市	フランス	教育委員会教育部スポーツ振興課オリンピック・パラリンピック推進室	◇2021年4月	合宿誘致（スケートボード）	
133	つくば市	スイス	政策イノベーション部企画経営課	◇2019年2月	交流の歴史（市内の大学とスイスの科学分野を通じた交流など）合宿誘致	
134	潮来市	台湾	市長公室企画調整課	◇2016年12月	合宿誘致	
135	潮来市	スウェーデン	市長公室企画調整課	◇2019年10月 ○2019年12月	合宿誘致	
136	潮来市	ベルギー	市長公室企画調整課	◇2019年12月	合宿誘致	
137	潮来市	フィンランド	市長公室企画調整課		合宿誘致	
138	潮来市	ナミビア	市長公室企画調整課	◇2021年7月	合宿誘致	
139	潮来市	ノルウェー	市長公室企画調整課		合宿誘致	
140	守谷市	ニジェール	市長公室企画課	◇2019年10月	交流の歴史（市内にニジェールの子どもたちへの支援活動をおこなう団体が存在することから）	
141	常陸大宮市	パラオ	政策審議室企画政策課東京オリパラ推進室	◇2016年6月	交流の歴史（太平洋戦争中にパラオで亡くなった戦没者への慰問訪問をきっかけに）	
142	坂東市	リトアニア	企画部企画課	◇2016年1月	日本リトアニア友好協会との縁をきっかけに	
143	稲敷市	オーストラリア	教育委員会スポーツ振興課	◇2021年4月	合宿誘致 市出身体操選手の縁をきっかけに	
144	桜川市	ブルガリア	市長公室企画課	◇2016年12月	友好都市	
145	桜川市	モンゴル	市長公室企画課	◇2017年12月	合宿誘致 モンゴルの射撃代表チームのコーチが市内に在住している縁をきっかけに	
146	行方市	モンゴル	企画部企画政策課	◇2019年6月	合宿誘致 モンゴルオリンピック委員会とつながりがあるカメラマンの縁をきっかけに	
147	神栖市	チュニジア	企画部政策企画課	◇2019年2月	合宿誘致	
148	城里町	モンゴル	まちづくり戦略課	◇2018年2月	交流の歴史（町出身のモンゴル緑化日本協会会長の縁をきっかけに）合宿誘致	

ホストタウン交流の内容		合宿	
Covid-19以前	Covid-19以後	実施	競技
—	イベント（ホストタウングルメ×スポーツ体験）		スケートボード
—	イベント（ホストタウングルメ×スポーツ体験）	○	スケートボード
スイス柔道・体操・陸上選手の合宿時の交流・イベント（スイス歓迎フェア）参加	給食	○	陸上 体操 柔道 自転車
			ボート
		○	カヌー ボート パラカヌー
		○	カヌー ボート
—	—		ボート
—	—	○	ボート
—	—	○	ボート パラボート
パラオレスリング選手の合宿時の交流・小学校訪問 パラオオリンピック委員会関係者の訪問・交流 市民派遣 イベント（パラオフェア）	動画メッセージ イベント（パラオフェア）	○	陸上 水泳 柔道 レスリング
—	オーストラリア体操選手の合宿時の公開練習 オンライン交流（小学生）	○	体操
ブルガリア市民の訪問・交流・中学校訪問、イベント（SAKURAフェスティバル）に参加 文化言語講座 展示 料理	寄せ書きのプレゼント 給食		
展示	柔道着・剣道着のプレゼント 寄せ書きのプレゼント オンラインツアー 給食		射撃
モンゴルWL選手の合宿時の交流	動画メッセージ 柔道着・剣道着のプレゼント	○	WL
		○	カヌー
モンゴル空手選手の合宿時の交流・練習会、保健福祉センターなどの訪問、弓道体験・合同練習・空手大会見学	柔道着・剣道着のプレゼント	○	空手

番号	自治体	相手国・地域	担当部局	認定年月	ホストタウンとなった経緯	
149	境町	アルゼンチン	企画部地方創生課	◇2016年6月	交流の歴史（80年間以上の交流の歴史）	

栃木県

番号	自治体	相手国・地域	担当部局	認定年月	ホストタウンとなった経緯	
150	栃木県ほか注（1）	ハンガリー	栃木県：総合政策部総合政策課	◇2016年6月 栃木市・小山市追加 2019年10月 さくら市追加 2019年12月 矢板市追加 2020年5月 足利市追加	合宿誘致 ハンガリー出身の彫刻家が県に移住した縁をきっかけに	
151	足利市ほか注（1）	ハンガリー	足利市：総合政策部まちの魅力創出課			
152	栃木市ほか注（1）	ハンガリー	栃木市：総合政策部スポーツ連携室			
153	小山市ほか注（1）	ハンガリー	小山市：教育委員会国体推進課			
154	矢板市ほか注（1）	ハンガリー	矢板市：総合政策部総合政策課			
155	さくら市ほか注（1）	ハンガリー	さくら市：総合政策部総合政策課政策推進室プロジェクト推進係			
156	小山市	ナイジェリア	教育委員会国体推進課	◇2020年2月	交流の歴史（市内のイベントにナイジェリア政府関係者が訪れたことをきっかけに） 合宿誘致	
157	那須塩原市	オーストリア	教育委員会教育部スポーツ振興課	◇2017年7月 ○2020年10月	姉妹都市 合宿誘致	
158	下野市	キプロス	総合政策部総合政策	◇2020年5月	合宿誘致	
159	高根沢町	レソト	教育委員会生涯学習課	◇2020年3月	合宿誘致 栃木県の仲介	

群馬県

番号	自治体	相手国・地域	担当部局	認定年月	ホストタウンとなった経緯	
160	前橋市	ハンガリー	文化スポーツ観光部スポーツ課スポーツ誘致係	◇2016年1月	交流の歴史（1964年オリンピックの際、県の高校教諭がハンガリーレスリング選手団の補助員を務めたことをきっかけに） 合宿誘致	
161	前橋市	スリランカ	文化スポーツ観光部スポーツ課スポーツ誘致係	◇2018年2月	交流の歴史（市内有志がスリランカに幼稚園を設立するなど） 合宿誘致	
162	前橋市	コロンビア	文化スポーツ観光部スポーツ課スポーツ誘致係	◇2018年12月	合宿誘致 市内で開催された2018年ジャパンパラ陸上競技大会にコロンビアが出場した縁から	

ホストタウン交流の内容		合宿	
Covid-19以前	Covid-19以後	実施	競技
イベント（アルゼンチンの日の集い） イベント（アルゼンチンタンゴショー）	オンライン交流（中学生） マスクのプレゼント	○	柔道 バレーボール ハンドボール ホッケー
	オンライン交流（高校生）	○	陸上 テコンドー
	給食		ボクシング
		○	近代五種
ハンガリー水球選手の合宿時の交流・小学校訪問		○	水球 体操 新体操
ハンガリー自転車選手の合宿時の交流・小学校訪問	オンライン交流（小学生）	○	自転車
ハンガリーTA選手の合宿時の交流、中学校水泳部と合同練習	オンライン交流（中学生） 給食	○	TA
	料理		WL
オーストリアTA選手の合宿時の交流・茶道体験 市民派遣（中学生） イベント（オーストリア・フェスタ）	オンライン交流（中学生） 動画メッセージ	○	TA
―	キプロス陸上選手の合宿時の公開練習 オンライン交流（小学生） 動画メッセージ 駐日キプロス大使館職員の訪問・講演	○	陸上 自転車 パラ水泳 パラ射撃　など
―	給食		陸上 テコンドー 自転車 パラ陸上　など
ハンガリー柔道選手の合宿時の交流・合同練習・中学校訪問・文化体験 ハンガリーレスリング選手の合宿時の交流・伝統芸能体験・合同合宿 ハンガリー柔道ジュニア選手の訪問・文化交流		○	柔道 レスリング
コロンビアパラ陸上選手の合宿時の交流・小学校訪問		○	パラ陸上 パラTA パラ自転車

番号	自治体	相手国・地域	担当部局	認定年月	ホストタウンとなった経緯
163	前橋市	ベラルーシ	文化スポーツ観光部スポーツ課スポーツ誘致係	◇2019年2月	合宿誘致
164	前橋市	南スーダン	文化スポーツ観光部スポーツ課スポーツ誘致係		合宿誘致 JICAから南スーダンの国内情勢や選手の練習環境の状況を知った
165	高崎市	ポーランド	総務部企画調整課	◇2016年6月	合宿経験（バレーボール）合宿誘致
166	高崎市	ウズベキスタン	総務部企画調整課	◇2018年4月	2018年に市内で開催された新体操の世界大会をきっかけに
167	太田市	オーストラリア	文化スポーツ部文化スポーツ総務課	◇2018年12月	合宿経験（ソフトボール）合宿誘致
168	太田市	マラウイ	文化スポーツ部文化スポーツ総務課		合宿誘致 内閣官房の仲介
169	沼田市	ドイツ	総務部企画政策課／教育部スポーツ振興課	◇2017年7月	姉妹都市 合宿誘致
170	渋川市	ニュージーランド	総合政策部政策創造課企画戦略・共生社会推進係	◇2019年8月 ○2019年10月	友好都市
171	渋川市	モーリタニア	総合政策部政策創造課企画戦略・共生社会推進係	◇2019年10月	共通点（水資源を貴重にしている）
172	富岡市	フランス	企画財務部企画課	◇2019年6月 ○2019年10月	友好都市
173	富岡市	ミクロネシア	企画財務部企画課	◇2019年6月	交流の歴史（市国際交流協会がミクロネシアと20年以上の交流を継続している）
174	みどり市	香港	教育委員会社会教育課	◇2019年10月 ○2019年12月	合宿誘致
175	上野村	ブータン	教育委員会	◇2019年10月	共通点（風土と暮らし）
176	甘楽町	ニカラグア	企画課企画調整係	◇2019年6月	ニカラグアからの研修生の受け入れなどの縁
177	片品村	ホンジュラス	むらづくり観光課	◇2019年6月	JICAニカラグア事務所次長の仲介
178	川場村	アメリカ	むらづくり振興課	◇2016年12月	縁組協定を締結している東京都世田谷区と連携していて、同区のホストタウン事業に協力するため

ホストタウン交流の内容		合宿	
Covid-19以前	Covid-19以後	実施	競技
ベラルーシ体操選手の合宿時の交流・合同練習 ベラルーシ体操選手の訪問・技術披露イベント・抹茶体験・交流会・合同練習		○	体操
南スーダン陸上選手の合宿時の交流・各種陸上競技大会・陸上教室・学校行事・地域イベントに参加 南スーダン陸上選手の学校・こども園などの訪問	南スーダン陸上選手の各種陸上競技大会・陸上教室・学校行事・地域イベントに参加 南スーダン陸上選手の学校・こども園などの訪問	○	陸上
ポーランド柔道選手の合宿時の交流・合同練習 市民派遣（陸上）・マラソン大会参加 ポーランド歌手との交流 ポーランド市民の榛名山ヒルクライムに参加	ポーランドテニス・水泳選手の合宿時の公開練習 共同応援	○	陸上 水泳 柔道 テニス　など
ウズベキスタン新体操ジュニア選手の合宿時の交流・小学校訪問・給食体験		○	新体操
オーストラリアソフトボール選手の合宿時の交流・小学校訪問 展示	オンライン交流 オーストラリアソフトボール選手の合宿時の交流 動画メッセージ	○	ソフトボール
マラウイ出身者の訪問・講演		○	陸上 柔道 アーチェリー
ドイツフェンシング選手の合宿時の交流	イベント（ドイツウィーク・夕涼みマーケットinテラス沼田） ドイツの絵本のオンライン読み聞かせ交流会 オンラインツアー ドイツ応援かわり屏風の展示	○	フェンシング
ニュージーランド奨学生の訪問・交流 ニュージーランド高校生の訪問・交流 市民派遣（中学生）			
	駐日モーリタニア大使などの訪問・講演		
	フランス文化学習会 給食		
ニカラグア野球U18選手の訪問、中学生と交流 中南米研修員の訪問、園児と交流 市民派遣			
JICA職員の出前講座	JICA職員の出前講座		
	動画メッセージ		

219

番号	自治体	相手国・地域	担当部局	認定年月	ホストタウンとなった経緯	
179	邑楽町	トンガ	企画課企画政策推進係	◇2021年3月 ○2021年3月	共生社会 町内在住のトンガ出身者の縁をきっかけに	
埼玉県						
180	埼玉県・所沢市	イタリア	埼玉県：県民生活部オリンピック・パラリンピック課 所沢市：経営企画部東京オリンピック・パラリンピック総合推進室	◇2017年12月	合宿誘致	
181	埼玉県・加須市	コロンビア	埼玉県：県民生活部オリンピック・パラリンピック課 加須市：教育委員会生涯学習部スポーツ振興課	◇2017年12月	合宿誘致 県出身者がコロンビアの柔道代表チームのコーチを務めている縁から	
182	埼玉県・上尾市・伊奈町	オーストラリア	埼玉県：県民生活部オリンピック・パラリンピック課 上尾市：教育委員会スポーツ振興課 伊奈町：生涯学習課	◇2019年2月	姉妹都市 合宿誘致	
183	埼玉県・新座市	ブラジル	埼玉県：県民生活部オリンピック・パラリンピック課 新座市：総合政策部オリンピック・パラリンピック推進室	◇2016年12月	合宿誘致	
184	さいたま市	オランダ	都市戦略本部オリンピック・パラリンピック部	◇2016年12月	交流の歴史（埼玉大学空手部の卒業生がオランダで空手の普及活動を始めたことをきっかけに） 合宿誘致	
185	川越市	タイ	総合政策部オリンピック大会室	◇2019年4月	合宿誘致	
186	秩父市	コロンビア	市長室地域政策課	◇2019年6月	合宿誘致	
187	本庄市	トルコ	企画財政部オリンピック・パラリンピック支援室	◇2018年12月 ○2021年2月	合宿誘致 盲目の国学者である塙保己一の出身地であり、ブラインドサッカーを支援しているため	
188	東松山市	キューバ	教育委員会生涯学習部スポーツ課	◇2019年10月	合宿誘致	
189	草加市	コロンビア	自治文化部スポーツ振興課オリンピック・パラリンピック推進室	◇2019年4月	合宿誘致	
190	戸田市	オーストラリア	市民生活部文化スポーツ課	◇2019年12月	姉妹都市 合宿誘致	
191	北本市	アルジェリア	健康推進部スポーツ振興課	◇2020年2月 ○2020年4月	合宿誘致	

ホストタウン交流の内容		合宿	
Covid-19以前	Covid-19以後	実施	競技
―	手紙 動画メッセージ		
イタリア水泳選手の合宿時の交流、小学生の練習見学 イタリア陸上選手の合宿時の交流 イタリアホストタウン交流ツアー 祭り	イタリア陸上選手の合宿時の公開練習 オンライン交流 動画メッセージ	○	陸上 水泳 レスリング ゴルフ　など
コロンビアWL選手の合宿時の交流・小学校訪問 コロンビアレスリング選手の合宿時の交流・小学校訪問・高校訪問 コロンビアラグビー選手の合宿時の交流・小学校訪問・高校訪問 駐日コロンビア大使館職員の訪問・講演	オンライン交流 動画メッセージ 寄せ書きのプレゼント	○	WL レスリング ボクシング ラグビー　など
オーストラリア柔道選手の合宿時の交流・合同練習・小学校訪問 駐日オーストラリア大使館職員の訪問・講演	動画メッセージ	○	柔道
ブラジル陸上選手の合宿時の交流・小学校訪問・陸上交流会 ブラジル空手選手の大会応援ツアー 市民派遣（中高生）・ブラジリアンユーススクールゲームズに参加 ブラジル国際交流員の小中学校訪問	オンライン交流 動画メッセージ ブラジル国際交流員の小中学校訪問	○	陸上 水泳 空手 テコンドー
オランダ空手選手の合宿時の交流・合同練習		○	空手
タイ空手選手の合宿時の交流・合同練習・大会応援ツアー 市内タイクラブと小学生の交流・給食料理	動画メッセージ	○	空手
給食	コロンビア自転車選手の合宿時の公開練習 動画メッセージ 給食	○	自転車
トルコ5人制サッカー選手の合宿時の交流・公開練習	オンライン交流（小学生） 動画メッセージ	○	パラテコンドー 5人制サッカー
給食			テコンドー レスリング ボクシング
コロンビアパラ水泳選手の合宿時の交流・小学校講演・市民水泳大会参加・練習見学会・交流練習	オンライン交流（小学生） 給食	○	パラ水泳
		○	カヌー ボート
			パラ柔道 PL 車いすバスケ ゴールボール

221

番号	自治体	相手国・地域	担当部局	認定年月	ホストタウンとなった経緯	
192	富士見市	セルビア	協働推進部文化・スポーツ振興課	◇2018年12月 ○2019年12月	姉妹都市 合宿誘致	
193	三郷市	ギリシャ	企画政策部企画調整課ホストタウン交流推進係	◇2016年6月	交流の歴史（ギリシャ大使館職員とのスポーツ交流など） 合宿誘致	
194	幸手市	ベナン	教育部社会教育課スポーツ振興担当	◇2018年8月	駐日ベナン共和国特命全権大使の仲介	
195	鶴ヶ島市	ミャンマー	市民生活部地域活動推進課	◇2017年7月	交流の歴史（市内にある今泉記念ビルマ奨学会が、ミャンマーからの留学生への支援や同国での寺子屋教育などの支援活動を実施）	
196	吉川市	マカオ	政策室企画担当	◇2020年12月	内閣官房の仲介	
197	三芳町	オランダ	MIYOSHIオリンピアード推進課	◇2018年4月	合宿誘致	
198	三芳町	マレーシア	MIYOSHIオリンピアード推進課	◇2020年2月 ○2020年3月	姉妹都市	
199	横瀬町	アンドラ	まち経営課	◇2020年12月	共通点（美しい山々に囲まれた自然豊かな小さな町・国）	
200	寄居町	ブータン	総合政策課	◇2016年6月	合宿誘致	
千葉県						
201	千葉県	オランダ	環境生活部事前キャンプ・大会競技支援課事前キャンプ班	◇2017年12月	合宿経験（陸上） 合宿誘致	
202	銚子市	台湾	企画財政課銚子創生室	◇2018年10月	合宿経験（ソフトボール） 合宿誘致	
203	市川市	ブルガリア	文化スポーツ部スポーツ課	◇2017年12月	共通点（国花と市花がバラ） 合宿誘致	
204	船橋市	アメリカ	企画財政部政策企画課総務企画係／教育委員会生涯スポーツ課スポーツ振興係	◇2016年12月	姉妹都市 合宿誘致	

| ホストタウン交流の内容 | | 合宿 | |
Covid-19以前	Covid-19以後	実施	競技
動画メッセージ イベント（セルビアフェスタ） セルビア歌手のコンサート 給食	セルビアレスリング選手の合宿時の公開練習・交流 動画メッセージ 手紙 オンラインセルビア語教室	○	レスリング
駐日ギリシャ大使館職員の訪問・講演 イベント（ギリシャイヨルティ） ギリシャ神話講演 料理	ギリシャ陸上選手の合宿時の公開練習 オンライン交流（一般・中学生） 給食	○	陸上
ベナン空手選手・音楽教師の訪問・交流・小学校訪問 動画メッセージ イベント（ベナン紹介講座） ベナンに関する授業	千羽鶴・寄せ書きのプレゼント		
ミャンマー柔道選手の合宿時の交流・合同練習 駐日ミャンマー大使・大使夫人の中学校訪問 料理 給食		○	陸上 柔道
―	オンライン交流 給食		
オランダ柔道の合宿時の交流・公開練習 駐日オランダ大使館研究生の訪問・講演 給食	オランダ柔道選手の合宿時の公開練習・交流	○	柔道
	オンライン交流 料理		パラ陸上 パラ水泳 パラアーチェリー パラバドミントン
―	オンライン交流 アンドラを応援する子どもの作品募集		
ブータン陸上選手の合宿時の交流・中学校訪問・ホームステイ・陸上交流 青年海外協力隊員の体育教師の訪問・講演 町内高校生らのクラウドファンディングによってブータン初の陸上競技大会を実施し、同大会時に交流 祭り		○	陸上
オランダ陸上選手の合宿時の交流、中学生の練習見学、文化交流 オランダ水泳選手の合宿時の交流・水泳教室		○	陸上 水泳 AS パラ陸上　など
台湾の子どもの訪問、海洋環境保全をテーマにした人形劇	台湾からバナナのプレゼント		野球 ソフトボール
ブルガリア新体操選手の訪問・交流・文化体験、バラの植樹、合同演技披露会 イベント（ブルガリアフェア）	オンライン交流	○	新体操
アメリカ体操選手の合宿時の交流・歓迎会・練習見学・茶道体験・給食体験・体操体験会 ホストタウンオンラインシンポジウム参加	オンライン交流（小学生） 動画メッセージ オンラインイベント（アメリカホストタウン・オンラインシンポジウム） モザイクアートの作成	○	体操

番号	自治体	相手国・地域	担当部局	認定年月	ホストタウンとなった経緯	
205	館山市	オランダ	教育委員会教育部スポーツ課東京オリパラ・キャンプ誘致室	◇2017年12月	合宿誘致	
206	木更津市	ナイジェリア	企画部オーガニックシティ推進課	◇2019年8月	合宿誘致 2013年に西アフリカフェスティバルを開催したことをきっかけに	
207	松戸市	ドミニカ共和国	総合政策部東京オリンピック・パラリンピック推進課		合宿誘致 外務省の地方視察ツアーをきっかけに	
208	松戸市	ルーマニア	総合政策部東京オリンピック・パラリンピック推進課	◇2016年12月	合宿誘致 ルーマニアのマラソン選手を地元のマラソン大会に招待したことをきっかけに	
209	成田市	アイルランド	シティプロモーション部スポーツ振興課オリンピック・パラリンピック推進室	◇2018年8月 ○2019年8月	合宿誘致	
210	佐倉市・成田市・印西市	アメリカ	佐倉市：健康推進部生涯スポーツ課 成田市：シティプロモーション部スポーツ振興課オリンピック・パラリンピック推進室 印西市：企画財政部シティプロモーション課オリンピック・パラリンピック推進室	◇2016年12月	合宿経験（陸上） 合宿誘致	
211	佐倉市	ボツワナ	健康推進部生涯スポーツ課		合宿経験（ソフトボール） 合宿誘致	
212	佐倉市	ペルー	健康推進部生涯スポーツ課	◇2019年4月	交流の歴史（駐日ペルー大使が市の花火大会や観光施設を来訪するなど）	
213	旭市	ドイツ	教育委員会体育振興課体育振興班	◇2017年12月	交流の歴史（デュッセルドルフ市との子ども同士の卓球交流） 合宿誘致	
214	旭市	ザンビア	教育委員会体育振興課体育振興班	◇2020年2月	合宿誘致	
215	柏市	イギリス	地域づくり推進部秘書課	◇2019年4月 ○2020年3月	合宿誘致	
216	市原市・君津市	ニュージーランド	市原市：スポーツ国際交流部スポーツ振興課オリンピック・パラリンピック推進室 君津市：企画政策部政策推進課	◇2016年12月 2019年12月 君津市追加	交流の歴史（市民レベルでの25年以上の交流） 合宿経験（ソフトボール） 合宿誘致	

ホストタウン交流の内容		合宿	
Covid-19以前	Covid-19以後	実施	競技
オランダTA選手の合宿時の交流	オンラインシンポジウム 応援フラッグの作成	○	TA 水泳 自転車 ビーチバレー
ナイジェリアサッカー U12チームと市内サッカークラブの親善試合 展示	ナイジェリア陸上選手の合宿時の公開練習 動画メッセージ	○	陸上 卓球 パラ陸上 パラボート　など
ドミニカ関係者の訪問・交流・文化体験 市内高校でドミニカの文化芸術プレゼンテーション ドミニカアーティストのバイオリンコンサート	オンライン交流（大学生） 動画メッセージ	○	テコンドー
ルーマニア陸上選手の合宿時の交流・合同練習・高校訪問 ルーマニア陸上選手の訪問・マラソン大会参加・交流 イベント（ルーマニアフェスタ） ルーマニア交響楽団のコンサート	オンライン交流（中学生） 動画メッセージ	○	陸上
アイルランドパラ水泳選手の合宿時の交流・特別支援学校訪問・水泳教室・文化体験	壮行会 動画メッセージ	○	パラ陸上 パラ水泳 PL パラアーチェリー など
アメリカ陸上選手の訪問・陸上教室・指導者向け教室・文化体験 アメリカ空軍太平洋音楽隊のコンサート			陸上
ボツワナソフトボール選手の合宿時の交流		○	ソフトボール
ドイツ卓球選手の訪問・卓球交流・文化交流	動画メッセージ		卓球
	オンライン交流（中学生） 動画メッセージ 応援グッズ・マスクのプレゼント ザンビア紹介動画の配信		陸上 ボクシング サッカー
イギリス車いすテニス選手の合宿時の交流		○	車いすテニス
ニュージーランドソフトボールチームとU23日本代表チームの強化合宿、中学校訪問・トークセッション・ソフトボール教室	動画メッセージ	○	ソフトボール

番号	自治体	相手国・地域	担当部局	認定年月	ホストタウンとなった経緯	
217	流山市	オランダ	教育委員会生涯学習部スポーツ振興課	◇2016年6月	交流の歴史（明治期にオランダ人技師によって設計された利根運河があることをきっかけに）合宿誘致	
218	我孫子市	スロベニア	総務部秘書広報課	◇2021年7月	合宿誘致 柔道の創始者・嘉納治五郎師範ゆかりの地であることをきっかけに	
219	浦安市	イギリス	市民経済部地域振興課	◇2018年2月 ○2019年8月	合宿経験（バスケ）合宿誘致	
220	浦安市	スロバキア	市民経済部地域振興課	◇2019年6月	合宿誘致	
221	浦安市	フランス	市民経済部地域振興課	◇2019年10月	合宿誘致	
222	浦安市	オランダ	市民経済部地域振興課	◇2020年3月	合宿経験（アーチェリー）合宿誘致	
223	白井市	ブルキナファソ	企画財政部企画政策課	◇2019年12月	交流の歴史（民間の交流）	
224	山武市	スリランカ	総務部東京オリンピック・パラリンピック戦略推進室	◇2016年1月	合宿誘致 里親・里子交流をきっかけに	
225	いすみ市	フランス	オリンピック・観光課オリンピック推進室	◇2020年2月	合宿誘致（サーフィン）	
226	横芝光町	ベリーズ	企画空港課	◇2018年2月	合宿誘致 町内在住の日本ベリーズ友好協会理事とベリーズ国名誉総領事との縁から	
227	長柄町	ロシア	企画財政課	◇2019年10月	合宿誘致	
東京都						
228	港区	ジンバブエ	企画経営部企画課オリンピック・パラリンピック推進担当	◇2020年5月	交流の歴史（区内小中一貫校がジンバブエを学習・交流対象としていたなど）	
229	文京区	ドイツ	アカデミー推進部スポーツ振興課オリンピック・パラリンピック推進担当	◇2016年12月	姉妹都市	
230	文京区	パラリンピック難民選手団	アカデミー推進部スポーツ振興課オリンピック・パラリンピック推進担当	◇2021年6月	これまで難民支援をおこなってきた	
231	墨田区	ボリビア	地域力支援部オリンピック・パラリンピック室	◇2020年10月	共通点（伝統的な民族文化・芸術）	
232	品川区	コロンビア	文化スポーツ振興部オリンピック・パラリンピック準備課	◇2019年10月	合宿誘致	
233	目黒区	ケニア	文化・スポーツ部文化・交流課交流推進係	◇2017年12月	交流の歴史（区内に駐日ケニア大使館が所在する縁から）	

| ホストタウン交流の内容 | | 合宿 | |
Covid-19以前	Covid-19以後	実施	競技
オランダバレーボール選手の合宿時の交流・公開練習・バレーボール教室		○	卓球 バレーボール ハンドボール パラ卓球
―	スロベニア柔道選手との事後交流 動画メッセージ	○	柔道 テコンドー
イギリス車いすバスケ選手の合宿時の交流・公開練習試合・文化体験・体験会		○	車いすバスケ
	スロバキア陸上選手の合宿時の公開練習 オンライン交流（小学生）	○	陸上
フランスカヌー選手の合宿時の交流	オンライン交流（中高生）	○	カヌー パラカヌー
―	オランダアーチェリー選手の合宿時の公開練習	○	アーチェリー
	駐日ブルキナファソ大使のオンライン講演		
スリランカ柔道選手・陸上の訪問・交流 スリランカ元陸上選手の訪問・講演 スリランカ中高生の訪問・文化交流・ホームステイ 市民派遣（中高生）	オンライン交流 動画メッセージ 応援旗・うちわのプレゼント		陸上 水泳 柔道
	オンライン交流 食文化学習		サーフィン
	オンライン交流（小中学生） 動画メッセージ マスクのプレゼント		陸上 カヌー
ロシア出身留学生との文化交流会 給食	メッセージ入り応援旗のプレゼント		フェンシング
―	ベースボール5を通じた交流 ホストタウンアドバイザーの授業 給食		
イベント（スポーツ×ドイツホストタウンフェスティバル） 給食	イベント（文の京・ドイツ文化講座） 料理		
―	オンライン交流（小学生） ホストタウン特別講座 子ども新聞の作成 応援メッセージを書いた青い紙飛行機のプレゼント		
―	オンライン交流 動画メッセージ 法被の作成・プレゼント		
コロンビアボッチャ選手の合宿時の交流・小学校訪問・ボッチャ交流	コロンビアPL・ボッチャ選手の合宿時の公開練習・交流 動画メッセージ	○	PL ボッチャ
ケニア陸上選手の小学校訪問・交流 シューズのプレゼント イベント（ジャンボ！ケニアデー）			

番号	自治体	相手国・地域	担当部局	認定年月	ホストタウンとなった経緯
234	大田区	ブラジル	スポーツ・文化・国際都市部スポーツ推進課東京オリンピック・パラリンピック推進担当	◇2017年12月	合宿誘致
235	世田谷区	アメリカ	交流推進担当部交流推進担当課	◇2016年6月 ○2017年12月 ◎2019年10月	合宿誘致
236	杉並区	イタリア	区民生活部文化・交流課オリンピック・パラリンピック連携推進担当	◇2019年12月	合宿誘致
237	杉並区	ウズベキスタン	区民生活部文化・交流課オリンピック・パラリンピック連携推進担当	◇2020年6月	合宿誘致
238	豊島区	バングラデシュ	文化商工部学習・スポーツ課	◇2018年10月	交流の歴史（在日バングラデシュ人のコミュニティによるイベントなど）
239	豊島区	セントルシア	文化商工部学習・スポーツ課	◇2019年4月	日本に住むわずか6人のセントルシア人のうち1人が区内在住である縁から
240	北区	ハンガリー	地域振興部東京オリンピック・パラリンピック担当課	◇2021年7月	合宿誘致
241	荒川区	アルバ	地域文化スポーツ部文化交流推進課／スポーツ振興課	◇2020年8月	共通点（歴史あるまち並み、ふれあいを大切にするなど）
242	板橋区	イタリア	区民文化部スポーツ振興課	◇2019年6月	友好都市 合宿誘致
243	練馬区	エクアドル	地域文化部オリンピック・パラリンピック担当課	◇2020年2月 ○2020年3月	合宿誘致
244	練馬区	デンマーク	地域文化部オリンピック・パラリンピック担当課	◇2020年2月	大会期間中にデンマーク人選手が区内に宿泊予定のため
245	足立区	オランダ	政策経営部経営戦略推進担当課オリンピック・パラリンピック担当	◇2019年10月 ○2020年3月	交流の歴史（共生社会の先進国として）
246	江戸川区	オランダ	文化共育部スポーツ振興課	◇2017年7月 ○2019年5月 ◎2019年10月	交流の歴史（共生社会の先進国として）

ホストタウン交流の内容		合宿	
Covid-19以前	Covid-19以後	実施	競技
ブラジルハンドボール選手の合宿時の交流・親善試合・小中学校訪問・大会応援ツアー ブラジルバレーボール選手の合宿時の交流・公開練習 イベント（ブラジルの文化に触れよう！） 給食	給食 オンライン交流	○	テコンドー ボクシング ビーチバレー ハンドボール　など
アメリカフィギュアスケート選手の医療施設訪問 アメリカスポーツ関係者・コーチの訪問・スポーツ教室 アメリカ陸上選手の訪問・トークショー 日米政府高官の訪問、子どもたちの交流	アメリカTA選手の医療施設訪問・交流 オンラインイベント（アメリカホストタウン・オンラインシンポジウム） モザイクアートの作成 給食	○	陸上 空手 ビーチバレー ラグビー　など
イタリア文化セミナー	オンライン交流（小学生） オリジナルパンのプレゼント	○	カヌー ビーチバレー
―	壮行会 動画メッセージ オリジナルパンのプレゼント	○	ボクシング
	イベント（としま文化の日）		
セントルシア出身者の小学校訪問 料理	セントルシア出身者の小学校訪問 イベント（としま文化の日）		
―	ハンガリーフェンシング選手との事後交流 オンライン交流 動画メッセージ 応援メッセージカードのプレゼント	○	柔道 フェンシング
―			
展示	イタリア・ボローニャ国際絵本原画展 手紙	○	バレーボール
	動画メッセージ	○	パラ陸上
	オンライン交流（小学生） 動画メッセージ		射撃
オランダ陸上選手の訪問・交流・ワークショップ オランダパラ卓球選手の訪問・交流・パラスポーツ体験 オランダコーフボール指導者の訪問・講習会・コーフボール体験会 オランダ車いすバスケ選手の訪問・パラスポーツ体験・ワークショップ	動画メッセージ		
オランダ陸上選手の訪問・交流・ワークショップ オランダコーフボール指導者の訪問・講習会・コーフボール体験会 オランダ車いすバスケ選手の訪問・パラスポーツ体験・ワークショップ オランダパラ選手の訪問、イベント（パラスポーツフェスタえどがわ）に参加	オランダからチューリップのプレゼント		

番号	自治体	相手国・地域	担当部局	認定年月	ホストタウンとなった経緯	
247	八王子市	アメリカ	生涯学習スポーツ部スポーツ振興課	◇2019年4月	合宿誘致	
248	八王子市	台湾	生涯学習スポーツ部スポーツ振興課	◇2020年5月	友好都市 合宿誘致	
249	立川市	ベラルーシ	産業文化スポーツ部オリンピック・パラリンピック準備室	◇2019年2月	合宿誘致	
250	武蔵野市	ルーマニア	市民部多文化共生・交流課	◇2016年1月 ○2019年12月	友好都市 合宿誘致	
251	三鷹市	チリ	スポーツと文化部スポーツ推進課	◇2020年10月 ○2020年10月	共通点（天文台・望遠鏡） 合宿誘致	
252	青梅市	ドイツ	経済スポーツ部オリンピック・パラリンピック担当	◇2016年6月	姉妹都市 合宿誘致	
253	府中市	オーストリア	政策総務部政策課	◇2017年12月	友好都市 合宿誘致	
254	府中市	オーストラリア	政策総務部政策課	◇2018年2月	合宿経験（野球） 合宿誘致	
255	調布市	サウジアラビア	生活文化スポーツ部文化生涯学習課	◇2016年1月	合宿経験（サッカー）	
256	町田市	南アフリカ	文化スポーツ振興部オリンピック・パラリンピック等国際大会推進課	◇2016年6月	合宿経験（ラグビー） 合宿誘致	
257	町田市	インドネシア	文化スポーツ振興部オリンピック・パラリンピック等国際大会推進課	◇2019年4月 ○2020年3月	合宿誘致	
258	日野市	ウクライナ	企画部企画経営課東京2021オリンピック・パラリンピック担当	◇2019年6月	合宿誘致（空手）	
259	東村山市	中国	地域創生部東京2020オリンピック・パラリンピック推進課	◇2017年7月	友好都市	

| ホストタウン交流の内容 | | 合宿 | |
Covid-19以前	Covid-19以後	実施	競技
アメリカクライミング選手の合宿時の交流・小学校訪問・給食交流 駐日アメリカ大使館職員の訪問・講演	動画メッセージ	○	クライミング
―	オンライン交流 動画メッセージ		PL
動画メッセージ 給食	写真展	○	新体操
ルーマニア柔道・パラ柔道選手の応援・大会後交流 市民派遣 ルーマニアアーティストのコンサート 文化講座（ワイン・食文化・風景・民族衣装）	オンライン交流 動画メッセージ 料理		
―	チリパラ卓球選手の合宿時の公開練習 動画メッセージ オンライン講座 料理（オンライン）	○	パラ卓球 パラアーチェリー
ドイツカヌー選手の合宿時の交流 ドイツ中高生の訪問・交流・ホームステイ・文化体験 市民派遣（中高生） イベント（ドイツウィーク）	動画メッセージ イベント（ドイツウィーク） 給食	○	カヌー
イベント（府中ホストタウンフェスティバル） 展示 給食	動画メッセージ オンライン夏祭り 応援写真の募集と公開	○	卓球
オーストラリア野球選手の合宿時の交流・公開練習 オーストラリア車いすバスケ選手の訪問・交流・車いすバスケ体験会・公開練習試合 オーストラリア高校生の訪問・野球交流・文化体験 市民派遣（中学生）	オンライン交流（小学生） 動画メッセージ 応援写真の募集と公開	○	野球 ラグビー 車いすバスケ
イベント（サウジアラビア文化展・講演会・調理体験 サウジアラビア王国をより知るために） 展示	オンライントークイベント（サウジアラビア応援DAY）		
イベント（ネルソンマンデラ国際デー） イベント（南アフリカワインフェア） 料理 給食	動画メッセージ イベント（ネルソンマンデラ国際デー） イベント（南アフリカ・インドネシアと繋がって輪になろう！シリーズ） JICA職員の出前講座		
インドネシア空手・パラバドミントン選手の合宿時の交流 給食	インドネシアパラバドミントン選手の合宿時の公開練習 オンライン交流 動画メッセージ イベント（南アフリカ・インドネシアと繋がって輪になろう！シリーズ）	○	空手 バドミントン パラバドミントン
ウクライナ空手選手の合宿時の交流・合同練習 駐日ウクライナ大使館職員の訪問・講演 ウクライナ音楽のコンサート	ウクライナ音楽のコンサート	○	空手
市民派遣（小学生・サッカー） 給食	オンライン交流（小学生） 中国からマスクのプレゼント 給食		

231

番号	自治体	相手国・地域	担当部局	認定年月	ホストタウンとなった経緯	
260	国分寺市	ベトナム	市民生活部スポーツ振興課スポーツ振興担当	◇2018年8月 ○2019年10月	交流の歴史（文化交流、政府・大学関係者などの研修生の受け入れなど）	
261	武蔵村山市	モンゴル	企画財政部企画政策課企画政策係	◇2017年12月	相撲が盛んなことから	
262	多摩市	アイスランド	くらしと文化部オリンピック・パラリンピック推進室	◇2019年12月	共通点（地域と人にやさしい持続可能なまちづくり） 合宿誘致	
263	羽村市	キルギス	企画総務部東京オリンピック・パラリンピック準備室	◇2019年6月	合宿経験（柔道） 合宿誘致	
264	西東京市	オランダ	生活文化スポーツ部スポーツ振興課	◇2018年12月 ○2020年3月	交流の歴史（共生社会の先進国として）	
神奈川県						
265	神奈川県・藤沢市	ポルトガル	神奈川県：スポーツ局オリンピック・パラリンピック課 藤沢市：生涯学習部東京オリンピック・パラリンピック開催準備室	◇2019年10月 ○2019年12月	合宿誘致	
266	神奈川県・藤沢市	エルサルバドル	神奈川県：スポーツ局オリンピック・パラリンピック課 藤沢市：生涯学習部東京オリンピック・パラリンピック開催準備室	◇2019年12月	合宿誘致 市からエルサルバドルに対して消防車両を譲渡したことをきっかけに	
267	神奈川県・藤沢市	エジプト	神奈川県：スポーツ局オリンピック・パラリンピック課 藤沢市：生涯学習部東京オリンピック・パラリンピック開催準備室	◇2020年3月	合宿誘致	
268	神奈川県・小田原市・箱根町・大磯町	エリトリア	神奈川県：スポーツ局オリンピック・パラリンピック課 小田原市：企画部企画政策課 箱根町：企画観光部企画課 大磯町：政策総務部政策課政策係	◇2016年1月 ○2020年6月 注（7）	合宿誘致 地域における（S）スポーツの振興、（K）教育文化の向上、（Y）友好関係の構築を図る取り組み（SKYプロジェクト）をきっかけに	
269	神奈川県・小田原市・箱根町・大磯町	ブータン	神奈川県：スポーツ局オリンピック・パラリンピック課 小田原市：企画部企画政策課 箱根町：企画観光部企画課 大磯町：政策総務部政策課政策係	◇2016年12月 ○2020年6月 注（7）	合宿誘致 地域における（S）スポーツの振興、（K）教育文化の向上、（Y）友好関係の構築を図る取り組み（SKYプロジェクト）をきっかけに	

ホストタウン交流の内容		合宿	
Covid-19以前	Covid-19以後	実施	競技
ベトナムPL選手の合宿時の交流・PL体験会 ベトナムフリースタイルフットボール選手の訪問・パフォーマンス ホストタウン交流講座	写真展 展示 料理	○	PL パラ水泳
市民派遣（小中学生）			
国際理解講座 写真展	オンライン交流 動画メッセージ 駐日アイスランド大使の訪問・講演・小中学校訪問 イベント（アイスランドWEEK）	○	陸上 水泳 パラ水泳 パラ自転車　など
キルギス柔道選手の合宿時の交流 元在キルギス日本大使の訪問・講演 友好親善コンサート 文化講座（食文化）	オンライン交流 動画メッセージ 応援メッセージポスターのプレゼント ユルタの組み立て・解体ワークショップ	○	柔道
オランダ陸上選手の訪問・交流授業・ワークショップ オランダパラ卓球選手の訪問・交流・スポーツ交流・公開練習 オランダコーフボール指導者の訪問・ワークショップ・コーフボール体験会 オランダ車いすバスケ選手の訪問・パラスポーツ体験・ワークショップ	オンライン交流（中学生） eスポーツ大会		
	オンライン交流 動画メッセージ ポルトガルパラ選手の紹介動画の作成 記念品のプレゼント	○	パラ自転車 パラ柔道 ボッチャ パラバドミントン など
	動画メッセージ 記念品・カルタのプレゼント エルサルバドルからコーヒーのプレゼント 双方のゆるキャラの交流	○	陸上 ボクシング
—	オンライン交流 動画メッセージ 記念品のプレゼント	○	フェンシング
エリトリア陸上選手の訪問・交流 エリトリア出身留学生の訪問・交流 イベント（エリトリアを知ってつながるキックオフ） 祭り	動画メッセージ 寄せ書き・応援メッセージを添えた小田原風鈴のプレゼント		
ブータンアーチェリー選手の訪問・交流 料理 給食	オンライン交流 動画メッセージ 寄せ書き・応援メッセージを添えた小田原風鈴のプレゼント	○	パラ陸上 アーチェリー パラアーチェリー

番号	自治体	相手国・地域	担当部局	認定年月	ホストタウンとなった経緯
270	神奈川県・小田原市・箱根町・大磯町	ミャンマー	神奈川県：スポーツ局オリンピック・パラリンピック課 小田原市：企画部企画政策課 箱根町：企画観光部企画課 大磯町：政策総務部政策課政策係	◇2018年8月 ○2020年6月 注（7）	合宿誘致 地域における（S）スポーツの振興、（K）教育文化の向上、（Y）友好関係の構築を図る取り組み（SKYプロジェクト）をきっかけに
271	横浜市	イギリス	市民局オリンピック・パラリンピック推進課／国際局国際政策部国際連携課	◇2016年1月 ○2019年12月	合宿誘致
272	横浜市	チュニジア	市民局オリンピック・パラリンピック推進課／国際局国際政策部国際連携課	◇2018年4月	交流の歴史（アフリカ開発会議の開催などをきっかけに）
273	横浜市	イスラエル	市民局オリンピック・パラリンピック推進課／国際局国際政策部国際連携課		交流の歴史（テルアビブ-ヤッフォ市との共同声明をきっかけに）
274	横浜市	ベナン	市民局オリンピック・パラリンピック推進課／国際局国際政策部国際連携課	◇2018年8月	交流の歴史（アフリカ開発会議の開催などをきっかけに）
275	横浜市	ボツワナ	市民局オリンピック・パラリンピック推進課／国際局国際政策部国際連携課／都筑区地域振興課		交流の歴史（都筑区が個別の交流を実施）
276	横浜市	コートジボワール	市民局オリンピック・パラリンピック推進課／国際局国際政策部国際連携課	◇2018年10月	コートジボワールアビジャン自治区との交流協力共同声明をきっかけに
277	横浜市	モロッコ	市民局オリンピック・パラリンピック推進課／国際局国際政策部国際連携課		交流の歴史（アフリカ開発会議の開催などをきっかけに）
278	横浜市	ブルガリア	市民局オリンピック・パラリンピック推進課／国際局国際政策部国際連携課／保土ケ谷区地域振興課	◇2019年10月	交流の歴史（ソフィア国立歌劇団ガラコンサートでの交流を契機に、パートナー都市協定を締結）
279	横浜市	アルジェリア	市民局オリンピック・パラリンピック推進課／国際局国際政策部国際連携課	◇2020年2月	交流の歴史（アフリカ開発会議の開催などをきっかけに）
280	川崎市	イギリス	市民文化局オリンピック・パラリンピック推進室	◇2016年1月 ○2018年5月 ◎2019年8月	合宿誘致
281	相模原市	ブラジル	市長公室シビックプライド推進部オリンピック・パラリンピック推進課	◇2017年12月	合宿誘致
282	相模原市	カナダ	市長公室シビックプライド推進部オリンピック・パラリンピック推進課	◇2018年4月	友好都市 合宿誘致

ホストタウン交流の内容		合宿	
Covid-19以前	Covid-19以後	実施	競技
ミャンマー出身留学生の訪問・交流 給食	動画メッセージ 応援メッセージを添えた小田原風鈴のプレゼント		
イギリス水泳選手の合宿時の交流・水泳教室・公開練習 イギリスTA・パラTA選手の訪問・交流・ワークショップ イギリス小学生の訪問・交流 イギリス交響楽団の訪問・交流	オンライン交流（小学生） 動画メッセージ イギリスオリンピック委員会関係者のオンライン講演		WL ホッケー PL 車いすフェンシング など
チュニジア剣道選手の訪問・交流 駐日チュニジア大使夫人の訪問・講演 市内小中学校の授業（アフリカとの一校一国）	オンライン交流（小学生） 動画メッセージ 駐日チュニジア大使の訪問・交流 祭り	○	柔道 アーチェリー
	動画メッセージ		柔道
駐日ベナン大使の小学校訪問・交流 市内小中学校の授業（アフリカとの一校一国） ベナンに関する学習成果発表	動画メッセージ JICA職員の出前講座 祭り 料理		
ボツワナソフトボール選手の訪問・交流 駐日ボツワナ大使の小学校訪問・交流 市内小中学校の授業（アフリカとの一校一国）	ボツワナ選手との事後交流 オンライン交流（小学生） 動画メッセージ 応援ボードのプレゼント	○	陸上 水泳 WL パラ陸上
手紙 花束のプレゼント 市内小中学校の授業（アフリカとの一校一国）	動画メッセージ 駐日コートジボワール大使の中学校訪問・交流 祭り 給食		
モロッコ出身者の学校訪問・交流 市内小中学校の授業（アフリカとの一校一国） 展示	動画メッセージ 祭り 給食		
ブルガリア理解教室 料理	ブルガリア理解教室 料理（オンライン） 給食		
	動画メッセージ 料理		
イギリス陸上選手の訪問・交流・合同練習 イギリスオリンピック委員会関係者・パラリンピック委員会関係者の訪問・講演 駐日イギリス大使館職員の小学校訪問・交流 給食	オンライン交流 動画メッセージ イギリス代表チームの大会応援ツアー テディ＆ローズの写真の募集	○	陸上 サッカー ラグビー パラ陸上
ブラジル水泳選手の合宿時の交流・公開練習・児童養護施設訪問・水泳教室 市民派遣（中高生） 給食	応援旗・手づくりメダルのプレゼント オンラインポルトガル語講座 写真展	○	水泳 カヌー バレーボール
カナダボート選手の合宿時の交流・練習見学会 給食	カナダボート選手の合宿時の公開練習 オンライン交流	○	ボート

番号	自治体	相手国・地域	担当部局	認定年月	ホストタウンとなった経緯	
283	横須賀市	イスラエル	経営企画部企画調整課／市長室国際交流・基地政策課	◇2019年10月	合宿経験（柔道）	
284	平塚市・神奈川県	リトアニア	平塚市：企画政策部オリンピック・パラリンピック推進課神奈川県：スポーツ局オリンピック・パラリンピック課	◇2016年1月◇2019年12月	合宿誘致	
285	鎌倉市	フランス	共生共創部文化課文化担当	◇2018年12月	姉妹都市合宿誘致	
286	小田原市	モルディブ	企画部企画政策課	◇2017年7月	交流の歴史（市内の国際交流イベントに駐日モルディブ大使が参加するなど）合宿誘致	
287	小田原市	オーストラリア	企画部企画政策課	◇2019年4月	友好都市合宿誘致	
288	茅ヶ崎市	北マケドニア	文化生涯学習部男女共同参画課	◇2019年4月	北マケドニアへの理解を深める機会を創出するため	
289	逗子市	スペイン	市民協働部市民協働課	◇2019年2月	合宿誘致	
290	厚木市	ニュージーランド	政策部企画政策課友好交流・オリンピック・パラリンピック推進係	◇2016年1月○2020年3月	合宿誘致	
291	葉山町	イギリス	政策財政部政策課	◇2017年7月	合宿誘致（セーリング）	
新潟県						
292	新潟県・新潟市・長岡市ほか注（2）	モンゴル	新潟県：観光文化スポーツ部スポーツ課新潟市：文化スポーツ部スポーツ振興課長岡市：地方創生推進部ながおか魅力発信課	◇2016年1月	合宿誘致	
293	新潟市	フランス	文化スポーツ部スポーツ振興課	◇2016年12月	姉妹都市合宿誘致	
294	新潟市	ロシア	文化スポーツ部スポーツ振興課	◇2018年12月	姉妹都市合宿誘致	

| ホストタウン交流の内容 | | 合宿 | |
Covid-19以前	Covid-19以後	実施	競技
イスラエル柔道選手の合宿時の交流 おもてなし観光マップのプレゼント	イスラエル柔道選手の合宿時の公開練習・交流 イスラエル柔道選手からサイン入りTシャツのプレゼント 展示	○	柔道
リトアニア選手の合宿時の交流・小中学校訪問・スポーツ教室、湘南ひらつか七夕まつりに参加 リトアニア民族舞踊団体の訪問・交流 市民派遣 イベント（リトアニアフェア）	リトアニア陸上・水泳選手の合宿時の公開練習 オンライン交流（大学生） イベント（リトアニアウィーク） 映画上映会	○	陸上 水泳 セーリング レスリング　など
フランスセーリング選手の合宿時の交流・小学校訪問	応援ぬりえのプレゼントと合宿施設への掲出 「YouTube」でのフランス情報発信 給食	○	セーリング
モルディブバドミントンジュニア選手の訪問・ホームステイ・合同練習 駐日モルディブ大使の訪問・講演	動画メッセージ 応援メッセージを添えた小田原風鈴のプレゼント		
オーストラリアラグビージュニア選手の訪問、タグラグビー大会に参加	オンライン交流 動画メッセージ オーストラリアオリンピック委員会のイベントに参加 応援メッセージを添えた小田原風鈴のプレゼント		ラグビー
手紙 祭り 展示 料理	動画メッセージ ラッピングバス 料理		
スペインセーリング選手の合宿時の交流・盆踊りに参加 イベント（Feria Zushi スペインまつり） スペイン語講座 文化講座（食文化）	オンライン交流 オンラインイベント	○	セーリング
ニュージーランドラグビー選手の合宿時の交流・公開練習 オンライン交流 イベント（Feel of NZ） 給食	ニュージーランドサッカー選手の合宿時の公開練習 オンライン交流（一般・小学生） 動画メッセージ ニュージーランド選手と小学生がサッカーゲームで対戦	○	ゴルフ バスケ ラグビー 車いすラグビー など
イギリスセーリング選手の合宿時の交流・小学校訪問 イギリスセーリング選手の葉山ヨットフェス訪問・親善大会に参加	イギリスセーリング選手のサイン入りヨットの展示 料理	○	セーリング
モンゴルパラアーチェリー選手の合宿時の交流・ホームステイ モンゴル出身力士やモンゴル出身留学生の訪問・交流 市民派遣（小中学生）	モンゴル出身留学生のモンゴル文化紹介 アートポスター展 給食	○	パラアーチェリー
	フランス空手選手の合宿時の公開練習 果物のプレゼント 手紙 アートポスター展	○	空手
	手紙 アートポスター展		新体操

番号	自治体	相手国・地域	担当部局	認定年月	ホストタウンとなった経緯	
295	長岡市・新潟県	オーストラリア	長岡市：市民部スポーツ振興課オリンピック・パラリンピック推進室 新潟県：県民生活・環境部スポーツ課スポーツイベント班	◇2017年7月 2020年3月 新潟県追加	合宿経験（水泳） 合宿誘致	
296	長岡市	オーストラリア	市民部スポーツ振興課オリンピック・パラリンピック推進室	○2020年4月		
297	三条市	コソボ共和国	総務部政策推進課政策推進係	◇2019年2月	駐日コソボ大使の仲介	
298	柏崎市	モンテネグロ	教育委員会水球のまち推進室		合宿誘致	
299	柏崎市	セルビア	教育委員会水球のまち推進室	◇2016年1月	合宿経験（水泳） 合宿誘致	
300	小千谷市	アメリカ領バージン諸島	教育委員会生涯学習課スポーツ振興室	◇2019年8月	宿泊の受け入れ施設が十分ではなく、規模が小さい国・地域のホストタウン登録を希望していたため	
301	加茂市	ロシア	教育委員会スポーツ振興課	◇2019年2月	姉妹都市 合宿経験（体操） 合宿誘致	
302	十日町市	クロアチア	教育委員会文化スポーツ部スポーツ振興課スポーツ振興係	◇2016年1月	合宿経験（サッカー）	
303	妙高市	スロベニア	教育委員会生涯学習課スポーツ振興係	◇2017年7月	姉妹都市 合宿誘致	
304	上越市	ドイツ	教育委員会オリンピック・パラリンピック推進室	◇2016年1月	合宿誘致	
305	魚沼市	ケイマン諸島	教育委員会生涯学習課社会体育係	◇2020年8月	共通点（自然環境の保全に取り組んでいる）	
富山県						
306	高岡市	ポーランド	教育委員会生涯学習・スポーツ課東京オリンピック・パラリンピック推進室	◇2017年7月	交流の歴史（民間レベルで経済・文化・スポーツなどの交流） 合宿誘致	
307	黒部市	インド	教育委員会スポーツ課	◇2019年12月	合宿誘致	
石川県						
308	石川県・小松市	ニュージーランド	石川県：観光戦略推進部国際交流課 小松市：経済観光文化部国際都市推進課	◇2017年7月	合宿誘致（カヌー）	
309	石川県・小松市	ブラジル	石川県：観光戦略推進部国際交流課 小松市：経済観光文化部国際都市推進課	◇2017年12月	合宿誘致（カヌー）	

ホストタウン交流の内容		合宿	
Covid-19以前	Covid-19以後	実施	競技
オーストラリア水泳選手の合宿時の交流・公開練習・水泳教室 オーストラリア起業家の訪問・講演	オンライン交流 動画メッセージ 寄せ書きのプレゼント	○	水泳
295番と同様			
コソボ柔道選手の合宿時の交流 祭り	コソボ柔道選手の合宿時の柔道クラブ員向け公開練習 動画メッセージ	○	柔道
モンテネグロ元水球監督の訪問・交流	動画メッセージ	○	水球
セルビア水球選手の合宿時の交流、日本代表チームとの公開試合 駐日セルビア大使の訪問・講演 市内小学生の駐日セルビア大使館訪問 料理	動画メッセージ 水球絵画を通じた交流	○	水球
	オンライン交流 動画メッセージ		
ロシア体操選手の合宿時の交流・公開練習・体操教室	動画メッセージ	○	体操
クロアチア柔道・空手・テコンドー選手の合宿時の交流・公開練習 クロアチアカップサッカーフェスティバル クロアチアに親しむ学校授業 映画上映会	クロアチア柔道・テコンドー選手の合宿時の公開練習 オンライン交流	○	柔道 空手 テコンドー
	千羽鶴のプレゼント		
ドイツ体操選手の合宿時の交流・公開練習 文化講演 手紙 料理	オンライン交流（一般・小学生） 動画メッセージ 手紙	○	体操 パラ柔道
―	オンライン交流 動画メッセージ		陸上
ポーランドレスリング選手の合宿時の交流・公開練習 給食	動画メッセージ	○	レスリング
インドから本のプレゼント	動画メッセージ 映画上映会 料理 給食		アーチェリー
ニュージーランドカヌー選手の合宿時の交流	動画メッセージ 給食	○	カヌー パラカヌー
ブラジルパラカヌー選手の合宿時の交流	動画メッセージ 給食	○	パラカヌー

番号	自治体	相手国・地域	担当部局	認定年月	ホストタウンとなった経緯	
310	石川県・小松市	イギリス	石川県：観光戦略推進部国際交流課 小松市：経済観光文化部国際都市推進課		合宿誘致（カヌー）	
311	石川県・小松市	フランス	石川県：観光戦略推進部国際交流課 小松市：経済観光文化部国際都市推進課	◇2018年6月	合宿誘致（カヌー）	
312	石川県・小松市	カナダ	石川県：観光戦略推進部国際交流課 小松市：経済観光文化部国際都市推進課		合宿誘致（カヌー）	
313	石川県・小松市	モザンビーク	石川県：観光戦略推進部国際交流課 小松市：経済観光文化部国際都市推進課		合宿誘致（カヌー）	
314	石川県・小松市	ノルウェー	石川県：観光戦略推進部国際交流課 小松市：経済観光文化部国際都市推進課		合宿誘致（カヌー）	
315	石川県・小松市	スロベニア	石川県：観光戦略推進部国際交流課 小松市：経済観光文化部国際都市推進課	◇2019年8月	合宿誘致（カヌー）	
316	小松市	ブラジル	経済観光文化部国際都市推進課			
317	小松市	イギリス	経済観光文化部国際都市推進課	○2019年10月		
318	小松市	フランス	経済観光文化部国際都市推進課			
319	小松市	カナダ	経済観光文化部国際都市推進課			
320	石川県・志賀町	アゼルバイジャン	石川県：観光戦略推進部国際交流課 志賀町：教育委員会生涯学習課	◇2019年2月	合宿誘致 小松空港とアゼルバイジャンを結ぶ貨物定期便が運航している縁から	
321	石川県・志賀町	ジョージア	石川県：観光戦略推進部国際交流課 志賀町：教育委員会生涯学習課		合宿誘致	
322	志賀町	アゼルバイジャン	教育委員会生涯学習課	○2020年4月		
323	石川県・穴水町	ロシア	石川県：観光戦略推進部国際交流課 穴水町：教育委員会	◇2019年8月	合宿誘致	
324	金沢市	フランス	文化スポーツ局オリンピック関連事業推進室	◇2016年6月 ○2019年12月	姉妹都市 合宿誘致	
325	金沢市	ロシア	文化スポーツ局オリンピック関連事業推進室	○2020年2月	姉妹都市 合宿誘致	
326	加賀市	ポルトガル	教育委員会スポーツ課	◇2018年12月	合宿誘致	
327	加賀市	台湾	教育委員会スポーツ課	◇2019年6月	友好都市 合宿誘致（空手）	
328	志賀町	アルバニア	教育委員会生涯学習課	◇2021年3月	合宿誘致 駐日アルバニア大使の仲介	

240

ホストタウン交流の内容		合宿	
Covid-19以前	Covid-19以後	実施	競技
イギリスカヌー選手の合宿時の交流	動画メッセージ 給食	○	カヌー パラカヌー
	動画メッセージ 給食	○	カヌー パラカヌー
カナダパラカヌー選手の合宿時の交流	動画メッセージ 給食	○	パラカヌー
	動画メッセージ 給食	○	カヌー
ノルウェーカヌー選手の合宿時の交流	動画メッセージ 給食	○	カヌー
	動画メッセージ 給食	○	カヌー
309番と同様			
310番と同様			
311番と同様			
312番と同様			
アゼルバイジャンレスリング選手の合宿時の交流	アゼルバイジャンパラ水泳選手の合宿時の交流 オンライン交流 動画メッセージ 似顔絵の作成	○	レスリング パラ水泳
	オンライン交流（高校生） 動画メッセージ 駐日ジョージア臨時代理大使の訪問・交流 給食		レスリング
320番と同様			
ロシアテコンドー選手の合宿時の交流・体験会	オンライン交流	○	テコンドー パラテコンドー
フランス水泳・WL選手の合宿時の交流・合同練習	動画メッセージ	○	水泳 WL パラ水泳
ロシア水泳選手の合宿時の交流・公開練習	動画メッセージ	○	水泳
ポルトガル柔道選手の合宿時の交流・合同練習	動画メッセージ 給食	○	柔道 テコンドー
―			空手
			柔道 レスリング

241

番号	自治体	相手国・地域	担当部局	認定年月	ホストタウンとなった経緯	
福井県						
329	福井市	スロベニア	総務部総合政策課	◇2017年12月 ○2020年4月	共通点（そば、水仙） 合宿誘致（バスケ）	
330	敦賀市	ポーランド	観光部人道の港発信室	◇2019年10月	1920年にロシア革命後の混乱したシベリアから救出されたポーランド孤児を受け入れてから100周年を迎えることをきっかけに	
331	大野市	東ティモール	行政経営部政策推進課	◇2017年7月	水への恩返しプロジェクトを立ち上げ、水の確保に苦しんでいる東ティモールを支援することをきっかけに	
332	鯖江市	中国	教育委員会生涯学習・スポーツ課	◇2017年7月	交流の歴史（眼鏡産業などでの交流） 合宿誘致（体操）	
333	越前町	カナダ	教育委員会スポーツ振興課	◇2020年2月	合宿経験（ホッケー） 合宿誘致（ホッケー）	
山梨県						
334	甲府市	フランス	市長室国際交流課	◇2017年12月	姉妹都市 合宿誘致	
335	富士吉田市	アメリカ	企画部企画課国際スポーツ大会キャンプ地誘致推進室	◇2021年3月	姉妹都市	
336	富士吉田市・山梨県	フランス	富士吉田市：企画部企画課国際スポーツ大会キャンプ地誘致推進室 山梨県：スポーツ振興局オリンピック・パラリンピック推進課	◇2016年6月	姉妹都市 合宿誘致	
337	山梨市	ドイツ	地域資源開発課東京オリンピック・パラリンピック対策担当	◇2016年12月	合宿誘致（WL）	
338	山梨市	キルギス	地域資源開発課東京オリンピック・パラリンピック対策担当	◇2020年2月 ○2020年4月	合宿誘致（WL）	
339	大月市	ネパール	総務部秘書広報課	◇2020年3月	交流の歴史（市民団体による交流）	
340	韮崎市	チェコ	総合政策課政策推進担当	◇2021年6月	交流の歴史（日本チェコ友好協会の事業をきっかけに） 合宿誘致	
341	北杜市	フランス	教育委員会生涯学習課社会体育担当	◇2017年7月	合宿誘致（自転車） BMX施設の活用のため	
342	笛吹市	タイ	教育委員会生涯学習課	◇2016年12月	合宿誘致（WL）	
343	甲州市	フランス	教育委員会生涯学習スポーツ振興担当	◇2016年12月	姉妹都市 合宿誘致（ハンドボール）	

| ホストタウン交流の内容 | | 合宿 | |
Covid-19 以前	Covid-19 以後	実施	競技
スロベニアパラリンピック委員会関係者の訪問・交流・文化体験 文化講座（そば・ハーバリウム） 共生社会教育 給食	動画メッセージ 手紙 祭り 応援メッセージボードの作成	○	水泳 新体操 バスケ パラ自転車　など
	動画メッセージ ライトアップ		
中国体操選手の合宿時の交流	共同応援	○	体操
カナダホッケー選手の合宿時の交流、町内チームとの親善試合		○	ホッケー
	オンライン交流（小学生） 動画メッセージ 給食	○	卓球 レスリング
—			
フランスラグビー選手の合宿時の交流・文化体験 フランス高校生の訪問・交流 パリで開催されたイベント（JAPAN EXPO）への出展 イベント（フランスホストタウンフェス in 富士北麓）	フランスラグビー選手の合宿時の公開練習 オンライン交流 動画メッセージ イベント（ふじよしだ2020ホストタウンPR企画展〜思いdeフランス〜）	○	ラグビー
ドイツWL選手の合宿時の交流・合同練習、イベントへの参加 市民派遣（高校生・WL） イベント（ドイツフェスティバルin Yamanashi） イベント（生誕250周年記念ベートーヴェンコンサート）		○	WL
	オンライン交流 動画メッセージ		PL
—			
—	オンライン交流（小学生）	○	パラ自転車
	自転車選手の合宿時の公開練習 動画メッセージ フランス語講座	○	自転車 ビーチバレー
文化講座			WL
フランスハンドボールチームの大会応援ツアー 文化講座（ワイン・ハーバリウム・料理） 料理	フランスハンドボール選手の合宿時の練習 試合への小学生の招待 オンライン交流（小学生） 動画メッセージ	○	ハンドボール

243

番号	自治体	相手国・地域	担当部局	認定年月	ホストタウンとなった経緯
344	都留市	フランス	教育委員会生涯学習課	◇2019年8月	合宿誘致
345	西桂町	フランス	企画財政課企画係	◇2018年2月	合宿誘致
346	忍野村	フランス	教育委員会	◇2016年12月	合宿誘致（バスケ）
347	山中湖村	フランス	観光課オリンピック推進室	◇2016年12月	合宿誘致
348	富士河口湖町・鳴沢村	フランス	富士河口湖町：政策財政課政策調整係 鳴沢村：企画課企画政策係	◇2016年12月	合宿誘致
349	富士河口湖町	フランス	政策財政課政策調整係	○2019年10月	
350	小菅村	パレスチナ	教育委員会	◇2020年2月	交流の歴史
長野県					
351	長野県・長野市・上田市ほか注（3）	中国	長野県：企画振興部国際交流課 長野市：企画政策部秘書課国際室 上田市：政策企画部交流文化スポーツ課	◇2016年12月 2017年7月 長野市追加	交流の歴史（冬季競技を通じた交流）
352	長野市	デンマーク	企画政策部秘書課国際室	◇2018年2月	合宿経験（水泳） 合宿誘致
353	岡谷市	カナダ	企画政策部企画課	◇2018年6月	交流の歴史（1998年長野オリンピック、2005年スペシャルオリンピックスなど）
354	伊那市	東ティモール	教育委員会スポーツ振興課	◇2017年7月	交流の歴史（元東ティモール日本国大使が伊那市出身であることをきっかけに）
355	駒ケ根市	ベネズエラ	企画振興課地域政策係		交流の歴史（市内にJICAの訓練所がある縁から）
356	駒ケ根市	ネパール	企画振興課地域政策係	◇2016年1月	友好都市 交流の歴史（市内にJICAの訓練所がある縁から）
357	佐久市	エストニア	教育委員会体育課	◇2016年1月	姉妹都市 交流の歴史（2005年スペシャルオリンピックスなど） 合宿誘致
358	千曲市	ハンガリー	教育委員会生涯学習課生涯学習係	◇2018年12月	交流の歴史（2005年スペシャルオリンピックスなど） 合宿誘致
359	東御市	モルドバ	企画振興部企画振興課	◇2017年7月	共通点（ワインが特産品） 合宿誘致
360	安曇野市	オーストリア	政策部政策経営課	◇2016年6月	姉妹都市 カヌースラロームコースの活用のため
361	立科町	ウガンダ	企画課企画情報係	◇2018年2月	合宿誘致

| ホストタウン交流の内容 | | 合宿 | |
Covid-19以前	Covid-19以後	実施	競技
	動画メッセージ 駐日フランス大使館職員の異文化交流会		バドミントン
イベント（フランスホストタウンフェス in 富士北麓）	動画メッセージ	○	フェンシング
	フランスバスケ選手の合宿時の親善試合への村民の招待 動画メッセージ	○	バスケ
フランス自転車選手の合宿時の交流	動画メッセージ	○	自転車
フランスTA選手の合宿時の交流・小学校訪問・大会応援ツアー イベント（フランスホストタウンフェス in 富士北麓） こども絵画展 祭り	動画メッセージ	○	TA パラTA
348番と同様			
	動画メッセージ		
文化講座（中国事情・切り絵）	共同応援		ラグビー
デンマーク水泳選手の合宿時の交流	デンマーク水泳選手の合宿時の公開練習	○	水泳
			卓球
		○	陸上 水泳
ネパール陸上選手の訪問・交流・合同練習			
エストニア柔道選手の合宿時の交流・合同練習 エストニア合唱団の訪問・給食体験・コンサート 市民派遣（中学生） イベント（エストニアウィーク）	エストニア陸上選手の合宿時の公開練習 手紙 料理 給食	○	陸上 柔道 レスリング フェンシング
ハンガリーミュージシャンのコンサート ハンガリー劇団の人形劇 映画上映会 料理	千羽鶴のプレゼント 映画上映会 給食		卓球
応援壁画の作成 展示	モルドバ水泳選手との事後交流 動画メッセージ 寄せ書きのプレゼント		水泳
オーストリアカヌー選手の訪問・交流 オーストリアカヌー関係者の訪問・交流 日本・オーストリア友好コンサート	オンライン交流 動画メッセージ 給食		
ウガンダ陸上選手の訪問・マラソン大会に参加	オンライン交流（小学生）	○	陸上

番号	自治体	相手国・地域	担当部局	認定年月	ホストタウンとなった経緯	
362	松川町	コスタリカ	生涯学習課男女共同参画係	◇2016年12月	交流の歴史（JICAの研修先として）	

岐阜県

番号	自治体	相手国・地域	担当部局	認定年月	ホストタウンとなった経緯	
363	岐阜県・高山市・下呂市	イギリス	岐阜県：清流の国推進部地域スポーツ課スポーツ交流係 高山市：市民活動部スポーツ推進課スポーツ推進係 下呂市：市長公室市民活動推進課		合宿経験（陸上）合宿誘致	
364	岐阜県・高山市・下呂市	フランス	岐阜県：清流の国推進部地域スポーツ課スポーツ交流係 高山市：市民活動部スポーツ推進課スポーツ推進係 下呂市：市長公室市民活動推進課	◇2016年1月	合宿経験（陸上）合宿誘致	
365	岐阜県・高山市・下呂市	アメリカ	岐阜県：清流の国推進部地域スポーツ課スポーツ交流係 高山市：市民活動部スポーツ推進課スポーツ推進係 下呂市：市長公室市民活動推進課		合宿経験（陸上）合宿誘致	
366	岐阜市	スロバキア	ぎふ魅力づくり推進部国際課ホストタウン推進室	◇2016年12月 ○2019年12月	姉妹都市 合宿誘致	
367	岐阜市・岐阜県	カナダ	岐阜市：ぎふ魅力づくり推進部国際課ホストタウン推進室 岐阜県：清流の国推進部地域スポーツ課スポーツ交流係	◇2018年12月 ○2019年12月	姉妹都市 合宿誘致	
368	岐阜市・関市	コートジボワール	岐阜市：ぎふ魅力づくり推進部国際課ホストタウン推進室 関市：協働推進部市民協働課	◇2018年12月	交流の歴史（運動靴をコートジボワールに送る活動など） 合宿誘致	
369	中津川市	アメリカ	文化スポーツ部生涯学習スポーツ課オリンピック推進室	◇2019年4月	合宿誘致	
370	羽島市	スリランカ	企画部市民協働課	◇2017年7月	交流の歴史（スリランカに対するボランティア活動など）	
371	恵那市	ポーランド	教育委員会スポーツ課スポーツ振興係	◇2019年10月	合宿誘致	
372	各務原市・岐阜県	オランダ	各務原市：教育委員会スポーツ課スポーツ振興係 岐阜県：清流の国推進部地域スポーツ課スポーツ交流係	◇2020年5月	国内最大規模のホッケー場の活用のため 合宿誘致	
373	郡上市	コロンビア	教育委員会スポーツ振興課	◇2018年6月	合宿誘致（ラグビー）	
374	郡上市	マダガスカル	教育委員会スポーツ振興課	◇2019年4月	合宿誘致（ラグビー）	

ホストタウン交流の内容		合宿	
Covid-19以前	Covid-19以後	実施	競技
コスタリカ柔道選手の訪問・合同練習・大会応援ツアー コスタリカ出身音楽留学生が音楽祭で演奏 イベント（コスタリカ祭り） 文化講座（スペイン語会話・アート）	コスタリカ陸上・パラ陸上選手との事後交流・スポーツ交流会・選手講演 オンライン交流 動画メッセージ 手紙		陸上 パラ陸上
	動画メッセージ		陸上
			陸上
			陸上
スロバキア空手選手の訪問・交流・中学校訪問・練習見学 スロバキアパラ選手の訪問・交流・小学校訪問・ボッチャ交流 市民派遣 イベント（スロバキアフェスティバル）	動画メッセージ 応援メッセージボードの作成	○	空手 卓球 パラ卓球 ボッチャ
カナダ陸上選手の合宿時の交流・小学校訪問・練習見学 カナダパラ陸上選手の訪問・交流・中学校訪問・特別支援学校訪問・大会応援 イベント（岐阜市ホストタウンウィーク） イベント（ホストタウン交流フェスタ）	オンライン交流（高校生） 動画メッセージ	○	陸上 パラ陸上
イベント（岐阜市ホストタウンウィーク） イベント（ホストタウン交流フェスタ） 応援メッセージフラッグの作成 料理	動画メッセージ 駐日コートジボワール大使の中学校訪問 応援メッセージボードの作成		水泳 テコンドー アーチェリー サッカー　など
アメリカレスリング選手の合宿時の交流	アメリカレスリング選手の合宿時の公開練習 壮行会	○	レスリング
スリランカ陸上ジュニア選手の訪問・交流 駐日スリランカ大使館職員の中学校訪問・交流 市民派遣（陸上指導者と消防士） 国際理解講座	動画メッセージ		
	ポーランドカヌー選手の合宿時の公開練習 オンライン交流 動画メッセージ	○	カヌー
―	オンライン交流（小学生） 動画メッセージ 料理 給食	○	ホッケー
コロンビアラグビー選手の合宿時の交流		○	ラグビー
マダガスカルラグビー選手の合宿時の交流		○	ラグビー

番号	自治体	相手国・地域	担当部局	認定年月	ホストタウンとなった経緯
375	八百津町	イスラエル	タウンプロモーション室企画推進係	◇2017年12月	交流の歴史（杉原千畝のふるさとである縁から）

静岡県

番号	自治体	相手国・地域	担当部局	認定年月	ホストタウンとなった経緯
376	静岡市	スペイン	観光交流文化局国際交流課国際化推進係	◇2016年6月 ○2019年12月	交流の歴史（江戸時代にスペインの難破船を救援した縁から） 合宿誘致
377	静岡市	台湾	観光交流文化局国際交流課国際化推進係	◇2016年6月	合宿経験（バドミントン）
378	静岡市	モーリシャス	観光交流文化局国際交流課国際化推進係	◇2019年12月 ○2019年12月	交流の歴史（市内の大学の教員が長年にわたって研究・交流していた）
379	静岡市	フランス	観光交流文化局国際交流課国際化推進係	◇2021年6月	姉妹都市 合宿誘致
380	浜松市	ブラジル	市民部スポーツ振興課	◇2016年6月 ○2017年12月 ◎2019年8月	合宿誘致 ブラジルからの移住者が多いため
381	沼津市	カナダ	産業振興部ウィズスポーツ課	◇2020年3月	合宿誘致（フェンシング）
382	熱海市	ブルネイ・ダルサラーム	観光建設部観光推進室	◇2020年9月	合宿誘致 経産省の仲介
383	三島市	アメリカ	産業文化部商工観光課観光政策係	◇2016年1月	合宿誘致
384	富士宮市	スペイン	教育委員会教育部スポーツ振興課振興係	◇2017年7月	合宿誘致
385	島田市	モンゴル	産業観光部文化資源活用課オリンピック・パラリンピック推進室	◇2017年7月	合宿誘致
386	島田市	シンガポール	産業観光部文化資源活用課オリンピック・パラリンピック推進室	◇2017年12月	合宿誘致
387	富士市	スイス	市民部多文化・男女共同参画課国際交流室	◇2018年8月	合宿誘致
388	富士市	ラトビア	市民部多文化・男女共同参画課国際交流室	◇2019年10月	交流の歴史（ボーイ・ガールスカウトによる交流など） 合宿誘致
389	焼津市	モンゴル	生きがい・交流部スポーツ課オリンピック・パラリンピック推進室	◇2016年1月 ○2019年12月	友好都市 合宿誘致
390	掛川市	台湾	協働環境部文化・スポーツ振興課	◇2016年1月	合宿誘致 JOCアーチェリー強化センターの活用のため
391	掛川市	モーリシャス	協働環境部文化・スポーツ振興課	◇2020年2月	合宿誘致
392	藤枝市	イタリア	スポーツ文化観光部スポーツ振興課	◇2016年1月	合宿誘致

| ホストタウン交流の内容 | | 合宿 | |
Covid-19以前	Covid-19以後	実施	競技
	動画メッセージ		
スペインバドミントン選手の合宿時の交流		○	バドミントン
台湾陸上ジュニア選手の合宿時の交流	オンライン交流（高校生） 寄せ書きのプレゼント	○	陸上
			水泳 柔道 卓球 パラ陸上　など
—	オンライン交流（中高生）	○	テコンドー
ブラジル柔道・ゴールボール・TA・パラ柔道・車いすマラソン選手の合宿時の交流・合同合宿 市民派遣（陸上と水泳） 料理	ブラジル柔道・新体操選手の合宿時の公開練習 オンライン交流（一般・小中学生） 動画メッセージ イペーの植樹	○	柔道 卓球 パラ水泳 SV　など
—	オンライン交流 動画メッセージ モザイクアート・千羽鶴のプレゼント	○	フェンシング
—			
アメリカバレーボール選手の合宿時の交流 手紙 料理 給食	オンライン交流（小学生） 動画メッセージ オンラインイベント（アメリカホストタウン・オンラインシンポジウム）	○	バレーボール
スペイン空手選手の合宿時の交流・応援ツアー 文化講座（フラメンコ）	スペイン空手選手との事後交流 動画メッセージ スペインから塗り絵のプレゼント	○	空手
モンゴルボクシング選手の合宿時の交流・小学校訪問・合同合宿、イベントへの出演	モンゴルボクシング選手の合宿時の公開練習	○	ボクシング
シンガポール卓球選手の合宿時の交流・交流大会・合同練習・中学校訪問	シンガポール卓球選手の合宿時の公開練習	○	卓球
スイス水泳・AS選手の合宿時の交流	オンライン交流	○	水泳 AS
	オンライン交流	○	陸上 3×3 パラ陸上 パラ水泳
モンゴルレスリング・パラテコンドー選手の合宿時の交流 市民派遣 市内高校生の応援プロジェクト 伝統楽器コンサート	オンライン交流 似顔絵・果物・マスクのプレゼント ゲルの設営 モンゴル書道体験会	○	レスリング 3×3 パラ陸上 パラテコンドー など
	応援メッセージカードのプレゼント		アーチェリー
	伝統工芸品のプレゼント 応援メッセージカードのプレゼント		ビーチバレー
イタリア射撃・柔道選手の合宿時の交流・小中学校訪問・大会応援ツアー 給食	応援タイル絵の作成	○	柔道 射撃 サッカー

番号	自治体	相手国・地域	担当部局	認定年月	ホストタウンとなった経緯	
393	御殿場市	台湾	産業スポーツ部2020オリンピック・パラリンピック課	◇2016年6月	合宿経験（サッカー）合宿誘致	
394	御殿場市	韓国	産業スポーツ部2020オリンピック・パラリンピック課	◇2016年12月	友好都市	
395	御殿場市	イタリア	産業スポーツ部2020オリンピック・パラリンピック課	◇2018年6月	合宿誘致	
396	袋井市	アイルランド	市民生活部スポーツ推進課	◇2018年12月	合宿誘致	
397	下田市	アメリカ	観光交流課	◇2017年12月	交流の歴史（ペリーの黒船来航以来の交流）合宿誘致	
398	菊川市	バーレーン	教育文化部社会教育課	◇2020年2月	地元企業の仲介	
399	伊豆の国市	モンゴル	教育部生涯学習課	◇2016年1月 ○2019年12月	姉妹都市	
400	牧之原市	中国	企画政策部情報交流課	◇2017年7月	合宿誘致（サーフィン）	
401	牧之原市	アメリカ	企画政策部情報交流課	◇2017年12月	姉妹都市 合宿誘致（サーフィン）	
402	小山町	台湾	オリンピック・パラリンピック推進局	◇2019年4月	自転車競技の会場となったことから	
愛知県						
403	名古屋市	フランス	観光文化交流局観光交流部観光推進課	◇2017年7月	姉妹都市 合宿誘致	
404	名古屋市	カナダ	観光文化交流局観光交流部観光推進課	◇2017年7月 ○2021年3月	交流の歴史（日本唯一のカナダ領事館が存在する縁から）合宿誘致	
405	名古屋市	ウズベキスタン	観光文化交流局観光交流部観光推進課		交流の歴史（市内の大学による留学生受け入れなど）	
406	豊橋市	ドイツ	文化・スポーツ部「スポーツのまち」づくり課	◇2016年6月	交流の歴史（ドイツの自動車会社の進出をきっかけに）合宿誘致	
407	豊橋市	リトアニア	文化・スポーツ部「スポーツのまち」づくり課	◇2016年6月 ○2019年12月	交流の歴史（2005年愛知万国博覧会）	
408	岡崎市	中国	社会文化部多様性社会推進課	◇2018年10月	友好都市	
409	岡崎市	モンゴル	社会文化部多様性社会推進課	◇2019年4月	合宿誘致	
410	一宮市	アメリカ	教育委員会教育文化部スポーツ課	◇2021年3月	合宿誘致	
411	半田市	中国	健康子ども部スポーツ課	◇2017年12月	友好都市	
412	刈谷市	カナダ	教育委員会教育部スポーツ課	◇2019年8月	姉妹都市 合宿誘致	

ホストタウン交流の内容		合宿	
Covid-19以前	Covid-19以後	実施	競技
給食			サッカー
韓国WL選手の合宿時の交流		○	WL
イタリア空手選手の合宿時の交流・親善試合・空手教室・大会応援ツアー イタリアで御殿場市のスポーツ文化について講演 展示	イタリア空手選手の合宿時の公開練習 イタリア空手選手との事後交流 動画メッセージ	○	柔道 空手
アイルランド陸上選手の合宿時の交流・合同練習 料理	動画メッセージ 手紙	○	陸上 近代五種 馬術 バドミントン　など
	応援メッセージ入り国旗のプレゼント オンラインイベント（アメリカホストタウン・オンラインシンポジウム） メッセージと記念品のプレゼント		サーフィン
モンゴル柔道選手の合宿時の交流・合同練習		○	柔道 パラ柔道
中国サーフィン選手の合宿時の交流・小学校訪問・文化体験（茶道・浴衣）	中国からマスクのプレゼント	○	サーフィン
	オンライン交流 オンラインイベント（アメリカホストタウン・オンラインシンポジウム） メッセージ入り国旗のプレゼント	○	サーフィン
台湾自転車選手の訪問、自転車大会に参加			
イベント（ランスフェスティバル） イベント（なごやホストタウン祭）			柔道
カナダ車いすバスケ選手の合宿時の交流・親善試合 イベント（なごやホストタウン祭）	オンライン交流	○	車いすバスケ
イベント（ウズベキスタンウィークインジャパン） イベント（なごやホストタウン祭）	ウズベキスタンパラ陸上選手の訪問・講演 オンライン交流 手紙 オンラインパラスポーツ体験会		
ドイツテコンドー選手の合宿時の交流・小学校訪問	動画メッセージ 共同応援	○	テコンドー
リトアニアゴールボール選手の合宿時の交流・パラスポーツ体験	動画メッセージ	○	ゴールボール
中国小学生の訪問・交流	動画メッセージ マスクのプレゼント		
モンゴルアーチェリー選手の合宿時の交流・親善試合	動画メッセージ	○	アーチェリー
―	動画メッセージ		SV
中国スポーツ指導者の訪問・スポーツ交流・文化交流 市民派遣（陸上）			
	オンライン交流（小中学生） 料理 給食	○	バスケ

番号	自治体	相手国・地域	担当部局	認定年月	ホストタウンとなった経緯	
413	豊田市	イギリス	経営戦略部国際まちづくり推進課	◇2016年12月	姉妹都市 交流の歴史（2005年愛知万博）	
414	安城市	カナダ	教育委員会生涯学習部スポーツ課	◇2020年2月	合宿経験（ソフトボール） 合宿誘致	
415	稲沢市	ギリシャ	市長公室秘書広報課	◇2016年6月	姉妹都市	
416	美浜町	シンガポール	総務部企画課	◇2017年7月	交流の歴史（町出身の幕末の船乗りの縁から） 合宿誘致	
417	幸田町	ハイチ	企画部企画政策課	◇2019年8月	在ハイチ大使が町内出身であることから	

三重県

番号	自治体	相手国・地域	担当部局	認定年月	ホストタウンとなった経緯	
418	三重県・津市	カナダ	三重県：地域連携部国体・全国障害者スポーツ大会局スポーツ推進課 津市：スポーツ文化振興部スポーツ振興課	◇2019年2月	交流の歴史（2016年伊勢志摩サミット） 国体成功に向けてスポーツの機運醸成を図る	
419	三重県・鈴鹿市	カナダ	三重県：地域連携部国体・全国障害者スポーツ大会局スポーツ推進課 鈴鹿市：文化スポーツ部スポーツ課	◇2018年12月	交流の歴史（2016年伊勢志摩サミット） 合宿誘致 国体成功に向けてスポーツの機運醸成を図る	
420	三重県・鈴鹿市	イギリス	三重県：地域連携部国体・全国障害者スポーツ大会局スポーツ推進課 鈴鹿市：文化スポーツ部スポーツ課	◇2019年4月	合宿誘致 国体成功に向けてスポーツの機運醸成を図る	
421	鈴鹿市	イギリス	文化スポーツ部スポーツ課	○2019年12月		
422	四日市市	カナダ	シティプロモーション部スポーツ課	◇2017年7月	合宿誘致 国体成功に向けてスポーツの機運醸成を図る	
423	伊勢市	ラオス	情報戦略局企画調整課	◇2019年6月 ○2019年8月 ◎2021年2月	合宿誘致 国体成功に向けてスポーツの機運醸成を図る	
424	熊野市	台湾	観光スポーツ交流課スポーツ交流係	◇2018年8月	合宿経験（ソフトボール） 2026年アジア大会時の合宿誘致を目指している	
425	志摩市	スペイン	教育委員会生涯学習スポーツ課	◇2019年6月 ○2019年12月	交流の歴史（市内にスペインに関するテーマパークがあるなど） 合宿誘致（TA）	

滋賀県

番号	自治体	相手国・地域	担当部局	認定年月	ホストタウンとなった経緯	
426	滋賀県・大津市	デンマーク	滋賀県：文化スポーツ部スポーツ課交流推進室 大津市：市民部スポーツ課	◇2016年6月	合宿誘致 琵琶湖を生かした湖上スポーツを切り口にした魅力発信のため	

ホストタウン交流の内容		合宿	
Covid-19以前	Covid-19以後	実施	競技
市民派遣（小中高生）・スポーツ交流 手紙	オンライン交流 オンラインスポーツ教室		
	カナダソフトボール選手の合宿時の公開練習 オンライン交流（小学生）	○	ソフトボール
ギリシャ中学生の訪問・ホームステイ・給食体験 駐日ギリシャ大使館職員の訪問・講演 ギリシャ舞踊団の公演 給食	動画メッセージ 応援旗のプレゼント 写真展		
手紙 展示	オンライン交流 動画メッセージ 共同応援 シンガポール国際交流員の訪問・講演		
展示	オンライン交流（高校生）		
カナダレスリング選手の合宿時の交流・小中学校訪問・レスリング教室		○	レスリング
カナダAS選手の合宿時の交流		○	パラ水泳 AS
イギリスパラ水泳選手の合宿時の交流・障害者用具体験・合同練習、特別支援学校の生徒との交流		○	パラ水泳
420番と同様			
カナダ体操選手の訪問・交流・小学校訪問・体操交流 カナダ体操選手の合宿時の交流・公開練習 料理 給食	カナダ体操選手の合宿時の公開練習 オンライン交流 動画メッセージ 給食	○	体操 新体操
ラオスパラ陸上選手の合宿時の交流・陸上教室		○	パラ陸上
台湾中学生の訪問・ソフトボール交流			ソフトボール
スペインフレンドリーショップの募集 給食	給食動画メッセージ		TA パラTA
デンマークボート選手の訪問・交流・合同練習・公開練習、大会に参加 デンマーク体操選手の訪問・演技発表会 デンマーク中高生の訪問・日本文化体験・給食体験 イベント（デンマークフェス）		○	ボート

番号	自治体	相手国・地域	担当部局	認定年月	ホストタウンとなった経緯	
427	滋賀県・大津市	ニュージーランド	滋賀県：文化スポーツ部スポーツ課交流推進室 大津市：市民部スポーツ課	◇2020年5月	合宿誘致 琵琶湖を生かした湖上スポーツを切り口にした魅力発信のため	
428	滋賀県・彦根市	スペイン	滋賀県：文化スポーツ部スポーツ課交流推進室 彦根市：文化スポーツ部スポーツ振興課	◇2018年8月	共通点（城郭都市） 合宿誘致	
429	滋賀県・甲賀市	シンガポール	滋賀県：文化スポーツ部スポーツ課交流推進室 甲賀市：教育委員会社会教育スポーツ課／国体・全国障害者スポーツ大会推進室	◇2018年4月	合宿誘致	
430	守山市・滋賀県	トルコ	守山市：総合政策部国際・国民スポーツ大会室 滋賀県：文化スポーツ部スポーツ課交流推進室	◇2016年12月	合宿誘致	
431	甲賀市	シンガポール	教育委員会社会教育スポーツ課／国体・全国障害者スポーツ大会推進室	○2019年12月		
432	守山市	トルコ	総合政策部国際・国民スポーツ大会室	○2019年10月		
433	米原市・滋賀県	ニュージーランド	米原市：教育委員会スポーツ推進課 滋賀県：文化スポーツ部スポーツ課交流推進室	◇2016年6月	合宿誘致（ホッケー）	

京都府

番号	自治体	相手国・地域	担当部局	認定年月	ホストタウンとなった経緯	
434	舞鶴市	ウズベキスタン	市民文化環境部スポーツ振興課	◇2016年6月	合宿誘致 戦後引き揚げを通じた縁があることから	
435	亀岡市	オーストリア	生涯学習部生涯スポーツ課	◇2016年12月	姉妹都市 合宿誘致	
436	京丹後市	韓国	教育委員会生涯学習課スポーツ推進室	◇2016年1月	合宿誘致 自然資源を生かしたスポーツツーリズムを推進している	
437	京丹後市	オーストラリア	教育委員会生涯学習課スポーツ推進室		合宿誘致 自然資源を生かしたスポーツツーリズムを推進している	
438	京丹後市	スペイン	教育委員会生涯学習課スポーツ推進室	◇2019年8月	合宿誘致 自然資源を生かしたスポーツツーリズムを推進している	
439	京丹後市	ポルトガル	教育委員会生涯学習課スポーツ推進室	◇2020年5月	合宿誘致 自然資源を生かしたスポーツツーリズムを推進している	

ホストタウン交流の内容		合宿	
Covid-19以前	Covid-19以後	実施	競技
―	ニュージーランドボート選手の合宿時の公開練習 動画メッセージ	○	ボート
スペインハンドボール選手の合宿時の交流イベント（アミーゴス！スペイン・ホストタウン展） 展示	動画メッセージ オンラインマラソン交流イベント	○	ハンドボール
シンガポールボッチャ選手の訪問・交流 シンガポールで開催されたイベント（ジャパンパーク2018）でホストタウンPR	動画メッセージ		パラ自転車 パラアーチェリー ボッチャ
トルコゴールボール選手の合宿時の交流	オンライン交流 イベント（トルパラ〔トルコ・パラスポーツ応援イベント〕） オンラインイベント（MINNAのサロン） オンラインイベント（トルコの国歌をみんなで歌おう講座）	○	パラ柔道 ゴールボール
429番と同様			
430番と同様			
ニュージーランドホッケー選手の訪問・交流 イベント（ホッケーのまち まいばらホストタウン交流フェス） ホストタウン交流国理解講演 給食	動画メッセージ		ホッケー
ウズベキスタン柔道ジュニア・レスリング選手の合宿時の交流・合同練習 市民派遣 ウズベキスタン文化芸術訪問団の公演 エコキャップアート	動画メッセージ 千羽鶴のプレゼント 展示	○	柔道 レスリング
オーストリア空手選手の合宿時の交流・合同練習 イベント（ホストタウン交流フェスタ） オーストリアアーティストの室内楽コンサート 給食		○	空手
韓国カヌー選手の訪問、カヌーの技術指導	オンライン交流		
オーストラリア文化演奏会			
	スペインカヌー選手の合宿時の公開練習	○	カヌー
―	ポルトガルカヌー選手の合宿時の公開練習	○	カヌー

番号	自治体	相手国・地域	担当部局	認定年月	ホストタウンとなった経緯	
440	大山崎町	スイス	教育委員会生涯学習課生涯学習・スポーツ振興係	◇2016年6月	合宿誘致（フェンシング）	
441	京丹波町	ニュージーランド	教育委員会社会教育課社会教育係	◇2016年12月	合宿誘致（ホッケー）	

大阪府

番号	自治体	相手国・地域	担当部局	認定年月	ホストタウンとなった経緯	
442	大阪市	オーストラリア	経済戦略局スポーツ部スポーツ課	◇2016年12月	姉妹都市 合宿誘致	
443	堺市	アルゼンチン	文化観光局スポーツ部スポーツ推進課	◇2020年2月	合宿誘致	
444	池田市	ロシア	教育委員会教育部生涯学習推進課	◇2017年12月	合宿誘致	
445	池田市	フランス	教育委員会教育部生涯学習推進課	◇2019年2月 ○2019年12月	合宿誘致	
446	高槻市	オーストラリア	総合戦略部みらい創生室	◇2019年2月	姉妹都市	
447	貝塚市	台湾	都市政策部政策推進課	◇2018年8月	交流の歴史（長年にわたる民間レベルでの交流）	
448	守口市	ガンビア	市民生活部生涯学習・スポーツ振興課	◇2019年8月 ○2019年12月	共通点（川を身近に感じる環境） 内閣官房の仲介	
449	茨木市	オーストラリア	市民文化部スポーツ推進課	◇2018年4月	合宿誘致	
450	茨木市	イタリア	市民文化部スポーツ推進課	◇2019年12月	合宿誘致	
451	泉佐野市	ウガンダ	市民協働部自治振興課	◇2016年12月	友好都市 合宿誘致	
452	泉佐野市	モンゴル	市民協働部自治振興課	◇2017年7月	友好都市 合宿誘致	
453	大東市	コロンビア	産業・文化部都市魅力観光課	◇2019年8月 ○2019年12月	合宿誘致 総合戦略の推進のため	
454	和泉市	セネガル	教育委員会生涯学習部生涯学習推進室スポーツ振興担当	◇2019年8月	駐日セネガル大使の仲介	
455	箕面市	ニュージーランド	人権文化部文化国際室	◇2017年7月	協力都市	

兵庫県

番号	自治体	相手国・地域	担当部局	認定年月	ホストタウンとなった経緯	
456	兵庫県・姫路市	フランス	兵庫県：産業労働部国際局国際交流課 姫路市：観光スポーツ局スポーツ振興室	◇2016年6月	交流の歴史（友好提携、城郭の姉妹提携、柔道を通じた交流など） 合宿誘致	
457	兵庫県・尼崎市	ベラルーシ	兵庫県：産業労働部国際局国際交流課 尼崎市：教育委員会社会教育部スポーツ推進課		合宿誘致	
458	兵庫県・尼崎市	ギリシャ	兵庫県：産業労働部国際局国際交流課 尼崎市：教育委員会社会教育部スポーツ推進課	◇2020年10月	合宿誘致	
459	兵庫県・尼崎市	ウクライナ	兵庫県：産業労働部国際局国際交流課 尼崎市：教育委員会社会教育部スポーツ推進課		合宿誘致	

| ホストタウン交流の内容 | | 合宿 | |
Covid-19以前	Covid-19以後	実施	競技
イベント（大山崎町スイスフェア）			
			ホッケー
オーストラリア車いすバスケ選手の訪問・交流	オンライン交流 動画メッセージ 食・文化の事前学習		車いすバスケ
			5人制サッカー
			バレーボール
	オンライン交流（小中学生）		車いすラグビー
市民派遣（小学生・サッカー）			
台湾中学生の訪問・卓球交流・文化交流 市民派遣 給食	動画メッセージ		卓球
ガンビア関係者の訪問・交流	協賛金を募集し公式チームウェアの作成・プレゼント オンライン多文化理解講座		
オーストラリアホッケー選手の合宿時の交流・親善試合・ホッケー教室	オンライン交流（一般・中学生） 給食	○	ホッケー
	イタリア総領事の訪問、高校水球部と交流 給食		水球
市民派遣	動画メッセージ	○	水泳 WL ボクシング
モンゴル陸上選手の合宿時の交流・幼稚園訪問 市民派遣（中学生）		○	陸上
	オンライン交流（小中学生） 動画メッセージ 給食		車いすラグビー
	料理		
ニュージーランド柔道選手の合宿時の交流 イベント（ニュージーランドフェア）	動画メッセージ	○	柔道
フランス柔道選手の合宿時の交流・合同練習 フランス柔道サポーターの訪問・交流	フランス柔道選手の合宿時の公開練習 動画メッセージ イベント（姫路フランス祭）	○	柔道
―	ベラルーシ水泳選手の合宿時の公開練習	○	水泳
―			水泳
―	ウクライナ水泳選手の合宿時の公開練習	○	水泳 AS

257

番号	自治体	相手国・地域	担当部局	認定年月	ホストタウンとなった経緯
460	兵庫県・三木市	フランス	兵庫県：産業労働部国際局国際交流課 三木市：教育総務部文化・スポーツ課	◇2018年4月	交流の歴史（友好提携） 合宿誘致
461	神戸市	イギリス	文化スポーツ局国際スポーツ室	◇2016年1月	合宿誘致
462	神戸市	オーストラリア	文化スポーツ局国際スポーツ室	◇2016年1月 ○2018年5月 ◎2019年10月	合宿誘致
463	神戸市	クロアチア	文化スポーツ局国際スポーツ室	◇2016年12月	合宿誘致
464	神戸市	カナダ	文化スポーツ局国際スポーツ室	◇2017年7月	合宿誘致
465	神戸市	ネパール	文化スポーツ局国際スポーツ室	◇2017年12月 ○2018年5月 ◎2019年10月	合宿誘致
466	神戸市	ニュージーランド	文化スポーツ局国際スポーツ室	◇2018年10月	合宿誘致
467	神戸市	フランス	文化スポーツ局国際スポーツ室	◇2019年10月	合宿誘致
468	明石市	韓国	政策局SDGs推進室	◇2017年12月 ○2017年12月 ◎2019年8月	共生社会
469	明石市	台湾	政策局SDGs推進室	○2017年12月 ◇2018年6月 ◎2019年8月	共生社会
470	豊岡市	フランス	地域コミュニティ振興部文化・スポーツ振興課スポーツ係	◇2018年10月	合宿誘致
471	豊岡市	ドイツ	地域コミュニティ振興部文化・スポーツ振興課スポーツ係		合宿誘致
472	豊岡市	スイス	地域コミュニティ振興部文化・スポーツ振興課スポーツ係	◇2019年10月	合宿誘致
473	加古川市	ブラジル	市民協働部スポーツ・文化課スポーツ推進係	◇2017年7月 ○2020年3月	合宿誘致
474	加古川市	ツバル	市民協働部スポーツ・文化課スポーツ推進係	◇2019年2月	持続可能な社会の実現を目指して
475	西脇市	オーストラリア	教育委員会生涯学習課スポーツ振興室	◇2016年12月	合宿誘致
476	三木市	ネパール	教育総務部文化・スポーツ課	◇2019年2月 ○2019年12月	合宿誘致
477	三木市	フランス	教育総務部文化・スポーツ課	○2019年12月	
478	丹波篠山市	バハマ	教育委員会社会教育課	◇2019年12月	共通点（ユネスコ創造都市ネットワーク）
479	丹波篠山市	プエルトリコ	教育委員会社会教育課	◇2020年9月	共通点（景観保全の取り組み）
480	丹波篠山市	台湾	教育委員会社会教育課	◇2020年12月	スポーツや文化など幅広い分野にわたる交流を実施するため
481	香美町	フランス	教育委員会生涯学習課	◇2017年7月	合宿誘致

| ホストタウン交流の内容 | | 合宿 | |
Covid-19以前	Covid-19以後	実施	競技
フランス陸上選手の合宿時の交流	フランス陸上・パラ陸上選手の合宿時の公開練習	○	陸上 パラ陸上
			体操
オーストラリアサッカーユース選手の訪問・親善試合 市民派遣（小学生） オンライン交流（小学生）			パラ水泳
ネパールパラ水泳選手の合宿時の交流	動画メッセージ トレーニング用動画の配信	○	パラ水泳
ニュージーランド水泳選手の合宿時の交流	オンライン交流（高校生） 動画メッセージ モザイクアートの作成	○	水泳
フランス体操選手の合宿時の交流・公開練習・高校訪問	フランス体操選手の合宿時の公開練習 オンライン交流（高校生） 市内高校生の新聞記事作成用オンラインインタビュー コミックエッセーの作成	○	体操
韓国高校生の訪問・交流			パラ卓球
			パラ卓球
			ボート
	料理 給食	○	ボート
		○	ボート
ブラジルSV関係者の小学校訪問・SV交流	オンライン交流 動画メッセージ メッセージカードの作成・プレゼント 共同応援		SV
ツバル陸上選手の合宿時の交流 市民派遣	オンライン交流（小中学生） 手紙	○	陸上
オーストラリア卓球選手の訪問・交流・公開練習			卓球
ネパールパラテコンドー選手の合宿時の交流		○	パラテコンドー
460番と同様			
	給食		
―	給食		
―	オンライン交流 動画メッセージ 給食		

番号	自治体	相手国・地域	担当部局	認定年月	ホストタウンとなった経緯	
奈良県						
482	奈良市・奈良県	オーストラリア	奈良市：市民部スポーツ振興課 奈良県：文化・教育・くらし創造部スポーツ振興課	◇2016年6月 2018年12月 奈良県追加	合宿経験（サッカー） 合宿誘致	
483	大和郡山市・奈良県	シンガポール	大和郡山市：産業振興部スポーツ推進課 奈良県：文化・教育・くらし創造部スポーツ振興課	◇2016年6月	合宿経験（水泳） 合宿誘致	
484	大和郡山市・奈良県	香港	大和郡山市：産業振興部スポーツ推進課 奈良県：文化・教育・くらし創造部スポーツ振興課	◇2017年12月	合宿誘致	
485	大和郡山市	シンガポール	産業振興部スポーツ推進課	○2019年12月		
486	天理市・奈良県	フランス	天理市：くらし文化部文化スポーツ振興課 奈良県：文化・教育・くらし創造部スポーツ振興課	◇2016年6月 2018年12月 奈良県追加	交流の歴史（市内の大学とフランスの柔道の交流など） 合宿誘致	
487	天理市・奈良県	エジプト	天理市：くらし文化部文化スポーツ振興課 奈良県：文化・教育・くらし創造部スポーツ振興課	◇2018年6月 2018年12月 奈良県追加	合宿誘致	
488	橿原市・奈良県	カザフスタン	橿原市：魅力創造部文化・スポーツ局スポーツ推進課 奈良県：文化・教育・くらし創造部スポーツ振興課	◇2017年12月	合宿誘致	
489	橿原市・奈良県	ウクライナ	橿原市：魅力創造部文化・スポーツ局スポーツ推進課 奈良県：文化・教育・くらし創造部スポーツ振興課	◇2018年12月	合宿誘致	
490	川西町	プエルトリコ	総合政策課	◇2020年9月	共通点（文化遺産、打楽器）	
491	田原本町	グアテマラ	生涯教育課生涯学習係	◇2019年8月 ○2021年2月	共通点（古代歴史文化遺産、農業と音楽が盛んなど） 内閣官房の仲介	
和歌山県						
492	和歌山県・和歌山市	オーストラリア	和歌山県：教育委員会スポーツ課 和歌山市：産業交流局文化スポーツ部スポーツ振興課	◇2016年6月	合宿誘致	
493	和歌山県・和歌山市	カナダ	和歌山県：教育委員会スポーツ課 和歌山市：産業交流局文化スポーツ部スポーツ振興課		合宿誘致	
494	和歌山県・串本町・那智勝浦町	トルコ	和歌山県：教育委員会スポーツ課 串本町：総務課 那智勝浦町：観光企画課	◇2016年6月	姉妹都市 合宿誘致	
鳥取県						
495	鳥取県・鳥取市	ジャマイカ	鳥取県：地域づくり推進部スポーツ振興局スポーツ振興課 鳥取市：教育委員会生涯学習・スポーツ課	◇2016年1月 2018年2月 鳥取市追加 ○2018年5月	姉妹都市 合宿経験（陸上） 合宿誘致	

ホストタウン交流の内容		合宿	
Covid-19以前	Covid-19以後	実施	競技
オーストラリアサッカー選手の合宿時の交流 イベント（奈良市×オーストラリア　ホストタウンフェア）		○	サッカー
シンガポールパラ水泳選手の合宿時の交流 給食		○	パラ水泳
香港水泳選手の合宿時の交流 給食		○	水泳
483番と同様			
フランス柔道選手の合宿時の交流		○	柔道
エジプト柔道選手の合宿時の交流	オンライン交流 動画メッセージ 展示	○	柔道
カザフスタンバレーボール・SV選手の合宿時の交流・練習試合 手紙 イベント（カザフウィーク） 写真展	動画メッセージ 写真展	○	バレーボールSV
イベント（ウクライナweek） 国際理解講座 給食	動画メッセージ 写真展 オンラインロシア語講座 給食		陸上
―	オンライン交流		
動画メッセージ	オンライン交流 動画メッセージ マスクのプレゼント グアテマラからコーヒーのプレゼント		
オーストラリア陸上選手の合宿時の交流		○	陸上
カナダ水泳選手の合宿時の交流		○	水泳 パラ水泳
ジャマイカ陸上選手の訪問、マラソン大会に参加、交流 ジャマイカ高校生の訪問・ホームステイ 市民派遣（高校生） イベント（ジャマイカを知る会）	オンライン交流（高校生） 動画メッセージ オンラインマラソン大会 給食		陸上 水泳 体操

261

番号	自治体	相手国・地域	担当部局	認定年月	ホストタウンとなった経緯
島根県					
496	松江市	アイルランド	観光振興部国際観光課	◇2016年6月	交流の歴史（小泉八雲の縁、アイリッシュ・ウィークの実施など）合宿経験（陸上）
497	益田市	アイルランド	産業経済部観光交流課	◇2018年8月 ○2019年10月	合宿誘致（自転車）
498	奥出雲町	インド	教育魅力課	◇2017年12月	合宿誘致（ホッケー）
499	邑南町	フィンランド	教育委員会東京パラリンピック合宿招致推進室	◇2016年6月 ○2019年12月	共通点（幸せな暮らし、ユニバーサルな意識）合宿誘致
500	海士町・隠岐の島町・西ノ島町・知夫村	ミクロネシア	海士町：人づくり特命担当課 隠岐の島町：商工観光課 西ノ島町：人づくり特命担当課 知夫村：企画財政課企画広報係	◇2019年8月 2019年10月 西ノ島町・知夫村追加 2021年4月 隠岐の島町追加	交流の歴史（在京ミクロネシア連邦大使の訪問をきっかけに）
岡山県					
501	岡山市	ブルガリア	市民生活局スポーツ文化部スポーツ振興課	◇2016年12月	友好都市 合宿誘致
502	岡山市	台湾	市民生活局スポーツ文化部スポーツ振興課	◇2020年3月 ○2020年4月	友好都市 合宿誘致
503	倉敷市	ニュージーランド	文化産業局文化観光部国際課／スポーツ振興課	◇2016年1月	姉妹都市 合宿誘致
504	津山市	モナコ	企画財政部みらいビジョン戦略室	◇2019年12月	共通点（武道が盛ん）
505	総社市	ギニア・ビサウ	文化スポーツ部スポーツ振興課	◇2021年7月	合宿誘致
506	赤磐市	ニュージーランド	教育委員会スポーツ振興課オリンピック推進室	◇2019年4月	交流の歴史（市内の大学を通じた交流など）合宿誘致（ホッケー）
507	赤磐市	カナダ	教育委員会スポーツ振興課オリンピック推進室	◇2021年6月	合宿誘致（ホッケー）
508	真庭市	ドイツ	生活環境部スポーツ・文化振興課	◇2017年7月 ○2019年12月	市内にホースパークが存在し、元馬術選手も在住していて、馬術の強豪国であるドイツとの交流を図るため
509	美作市	ベトナム	企画振興部スポーツ振興課	◇2016年12月	合宿誘致（サッカー）
510	美作市	アメリカ	企画振興部スポーツ振興課	◇2019年12月	合宿誘致
511	矢掛町	イタリア	企画財政課	◇2019年12月	交流の歴史（古民家や空き地を利用した地域活性化の取り組みをきっかけに）

ホストタウン交流の内容		合宿	
Covid-19以前	Covid-19以後	実施	競技
アイルランド陸上選手の合宿時の交流 料理		○	陸上
アイルランドパラ自転車選手の合宿時の交流・小中学校訪問・ホームステイ	動画メッセージ	○	自転車 パラ自転車
料理			ホッケー
オンライン交流（中学生）			ゴールボール
ミクロネシア関係者の訪問・交流	動画メッセージ		
ブルガリアバドミントン・バレーボール・レスリング選手の合宿時の交流・合同練習・教室・公開試合・文化体験 給食	オンライン交流（高校生） メッセージ色紙のプレゼント ブルガリアパフェの開発	○	レスリング バドミントン バレーボール
―		○	PL
ニュージーランドWL選手の合宿時の交流	オンライン交流（小学生） 動画メッセージ	○	WL
料理	オンライン交流 料理 給食		
―	―	○	柔道 レスリング
ニュージーランドホッケー選手の合宿時の交流	オンライン交流（小中学生） 動画メッセージ 応援グッズの販売	○	ホッケー
―	オンライン交流（小中学生） 動画メッセージ 給食	○	ホッケー
ドイツパラ馬術選手の訪問・交流 ドイツ出身者の授業 イベント（ドイツ＆馬術フェス） 展示	動画メッセージ イベント（ドイツウィーク） 映画上映会 給食		馬術
ベトナムサッカー選手の合宿時の市内チームとの練習試合	ベトナム技能実習生の市内バスツアー サッカー大会 料理	○	サッカー
	アメリカラグビー選手の合宿時の公開練習 動画メッセージ	○	ラグビー
	オンライン交流 写真展		

番号	自治体	相手国・地域	担当部局	認定年月	ホストタウンとなった経緯
広島県					
512	広島県・広島市・三原市ほか注（4）	メキシコ	広島県：地域政策局スポーツ推進課 広島市：企画総務局企画調整部政策企画課／市民局文化スポーツ部スポーツ振興課 三原市：教育委員会教育部スポーツ振興課	◇2017年7月 2020年5月 大崎上島町追加	合宿誘致
513	広島市	メキシコ	企画総務局企画調整部政策企画課／市民局文化スポーツ部スポーツ振興課	○2021年5月	
514	広島市	オーストラリア	企画総務局企画調整部政策企画課／市民局文化スポーツ部スポーツ振興課	◇2017年12月	合宿誘致
515	広島市	キューバ	企画総務局企画調整部政策企画課／市民局文化スポーツ部スポーツ振興課	◇2019年2月	合宿誘致
516	広島市	ベルギー	企画総務局企画調整部政策企画課／市民局文化スポーツ部スポーツ振興課	◇2021年6月	合宿誘致
517	府中市	メキシコ	総務部スポーツ振興課	○2021年5月	
518	廿日市市	メキシコ	地域振興部スポーツ推進課	○2021年5月	
519	福山市・尾道市・府中市・神石高原町	パラグアイ	福山市：市民局スポーツ振興課 尾道市：教育委員会教育総務部生涯学習課スポーツ振興係 府中市：総務部スポーツ振興課 神石高原町：未来創造課まちづくり推進係	◇2019年2月	交流の歴史（昭和期の移民以来の交流） 合宿誘致
520	江田島市	ギリシャ	教育委員会生涯学習課	◇2021年4月	共通点（オリーブ）
521	北広島町	ドミニカ共和国	教育委員会生涯学習課	◇2017年7月	交流の歴史（広島カープがドミニカにアカデミーを設立するなど） 合宿誘致
山口県					
522	山口県・山口市・宇部市	スペイン	山口県：観光スポーツ文化部国際課 山口市：交流創造部国際交流課 宇部市：観光スポーツ文化部観光交流課	◇2016年6月 2017年12月 宇部市追加	姉妹都市 合宿誘致
523	宇部市	マダガスカル	観光スポーツ文化部観光交流課	○2017年12月 ◎2019年8月 ◇2019年12月	交流の歴史（市内の動物園にマダガスカルゾーンが設置された縁から）
524	宇部市	スペイン	観光スポーツ文化部観光交流課	○2017年12月 ◎2019年8月	
525	下関市	トルコ	観光スポーツ文化部スポーツ振興課	◇2018年8月	合宿誘致
526	萩市	イギリス	教育委員会スポーツ振興課	◇2016年12月	交流の歴史（1893年に若者が密航留学して以来のつながり） 合宿誘致

ホストタウン交流の内容		合宿	
Covid-19以前	Covid-19以後	実施	競技
メキシコ体操・バレーボール・空手・柔道などの選手の合宿時の交流・小学校訪問・公開演技会展示	オンライン交流 動画メッセージ 手紙 千羽鶴のプレゼント	○	体操 バレーボール パラ水泳 ボッチャ　など
512番と同様			
オーストラリアホッケー選手の合宿時の交流	給食	○	ホッケー
	給食		野球
—	ベルギーホッケー選手の合宿時の公開練習	○	ホッケー
512番と同様			
512番と同様			
パラグアイアーティストのクラシックギターコンサート	オンライン交流	○	陸上 水泳 テニス サッカー　など
—	オリーブの植樹 給食		
ドミニカ柔道選手の合宿時の交流・公開練習・餅つき交流・柔道交流料理	オンライン交流 ドミニカからコーヒーのプレゼント 手紙	○	陸上 柔道
スペインAS選手の合宿時の交流・公開演技 スペインパラ陸上選手の訪問・交流・パラスポーツ体験 市民派遣（空手） スペイン国際交流員のスペイン学習	オンライン交流（一般・学童児童） 動画メッセージ 千羽鶴のプレゼント ポスターコンテスト	○	水泳 水球 AS
マダガスカルパラ選手の小学校訪問・ボッチャ交流、地域イベントに参加	オンライン交流（小学生） 動画メッセージ 千羽鶴のプレゼント ポスターコンテスト		
522番と同様			
トルコ柔道選手の合宿時の交流	動画メッセージ	○	柔道
イギリスカヌー選手の合宿時の交流・公開練習		○	カヌー

番号	自治体	相手国・地域	担当部局	認定年月	ホストタウンとなった経緯	
527	防府市	セルビア	地域交流部地域振興課セルビアホストタウン推進室	◇2016年6月	合宿誘致（バレーボール）	
528	下松市	ベトナム	地域政策部地域交流課スポーツ観光交流係	◇2018年12月	合宿誘致（バドミントン）	
529	岩国市	アメリカ	市民生活部文化スポーツ課	◇2017年7月	姉妹都市 合宿誘致	
530	長門市	トンガ	経済観光部観光政策課	◇2016年12月	合宿誘致	
531	長門市	ブラジル	経済観光部観光政策課	◇2020年2月	合宿誘致	
徳島県						
532	徳島県・徳島市	カンボジア	徳島県：未来創生文化部スポーツ振興課 徳島市：市民生活部文化スポーツ振興課	◇2017年12月 2021年1月 徳島市追加	交流の歴史（市内の高校とカンボジアの学校の交流など） 合宿誘致	
533	徳島県・徳島市	ネパール	徳島県：未来創生文化部スポーツ振興課 徳島市：市民生活部文化スポーツ振興課	◇2019年8月 2021年1月 徳島市追加	交流の歴史（徳島ネパール友好協会を通じた交流など） 合宿誘致	
534	徳島県・鳴門市	ジョージア	徳島県：未来創生文化部スポーツ振興課 鳴門市：市民環境部スポーツ課	◇2019年10月 2020年5月 鳴門市追加 ○2020年5月	合宿誘致	
535	徳島県・鳴門市・那賀町	ドイツ	徳島県：未来創生文化部スポーツ振興課 鳴門市：市民環境部スポーツ課 那賀町：教育委員会	◇2016年1月 2016年12月 那賀町追加 2020年5月 鳴門市追加	姉妹都市 合宿誘致	
香川県						
536	香川県・丸亀市・坂出市	ブラジル	香川県：交流推進部交流推進課 丸亀市：生活環境部スポーツ推進課 坂出市：教育委員会生涯学習課		合宿誘致	
537	香川県・丸亀市・坂出市	デンマーク	香川県：交流推進部交流推進課 丸亀市：生活環境部スポーツ推進課 坂出市：教育委員会生涯学習課		合宿誘致	
538	香川県・丸亀市・坂出市	エストニア	香川県：交流推進部交流推進課 丸亀市：生活環境部スポーツ推進課 坂出市：教育委員会生涯学習課	◇2016年6月 2016年12月 丸亀市・坂出市追加	合宿誘致	
539	香川県・丸亀市・坂出市	フィンランド	香川県：交流推進部交流推進課 丸亀市：生活環境部スポーツ推進課 坂出市：教育委員会生涯学習課		合宿誘致	
540	香川県・丸亀市・坂出市	ノルウェー	香川県：交流推進部交流推進課 丸亀市：生活環境部スポーツ推進課 坂出市：教育委員会生涯学習課		合宿誘致	

| ホストタウン交流の内容 | | 合宿 | |
Covid-19以前	Covid-19以後	実施	競技
セルビアバレーボール選手の合宿時の交流・公開練習・バレーボール教室 駐日セルビア大使・職員の訪問、小学校で授業 セルビアバレーボールチームの応援バスツアー 西洋スモモの植樹	動画メッセージ	○	バレーボール
ベトナムバドミントン選手の合宿時の交流 給食	動画メッセージ 寄せ書きのプレゼント	○	バドミントン
アメリカソフトボール選手の合宿時の交流	アメリカソフトボール・フェンシング選手の合宿時の公開練習 イベント（日米親善ホストタウンフェスティバル）	○	フェンシング ソフトボール
			ラグビー
	ブラジルラグビー選手の合宿時の交流 料理 給食	○	ラグビー
カンボジア水泳選手の合宿時の交流	動画メッセージ 料理	○	水泳 アーチェリー
	ネパール水泳選手の合宿時の公開練習 オンライン交流（中高生） 動画メッセージ 料理	○	水泳
	動画メッセージ 料理	○	パラ陸上 パラ水泳
ドイツカヌー選手の合宿時の交流・合同練習	オンライン交流 動画メッセージ 料理	○	柔道 カヌー ハンドボール パラカヌー
			陸上 カヌー
			陸上 カヌー

番号	自治体	相手国・地域	担当部局	認定年月	ホストタウンとなった経緯	
541	香川県・丸亀市・坂出市	カナダ	香川県：交流推進部交流推進課 丸亀市：生活環境部スポーツ推進課 坂出市：教育委員会生涯学習課	◇2016年12月	合宿誘致	
542	香川県・丸亀市・坂出市	ハンガリー	香川県：交流推進部交流推進課 丸亀市：生活環境部スポーツ推進課 坂出市：教育委員会生涯学習課	◇2018年6月	合宿誘致	
543	香川県・丸亀市・坂出市	クロアチア	香川県：交流推進部交流推進課 丸亀市：生活環境部スポーツ推進課 坂出市：教育委員会生涯学習課	◇2019年8月	合宿誘致	
544	高松市	台湾	創造都市推進局観光交流課都市交流室	◇2017年12月 ○2017年12月	交流の歴史（台湾基隆市と交流協定の締結や日台観光サミット会議の開催など）	
545	東かがわ市	香港	教育委員会生涯学習課	◇2018年4月	交流の歴史（ソフトボールの交流大会など）	
546	三豊市・琴平町	ベルギー	三豊市：政策部産業政策課 琴平町：企画防災課	◇2019年2月	友好都市	
547	土庄町	マルタ	教育委員会生涯学習課	◇2019年8月	共通点（島国、気候、オリーブ）	
愛媛県						
548	愛媛県・松山市	台湾	愛媛県：観光スポーツ文化部地域スポーツ課 松山市：産業経済部観光・国際交流課	◇2016年12月 ○2019年12月	交流の歴史（愛媛県は国際交流促進覚書を、松山市は友好交流協定を、台北市とそれぞれ締結している） 合宿誘致	
549	愛媛県・松山市・新居浜市・伊予市	モザンビーク	愛媛県：観光スポーツ文化部地域スポーツ課 松山市：産業経済部観光・国際交流課 新居浜：企画部スポーツ振興課 伊予市：教育委員会	◇2019年6月	交流の歴史（県内のNPO法人や愛媛大学との長年の交流） 合宿誘致	
550	愛媛県・松山市	モザンビーク	愛媛県：観光スポーツ文化部地域スポーツ課 松山市：産業経済部観光・国際交流課	○2019年12月		
551	愛媛県・松山市・砥部町	マレーシア	愛媛県：観光スポーツ文化部地域スポーツ課 松山市：産業経済部観光・国際交流課 砥部町：企画政策課	◇2018年6月	合宿誘致	
552	新居浜市・愛媛県	サウジアラビア	新居浜：企画部スポーツ振興課 愛媛県：観光スポーツ文化部地域スポーツ課	◇2018年6月 2018年8月 愛媛県追加	合宿誘致（WL）	
553	西条市・愛媛県	オーストリア	西条市：こども健康部スポーツ健康課 愛媛県：観光スポーツ文化部地域スポーツ課	◇2018年4月 2018年8月 愛媛県追加	合宿誘致（クライミング）	
554	今治市・愛媛県	パナマ	今治市：産業部観光課 愛媛県：観光スポーツ文化部地域スポーツ課	◇2018年10月 2019年6月 愛媛県追加	姉妹都市	

ホストタウン交流の内容		合宿	
Covid-19以前	Covid-19以後	実施	競技
ハンガリーカヌー選手の合宿時の交流・カヌー教室 ハンガリー大学生の訪問・交流	ハンガリーカヌー選手の合宿時の公開練習 動画メッセージ	○	陸上 カヌー
	クロアチア陸上選手の合宿時の公開練習 壮行会 オンライン交流 前クロアチア政府観光局東京事務所局長のオンライン授業	○	陸上
台湾パラ陸上選手の合宿時の交流・合同練習 イベント（高松的台湾夜市）	オンライン交流 動画メッセージ	○	パラ陸上
			野球 ソフトボール
	動画メッセージ		
台湾パラ柔道選手の合宿時の交流・合同練習・小学校訪問・食文化体験交流 動画メッセージ	オンライン交流 応援旗のプレゼント	○	パラ柔道
モザンビークボクシング・パラ陸上選手の合宿時の交流・特別支援学校訪問・ボクシング体験、陸上記録会に参加	オンライン交流（高校生） 動画メッセージ 共同応援	○	陸上 空手 ボクシング パラ陸上
549番と同様			
マレーシアバドミントン・バドミントンジュニア選手の合宿時の交流・親善試合・合同練習 イベント（愛媛・マレーシア国際交流シンポジウム） 手紙	オンライン交流 動画メッセージ	○	バドミントン
サウジアラビアWL選手の合宿時の交流		○	WL
オーストリアクライミング選手の合宿時の交流	動画メッセージ	○	クライミング
			陸上 自転車

269

番号	自治体	相手国・地域	担当部局	認定年月	ホストタウンとなった経緯	
555	松野町・愛媛県	イギリス領バージン諸島	松野町：教育委員会教育課 愛媛県：観光スポーツ文化部地域スポーツ課	◇2019年8月 2020年5月 愛媛県追加	共通点（海洋と山岳リゾートが基幹産業）	
556	伊方町・愛媛県	バミューダ	伊方町：教育委員会スポーツ推進室 愛媛県：観光スポーツ文化部地域スポーツ課	◇2019年12月 2020年5月 愛媛県追加	共通点（海からの豊かな恵み）	

高知県

番号	自治体	相手国・地域	担当部局	認定年月	ホストタウンとなった経緯	
557	高知県	キルギス	文化生活スポーツ部スポーツ課	◇2018年4月	合宿誘致	
558	高知県・高知市	トンガ	高知県：文化生活スポーツ部スポーツ課 高知市：市民協働部スポーツ振興課	◇2017年7月	合宿誘致	
559	高知県・高知市・南国市	シンガポール	高知県：文化生活スポーツ部スポーツ課 高知市：市民協働部スポーツ振興課 南国市：生涯学習課スポーツ推進係	◇2016年6月 2017年7月 南国市追加 2018年12月 高知市追加	合宿誘致	
560	高知県・高知市・須崎市	チェコ	高知県：文化生活スポーツ部スポーツ課 高知市：市民協働部スポーツ振興課 須崎市：プロジェクト推進室	◇2017年7月 2020年5月 高知市追加	合宿誘致	
561	高知県・須崎市	オーストラリア	高知県：文化生活スポーツ部スポーツ課 須崎市：プロジェクト推進室	◇2016年12月 2017年7月 須崎市追加	合宿誘致	
562	高知県・宿毛市	オランダ	高知県：文化生活スポーツ部スポーツ課 宿毛市：生涯学習課スポーツ振興室	◇2016年6月 2017年7月 宿毛市追加	交流の歴史（オランダの都市と友好園芸農業協定を締結するなど）合宿誘致	
563	土佐町・本山町・須崎市・高知県	ハンガリー	土佐町：教育委員会 本山町：政策企画課 須崎市：プロジェクト推進室 高知県：文化生活スポーツ部スポーツ課	◇2017年12月	合宿誘致（カヌー）	
564	中土佐町・高知県	トリニダード・トバゴ	中土佐町：まちづくり課 高知県：文化生活スポーツ部スポーツ課	◇2019年6月	住民主体でトリニダード・トバゴに関連した音楽イベントを開催したことをきっかけに	

福岡県

番号	自治体	相手国・地域	担当部局	認定年月	ホストタウンとなった経緯	
565	福岡県・福岡市	スウェーデン	福岡県：人づくり・県民生活部スポーツ局スポーツ企画課 福岡市：市民局スポーツ推進部スポーツ推進課	◇2016年1月 2016年6月 福岡市追加	合宿誘致	
566	福岡県・福岡市	ノルウェー	福岡県：人づくり・県民生活部スポーツ局スポーツ企画課 福岡市：市民局スポーツ推進部スポーツ推進	◇2017年7月	合宿誘致	
567	福岡県・久留米市	ケニア	福岡県：人づくり・県民生活部スポーツ局スポーツ企画課 久留米市：市民文化部体育スポーツ課	◇2017年12月	合宿誘致	
568	福岡県・久留米市	カザフスタン	福岡県：人づくり・県民生活部スポーツ局スポーツ企画課 久留米市：市民文化部体育スポーツ課	◇2018年12月	合宿誘致	

| ホストタウン交流の内容 | | 合宿 | |
Covid-19以前	Covid-19以後	実施	競技
	千羽鶴のプレゼント		
			レスリング
シンガポール水泳・卓球・バドミントン選手の合宿時の交流・バドミントン教室　相互訪問によるスポーツ交流		○	水泳 卓球 バドミントン
チェコカヌー・ソフトボールU19・陸上選手の合宿時の交流・ソフトボール親善試合		○	陸上 水泳 カヌー ソフトボール　など
オーストラリアソフトボール選手の合宿時の交流		○	ソフトボール
オランダ自転車選手の合宿時の交流、小中学校での授業、自転車大会に参加		○	自転車
ハンガリーカヌー選手の合宿時の交流・合同練習		○	カヌー
動画メッセージ スチールパンのコンサート	スチールパンのオンラインコンサート		
		○	WL 柔道 卓球 ハンドボール　など
		○	水泳 ハンドボール パラ陸上 パラ卓球　など
給食		○	陸上 バレーボール ラグビー

番号	自治体	相手国・地域	担当部局	認定年月	ホストタウンとなった経緯	
569	福岡県・柳川市・みやま市ほか注（5）	アメリカ領サモア	福岡県：人づくり・県民生活部スポーツ局スポーツ企画課 柳川市：教育部生涯学習課スポーツ推進係 みやま市：教育委員会社会教育課社会教育係		国や都市の規模にかかわらず実施できる国際交流を希望していたため	
570	福岡県・柳川市・みやま市ほか注（5）	パラオ	福岡県：人づくり・県民生活部スポーツ局スポーツ企画課 柳川市：教育部生涯学習課スポーツ推進係 みやま市：教育委員会社会教育課社会教育係		国や都市の規模にかかわらず実施できる国際交流を希望していたため	
571	福岡県・柳川市・みやま市ほか注（5）	クック諸島	福岡県：人づくり・県民生活部スポーツ局スポーツ企画課 柳川市：教育部生涯学習課スポーツ推進係 みやま市：教育委員会社会教育課社会教育係		国や都市の規模にかかわらず実施できる国際交流を希望していたため	
572	福岡県・柳川市・みやま市ほか注（5）	パプアニューギニア	福岡県：人づくり・県民生活部スポーツ局スポーツ企画課 柳川市：教育部生涯学習課スポーツ推進係 みやま市：教育委員会社会教育課社会教育係		国や都市の規模にかかわらず実施できる国際交流を希望していたため	
573	福岡県・柳川市・みやま市ほか注（5）	ミクロネシア	福岡県：人づくり・県民生活部スポーツ局スポーツ企画課 柳川市：教育部生涯学習課スポーツ推進係 みやま市：教育委員会社会教育課社会教育係		国や都市の規模にかかわらず実施できる国際交流を希望していたため	
574	福岡県・柳川市・みやま市ほか注（5）	サモア	福岡県：人づくり・県民生活部スポーツ局スポーツ企画課 柳川市：教育部生涯学習課スポーツ推進係 みやま市：教育委員会社会教育課社会教育係	◇2018年4月	国や都市の規模にかかわらず実施できる国際交流を希望していたため	
575	福岡県・柳川市・みやま市ほか注（5）	フィジー	福岡県：人づくり・県民生活部スポーツ局スポーツ企画課 柳川市：教育部生涯学習課スポーツ推進係 みやま市：教育委員会社会教育課社会教育係		国や都市の規模にかかわらず実施できる国際交流を希望していたため	
576	福岡県・柳川市・みやま市ほか注（5）	ソロモン諸島	福岡県：人づくり・県民生活部スポーツ局スポーツ企画課 柳川市：教育部生涯学習課スポーツ推進係 みやま市：教育委員会社会教育課社会教育係		国や都市の規模にかかわらず実施できる国際交流を希望していたため	
577	福岡県・柳川市・みやま市ほか注（5）	グアム	福岡県：人づくり・県民生活部スポーツ局スポーツ企画課 柳川市：教育部生涯学習課スポーツ推進係 みやま市：教育委員会社会教育課社会教育係		国や都市の規模にかかわらず実施できる国際交流を希望していたため	
578	福岡県・柳川市・みやま市ほか注（5）	トンガ	福岡県：人づくり・県民生活部スポーツ局スポーツ企画課 柳川市：教育部生涯学習課スポーツ推進係 みやま市：教育委員会社会教育課社会教育係		国や都市の規模にかかわらず実施できる国際交流を希望していたため	

| ホストタウン交流の内容 | | 合宿 | |
Covid-19以前	Covid-19以後	実施	競技
		○	陸上
パプアニューギニア高校生の訪問・文化交流	動画メッセージ		
		○	陸上 水泳
	動画メッセージ		
	動画メッセージ		
	動画メッセージ		
グアム水泳選手の合宿時の交流・文化体験、水泳大会に参加 市民派遣（中学生）・中学校訪問 オンライン交流（中学生）、「観光×環境」をテーマにした意見交換		○	陸上 水泳
トンガ水泳選手の合宿時の交流・文化体験	動画メッセージ	○	水泳

番号	自治体	相手国・地域	担当部局	認定年月	ホストタウンとなった経緯
579	福岡県・柳川市・みやま市ほか注（5）	キリバス	福岡県：人づくり・県民生活部スポーツ局スポーツ企画課 柳川市：教育部生涯学習課スポーツ推進係 みやま市：教育委員会社会教育課社会教育係		国や都市の規模にかかわらず実施できる国際交流を希望していたため
580	福岡県・柳川市・みやま市ほか注（5）	ツバル	福岡県：人づくり・県民生活部スポーツ局スポーツ企画課 柳川市：教育部生涯学習課スポーツ推進係 みやま市：教育委員会社会教育課社会教育係		国や都市の規模にかかわらず実施できる国際交流を希望していたため
581	福岡県・柳川市・みやま市ほか注（5）	マーシャル諸島	福岡県：人づくり・県民生活部スポーツ局スポーツ企画課 柳川市：教育部生涯学習課スポーツ推進係 みやま市：教育委員会社会教育課社会教育係	◇2018年4月	国や都市の規模にかかわらず実施できる国際交流を希望していたため
582	福岡県・柳川市・みやま市ほか注（5）	バヌアツ	福岡県：人づくり・県民生活部スポーツ局スポーツ企画課 柳川市：教育部生涯学習課スポーツ推進係 みやま市：教育委員会社会教育課社会教育係		国や都市の規模にかかわらず実施できる国際交流を希望していたため
583	福岡県・柳川市・みやま市ほか注（5）	ナウル	福岡県：人づくり・県民生活部スポーツ局スポーツ企画課 柳川市：教育部生涯学習課スポーツ推進係 みやま市：教育委員会社会教育課社会教育係		国や都市の規模にかかわらず実施できる国際交流を希望していたため
584	築上町	パプアニューギニア	生涯学習課スポーツ振興係		
585	築上町	サモア	生涯学習課スポーツ振興係		
586	築上町	フィジー	生涯学習課スポーツ振興係		
587	築上町	ソロモン諸島	生涯学習課スポーツ振興係	○2019年8月	
588	築上町	トンガ	生涯学習課スポーツ振興係		
589	築上町	キリバス	生涯学習課スポーツ振興係		
590	築上町	バヌアツ	生涯学習課スポーツ振興係		
591	北九州市	タイ	市民文化スポーツ局国際スポーツ大会推進室	◇2016年1月	交流の歴史（環境分野での国際協力、フィルムコミッションを通じた交流など） 合宿誘致
592	北九州市	コロンビア	市民文化スポーツ局国際スポーツ大会推進室	◇2019年6月	合宿誘致
593	北九州市	イギリス	市民文化スポーツ局国際スポーツ大会推進室	◇2019年6月 ○2019年8月	合宿誘致
594	北九州市	ドイツ	市民文化スポーツ局国際スポーツ大会推進室	○2019年8月 ◇2019年10月	合宿誘致
595	大牟田市	ジョージア	市民協働部スポーツ推進室	◇2019年8月	合宿誘致

| ホストタウン交流の内容 | | 合宿 | |
Covid-19以前	Covid-19以後	実施	競技
キリバス陸上選手の合宿時の交流・文化体験	動画メッセージ	○	陸上
マーシャル諸島高校生の訪問・文化交流			
バヌアツ陸上選手の合宿時の交流、陸上大会に参加、文化体験	動画メッセージ	○	陸上 卓球
ナウルレスリング選手の合宿時の交流・合同練習・文化体験		○	レスリング
572番と同様			
574番と同様			
575番と同様			
576番と同様			
578番と同様			
579番と同様			
582番と同様			
タイテコンドー選手の合宿時の交流・公開練習・小学校訪問 動画メッセージ	オンライン交流（小学生）	○	テコンドー 卓球
コロンビア体操選手の合宿時の交流・公開練習・小学校訪問	オンライン交流（小学生）	○	体操 テコンドー 自転車 卓球　など
イギリス車いすラグビー選手の合宿時の交流・公開練習・小学校訪問 動画メッセージ		○	車いすラグビー
ドイツ車いすバスケ選手の合宿時の交流・小学校訪問・競技体験・サイン会 動画メッセージ	小学生車いすバスケ大会でのオンライン交流	○	車いすバスケ
	動画メッセージ ジョージア国歌斉唱動画の配信 オンラインツアー		柔道

番号	自治体	相手国・地域	担当部局	認定年月	ホストタウンとなった経緯	
596	大牟田市	アフガニスタン	市民協働部スポーツ推進室	◇2021年1月	合宿誘致 アフガニスタンのために生涯を尽くした中村哲医師の遺志を継承するため	
597	飯塚市	南アフリカ	市民協働部スポーツ振興課スポーツ振興係	◇2016年1月 ○2018年5月 ◎2019年8月	合宿誘致（テニス）	
598	田川市	ドイツ	総務部経営企画課企画政策係	◇2016年6月 ○2018年5月 ◎2019年8月	共通点（炭鉱の産業遺産） 合宿誘致	
599	田川市	ベラルーシ	総務部経営企画課企画政策係	○2018年5月 ◇2019年4月 ◎2019年8月	合宿誘致	
600	大川市	ペルー	教育委員会生涯学習課スポーツ係	◇2021年1月 ○2021年2月	交流の歴史（市出身の画家によるペルーでの創作活動、同氏による学校建設費の寄付などをきっかけに）	
601	宗像市	ブルガリア	市民協働環境部文化スポーツ課	◇2016年6月	合宿誘致	
602	宗像市	ロシア	市民協働環境部文化スポーツ課	◇2017年12月	合宿誘致（ラグビー）	
603	福津市・古賀市	ルーマニア	福津市：教育部郷育推進課国際交流係 古賀市：教育部生涯学習推進課スポーツ振興係	◇2019年2月	合宿誘致	
佐賀県						
604	佐賀県・佐賀市・嬉野市	オランダ	佐賀県：地域交流部国際課 佐賀市：地域振興部スポーツ振興課スポーツコンベンション係 嬉野市：総合戦略推進部文化・スポーツ振興課	◇2016年1月 2016年12月 嬉野市追加 2017年7月 佐賀市追加	交流の歴史（産業面での交流） 合宿誘致	
605	佐賀県・佐賀市・嬉野市	フィジー	佐賀県：地域交流部国際課 佐賀市：地域振興部スポーツ振興課スポーツコンベンション係 嬉野市：総合戦略推進部文化・スポーツ振興課	◇2016年1月 2016年12月 嬉野市追加 2017年7月 佐賀市追加	合宿誘致	
606	佐賀県・佐賀市・嬉野市	ニュージーランド	佐賀県：地域交流部国際課 佐賀市：地域振興部スポーツ振興課スポーツコンベンション係 嬉野市：総合戦略推進部文化・スポーツ振興課		合宿誘致	
607	佐賀県	タイ	地域交流部国際課	◇2018年2月	合宿誘致	
608	佐賀県	フィンランド	地域交流部国際課	◇2019年2月		
609	佐賀市	フィンランド	地域振興部スポーツ振興課スポーツコンベンション係	◇2019年2月	合宿誘致	
610	唐津市	セルビア	未来創生部スポーツ振興課	◇2019年6月	合宿誘致	
長崎県						
611	長崎県・長崎市	ラオス	長崎県：文化観光国際部スポーツ振興課 長崎市：市民生活部スポーツ振興課	◇2019年4月	交流の歴史（長崎ラオス友好協会を通じたつながり） 合宿誘致	

ホストタウン交流の内容		合宿	
Covid-19以前	Covid-19以後	実施	競技
—		○	陸上
南アフリカ車いすテニス選手の合宿時の交流		○	車いすテニス
		○	車いすフェンシング
		○	車いすフェンシング
—	オンライン交流（中学生） 動画メッセージ 展示		
	オンライン交流（小中学生） 動画メッセージ	○	柔道
	動画メッセージ	○	ラグビー
ルーマニア柔道選手の合宿時の交流	オンライン交流（小学生） 動画メッセージ	○	柔道
オランダ空手選手の合宿時の交流 オランダ高校生の訪問・ホームステイ	オンライン交流（高校生） オランダからのジャズライブ配信	○	空手 野球
フィジーラグビーユース選手の訪問・交流・文化体験			
市民派遣（高校生）	動画メッセージ イベント（ニュージーランドフェア）	○	陸上 パラ陸上
	イベント（タイフェスティバル）	○	アーチェリー パラアーチェリー
609番と同様			
	動画メッセージ イベント（フィンランドフェア）	○	陸上 ボクシング レスリング バドミントン
		○	3×3
ラオス水泳選手の合宿時の交流		○	水泳

番号	自治体	相手国・地域	担当部局	認定年月	ホストタウンとなった経緯	
612	長崎県・長崎市・佐世保市ほか注（6）	ベトナム	長崎県：文化観光国際部スポーツ振興課 長崎市：市民生活部スポーツ振興課 佐世保市：教育委員会スポーツ振興課	◇2016年6月	交流の歴史（17世紀からの朱印船貿易など） 合宿誘致	
613	長崎県・長崎市・大村市	ポルトガル	長崎県：文化観光国際部スポーツ振興課 長崎市：市民生活部スポーツ振興課 大村市：市民環境部スポーツ振興課	◇2018年6月	交流の歴史（南蛮貿易や天正遣欧少年使節団など） 合宿誘致	
614	長崎県・佐世保市・島原市	スペイン	長崎県：文化観光国際部スポーツ振興課 長崎市：市民生活部スポーツ振興課 島原市：教育委員会スポーツ課	◇2017年7月 2019年10月佐世保市追加	交流の歴史（日本・スペイン・シンポジウムなど） 合宿誘致	
615	長崎県・島原市	ドイツ	長崎県：文化観光国際部スポーツ振興課 島原市：教育委員会スポーツ課	◇2020年3月	合宿誘致	
616	島原市	ドイツ	教育委員会スポーツ課	○2020年4月		
617	長崎県・諫早市	フィリピン	長崎県：文化観光国際部スポーツ振興課 諫早市：政策振興部スポーツ振興課	◇2017年12月	合宿誘致	
618	熊本県	インドネシア	観光戦略部観光企画課	◇2016年1月	交流の歴史（バドミントンを通じた交流） 合宿誘致	
熊本県						
619	熊本市	ドイツ	経済観光局スポーツ・イベント部スポーツ振興課	◇2019年12月	友好都市 合宿経験（水泳） 合宿誘致	
620	八代市	台湾	経済交流文化部スポーツ振興課	◇2019年10月	合宿誘致	
621	玉名市	アンゴラ	教育委員会スポーツ振興課	◇2019年8月	合宿誘致	
大分県						
622	大分県	ニュージーランド	企画振興部芸術文化スポーツ振興課	◇2016年6月	姉妹都市 合宿誘致	
623	大分県・大分市	ポルトガル	大分県：企画振興部芸術文化スポーツ振興課 大分市：企画部スポーツ振興課	◇2016年6月	姉妹都市 合宿誘致	
624	大分県・大分市	ロシア	大分県：企画振興部芸術文化スポーツ振興課 大分市：企画部スポーツ振興課		合宿誘致	
625	大分県・大分市	イタリア	大分県：企画振興部芸術文化スポーツ振興課 大分市：企画部スポーツ振興課		合宿誘致	
626	大分県・大分市	アメリカ	大分県：企画振興部芸術文化スポーツ振興課 大分市：企画部スポーツ振興課		合宿誘致	

ホストタウン交流の内容		合宿	
Covid-19以前	Covid-19以後	実施	競技
ベトナム空手選手の合宿時の交流		○	水泳 柔道 フェンシング バドミントン　など
ポルトガル水泳選手の合宿時の交流	動画メッセージ	○	水泳 TA
スペインレスリングユース選手の合宿時の交流・合同練習・文化体験 市民派遣（高校生・レスリング）	動画メッセージ	○	レスリング ハンドボール
― 615番と同様	オンライン交流（中高生） 動画メッセージ 料理 給食	○	パラ陸上
	フィリピン陸上選手の合宿時の公開練習	○	陸上
	インドネシアYouTuberの県の紹介	○	水泳
		○	水泳
アンゴラハンドボール選手の合宿時の交流 ポルトガル語教室 料理	動画メッセージ 手紙	○	ハンドボール
	オンライン交流（高校生）・陸上アドバイス	○	陸上
		○	フェンシング

番号	自治体	相手国・地域	担当部局	認定年月	ホストタウンとなった経緯
627	大分県・大分市	ハンガリー	大分県：企画振興部芸術文化スポーツ振興課 大分市：企画部スポーツ振興課	◇2016年12月	合宿誘致
628	大分県・大分市	ルーマニア	大分県：企画振興部芸術文化スポーツ振興課 大分市：企画部スポーツ振興課		合宿誘致
629	大分県・大分市	ウクライナ	大分県：企画振興部芸術文化スポーツ振興課 大分市：企画部スポーツ振興課	◇2017年7月	合宿誘致
630	大分県・大分市・別府市	フィジー	大分県：企画振興部芸術文化スポーツ振興課 大分市：企画部スポーツ振興課 別府市：観光戦略部ラグビーワールドカップ2019推進室	◇2016年12月	交流の歴史（市内出身者が名誉領事になったことをきっかけに） 合宿誘致
631	大分県・中津市	マレーシア	大分県：企画振興部芸術文化スポーツ振興課 中津市：教育委員会体育・給食課	◇2016年12月	合宿誘致
632	中津市	マレーシア	教育委員会体育・給食課	○2019年10月	
633	大分市	スイス	企画部スポーツ振興課／福祉保健部障害福祉課	○2018年4月 ○2018年5月 ◎2019年8月	合宿誘致
634	大分市	ウルグアイ	企画部スポーツ振興課	◇2020年10月	合宿経験（ラグビー）
635	別府市	ニュージーランド	観光戦略部ラグビーワールドカップ2019推進室	◇2016年1月	姉妹都市 合宿誘致
636	別府市	ラオス	観光戦略部ラグビーワールドカップ2019推進室	◇2019年12月 ○2019年12月	合宿誘致 市内の社会福祉法人がラオスに車いす製造技術を伝えていることをきっかけに
637	別府市	チェコ	観光戦略部ラグビーワールドカップ2019推進室	◇2019年12月	合宿誘致
638	佐伯市	ベトナム	観光ブランド推進部文化・スポーツツーリズム推進課	◇2019年6月 ○2019年10月	合宿誘致
639	宇佐市	モンゴル	経済部文化スポーツ振興課スポーツ振興係	◇2018年12月	合宿誘致
宮崎県					
640	宮崎県・宮崎市・延岡市・小林市	ドイツ	宮崎県：商工観光労働部観光経済交流局オールみやざき営業課 宮崎市：観光商工部スポーツランド推進課 延岡市：総務部国際交流推進室 小林市：総合政策部地方創生課国際化推進	◇2016年1月 2016年6月 小林市追加	合宿経験（サッカー） 合宿誘致
641	宮崎県・宮崎市	イギリス	宮崎県：商工観光労働部観光経済交流局オールみやざき営業課 宮崎市：観光商工部スポーツランド推進課	◇2016年12月	合宿誘致
642	宮崎県・宮崎市	カナダ	宮崎県：商工観光労働部観光経済交流局オールみやざき営業課 宮崎市：観光商工部スポーツランド推進課	◇2018年8月	合宿誘致

| ホストタウン交流の内容 | | 合宿 | |
Covid-19以前	Covid-19以後	実施	競技
		○	フェンシング
フィジーラグビー選手の合宿時の交流		○	陸上 水泳 卓球 ラグビー
			パラバドミントン
631番と同様			
		○	パラ陸上
— ニュージーランドラグビー選手の合宿時の交流 ニュージーランド高校生の訪問・ラグビー親善試合・ホームステイ	動画メッセージ	○	ラグビー
			PL
			柔道
			パラ卓球 パラバドミントン
			テコンドー
ドイツ柔道・柔道ユース選手の合宿時の交流・高校訪問 ドイツ総領事の訪問・講演 イベント（ドイツ＆スポーツフェスタ） 給食	動画メッセージ 手紙 ラッピングバス	○	陸上 柔道 ボクシング パラ陸上
イギリス文化紹介ブース	動画メッセージ	○	TA パラTA
国際理解講座	動画メッセージ オンラインイベント（宮崎市共生社会ホストタウン推進事業オンライン交流会）		

番号	自治体	相手国・地域	担当部局	認定年月	ホストタウンとなった経緯	
643	宮崎県・宮崎市・日南市・西都市	イタリア	宮崎県：商工観光労働部観光経済交流局オールみやざき営業課 宮崎市：観光商工部スポーツランド推進課 日南市：地域振興課まちづくり係 西都市：総務課行政係	◇2016年6月 2016年12月 日南市追加	交流の歴史（16世紀末の天正遣欧少年使節の主席正使の生誕の地という縁から） 合宿誘致	
644	宮崎市	イギリス	観光商工部スポーツランド推進課／福祉部障がい福祉課	○2019年10月		
645	宮崎市	カナダ	観光商工部スポーツランド推進課／福祉部障がい福祉課			
646	都城市	モンゴル	地域振興課国際化推進室	◇2016年12月	友好都市	
647	延岡市	ミャンマー	総務部国際交流推進室	◇2019年4月	経済面でスタートした友好関係をスポーツ分野にまで広めるため	
648	日向市	アメリカ	総合政策部総合政策課	◇2017年12月	合宿誘致	
649	日向市	トーゴ	総合政策部総合政策課	◇2018年12月	共通点（風土、気候、鶏料理）	
650	綾町	セーシェル	総合政策課まちづくり推進係	◇2019年8月	共通点（自然環境保全）	
鹿児島県						
651	鹿児島市	南アフリカ	観光交流局観光交流部スポーツ課	◇2021年6月	合宿経験（ラグビー） 合宿誘致	
652	鹿屋市	スロベニア	市長公室地域活力推進課	◇2017年12月	合宿誘致	
653	鹿屋市	タイ	市長公室地域活力推進課	◇2018年4月	合宿誘致	
654	西之表市	ポルトガル	経済観光課	◇2019年2月	姉妹都市	
655	薩摩川内市	中国	経済シティセールス部産業戦略課	◇2018年10月	友好都市	
656	薩摩川内市	アルゼンチン	経済シティセールス部産業戦略課	◇2019年12月	合宿誘致	
657	大崎町	台湾	企画調整課企画政策係	◇2017年12月	合宿誘致	
658	大崎町	トリニダード・トバゴ	企画調整課企画政策係	◇2019年4月	県の仲介	
659	龍郷町	台湾	企画観光課	◇2019年6月 ○2019年12月	交流の歴史（台湾宜蘭市長を務めた町内出身者の縁を通じた交流）	
660	三島村	ギニア	定住促進課	◇2018年6月	交流の歴史（西アフリカの民族楽器ジャンベを通じた交流）	
661	徳之島町	セントビンセント及びグレナディーン諸島	企画課企画開発係	◇2018年12月	子どもたちとの各種交流を通じ、子どもたちの国際理解講座を進めるため	
662	天城町	セントクリストファー・ネービス	企画財政課ふるさと創生室	◇2019年8月	交流人口の増加を図るため	

| ホストタウン交流の内容 | | 合宿 | |
Covid-19以前	Covid-19以後	実施	競技
イタリアアート体験	動画メッセージ		
641番と同様			
642番と同様			
モンゴルレスリング選手の訪問・交流・技術講習会	オンライン交流（中学生）		レスリング
ミャンマー柔道選手の合宿時の交流・中高校訪問・合同練習・文化体験	動画メッセージ 給食	○	柔道
市民派遣	オンラインイベント（アメリカホストタウン・オンラインシンポジウム）	／	
トーゴ陸上選手・関係者の訪問・交流・講演、マラソン大会に参加 音楽交流イベント	オンライン交流（小学生） 千羽鶴のプレゼント 共同応援		陸上
	オンライン交流		
―	―	○	ラグビー
スロベニア柔道選手の合宿時の交流・合同練習		○	柔道
タイバレーボール選手の合宿時の交流・公開練習・練習試合・文化交流 市内高校生のホストタウン便り製作	オンライン交流	○	バレーボール
イベント（ポルトガルの夕べ）			サーフィン
アルゼンチンバレーボール選手の合宿時の交流・公開練習試合		○	バレーボール
台湾陸上選手の合宿時の交流・小学校訪問・陸上教室		○	陸上
トリニダード・トバゴ陸上選手の合宿時の交流・スポーツ交流・陸上教室	オンライン交流	○	陸上
台湾パラ卓球選手の小中学校訪問・交流	動画メッセージ		
駐日ギニア大使・在ギニア日本大使の訪問・交流 東京で開催されたホストタウン関連イベントでジャンベの演奏披露			
セントビンセント及びグレナディーン諸島パラ陸上選手の訪問・交流・音楽交流会・スポーツ教室	オンライン交流 動画メッセージ 給食		
	オンライン交流 動画メッセージ 給食		

283

番号	自治体	相手国・地域	担当部局	認定年月	ホストタウンとなった経緯	
663	伊仙町	ボスニア・ヘルツェゴビナ	未来創生課	◇2019年2月	共通点（闘牛）	
664	和泊町	ドミニカ国	企画課	◇2019年2月	共通点（海洋ゴミ問題）	
665	知名町	グレナダ	企画振興課	◇2019年2月	子どもたちの主体性・多様性を育むため	
666	与論町	アンティグア・バーブーダ	総務企画課	◇2019年2月	共通点（サンゴ礁白化問題）	

沖縄県

番号	自治体	相手国・地域	担当部局	認定年月	ホストタウンとなった経緯	
667	石垣市	サンマリノ	企画部観光文化課		交流の歴史（ワインや食文化を通じた交流）	
668	石垣市	ルクセンブルク	企画部観光文化課	◇2019年6月	市内で自転車ロードレースが盛んで、自転車強豪国のルクセンブルクとの交流を目指した	
669	沖縄市	ニュージーランド	経済文化部観光振興課	◇2017年7月	合宿誘致	
670	豊見城市	ハンガリー	教育部生涯学習振興課	◇2019年10月	合宿誘致	
671	宮古島市	オーストラリア	観光商工スポーツ部スポーツ振興課	◇2019年6月	合宿誘致	
672	北中城村	サントメ・プリンシペ	企画振興課企画係	◇2019年8月	交流人口の増加、観光事業や教育事業での連携を図るため	
673	中城村	カーボベルデ	教育委員会生涯学習課	◇2019年8月	共通点（島国）	
674	八重瀬町	ソロモン諸島	教育委員会スポーツ振興課	◇2018年12月	合宿誘致	
675	竹富町	サンマリノ	政策推進課	◇2019年6月	駐日サンマリノ大使の仲介	

| ホストタウン交流の内容 | | 合宿 | |
Covid-19以前	Covid-19以後	実施	競技
駐日ボスニア・ヘルツェゴビナ大使の訪問・交流 動画メッセージ	マスクのプレゼント		
動画メッセージ	オンライン交流 動画メッセージ 給食		
	オンライン交流 動画メッセージ 給食		
	オンライン交流 動画メッセージ 給食		
ルクセンブルクの伝統行事をモチーフにした絵画の作成			
	動画メッセージ オンラインツアー		空手
ハンガリー空手関係者の訪問・空手教室			空手
			TA パラTA
	動画メッセージ		カヌー パラ陸上
カーボベルデボクシング選手の合宿時の交流 東京で開催されたホストタウン関連イベントにてエイサーの披露 応援ポスターの作成		○	ボクシング
ソロモン諸島水泳選手の合宿時の交流・小学校訪問 市民派遣・「観光×環境」をテーマにした意見交換		○	水泳

[著者略歴]

高岡敦史（たかおか あつし）
1978 年生まれ
岡山大学学術研究院教育学域准教授
専攻はスポーツ経営学
著書に『学校組織のナレッジマネジメント』（岡山大学出版会）、共編著に『スポーツまちづくりの教科書』（青弓社）など

束原文郎（つかはら ふみお）
1977 年生まれ
京都先端科学大学健康医療学部准教授
専攻はスポーツを対象にした人文社会科学
著書に『就職と体育会系神話』、共著に『スポーツまちづくりの教科書』（ともに青弓社）など

西村貴之（にしむら たかゆき）
1979 年生まれ
金沢星稜大学人間科学部教授
専攻はスポーツマネジメント
共著に『スポーツの「あたりまえ」を疑え！』『地域スポーツ論』（ともに晃洋書房）など

岩月基洋（いわつき もとひろ）
1978 年生まれ
嘉悦大学経営経済学部准教授
専攻はスポーツマネジメント
共著に『スポーツまちづくりの教科書』（青弓社）、『自治体経営の生産性改革』（公人の友社）など

関根正敏（せきね まさとし）
1984 年生まれ
中央大学商学部准教授
専攻はスポーツ経営学
共著に『スポーツまちづくりの教科書』（青弓社）、共著論文に「「日本全体」の祭典としての東京 2020 オリンピック・パラリンピック競技大会」（「中央大学保健体育研究所紀要」第 34 号）など

[編著者略歴]

笹生心太（ささお しんた）
1981年生まれ
東京女子体育大学体育学部准教授
専攻はスポーツ社会学
著書に『「復興五輪」とはなんだったのか』（大修館書店）、『ボウリングの社会学』（青弓社）など

松橋崇史（まつはし たかし）
1982年生まれ
拓殖大学商学部教授
専攻はスポーツマネジメント、スポーツ政策
共編著に『スポーツまちづくりの教科書』（青弓社）、共著に『スポーツのちから』（慶應義塾大学出版会）など

ホストタウン・アーカイブ
スポーツまちづくりとメガイベントの記録

発行 —————— 2023年7月27日　第1刷

定価 —————— 2600円＋税

編著者 —————— 笹生心太／松橋崇史

発行者 —————— 矢野未知生

発行所 —————— 株式会社青弓社
〒162-0801 東京都新宿区山吹町337
電話 03-3268-0381(代)
http://www.seikyusha.co.jp

印刷所 —————— 三松堂

製本所 —————— 三松堂

©2023
ISBN978-4-7872-3522-0　C0036

青弓社の既刊本

松橋崇史／高岡敦史／笹生心太／岩月基洋 ほか
スポーツまちづくりの教科書

スポーツによる地域活性化はどう進めればいいのか。能代市のバスケットボール、宇都宮市の自転車、北海道や福岡の野球——全国のスポーツまちづくりの事例を紹介して、ありがちな失敗を乗り越え、状況を改善する視点やポイントをレクチャーする。FAQも充実。 定価2000円+税

笹生心太
ボウリングの社会学
〈スポーツ〉と〈レジャー〉の狭間で

1960年代半ばから70年代初頭の爆発的なブームを起点にボウリングの戦後史をたどり、時代ごとに変わる社会的な評価や経営者・関連団体のイメージ戦略、人々の余暇観の変化などを明らかにする。現代のフィールドワークも踏まえて、その不思議な魅力を照らし出す。 定価1600円+税

束原文郎
就職と体育会系神話
大学・スポーツ・企業の社会学

体育会系の学生は就職活動で本当に有利なのか——。歴史と統計、そして当事者の語りを読み解きながら、「体育会系神話」の実態とそれを成立させる構造のダイナミズムを描き出し、大学スポーツのゆくえと学生アスリートのキャリアの未来を構想する。 定価2400円+税

中澤篤史
運動部活動の戦後と現在
なぜスポーツは学校教育に結び付けられるのか

日本独特の文化である運動部活動の内実を捉えるために、戦後から現在までの歴史をたどり、フィールドワークから運動部活動を支える教師や保護者の声を聞き取る。スポーツと学校教育の緊張関係を〈子どもの自主性〉という視点から分析して、日本の運動部活動の特異性を照射する。 定価4600円+税

古川岳志
競輪文化
「働く者のスポーツ」の社会史

競輪は、戦後日本で公営ギャンブルとして誕生して、ファンの熱狂と度重なる廃止論のなかで独特な発展を遂げてきた。選手とファンの関係、競輪場と地域社会などの多様な切り口から、プロスポーツとして出発した競輪の戦後から現在までの歩みとドラマを活写する。 定価2000円+税